DER GROSSE LAFER

DIE KUNST DER EINFACHEN KÜCHE

DER GROSSE LAFER

DIE KUNST DER EINFACHEN KÜCHE

Aus dem langjährigen Erfahrungsschatz
eines leidenschaftlichen Kochs:
60 beliebte Klassiker und wie man sie genial variiert.
Alle mit Fotoanleitung Schritt für Schritt erklärt.

Konzeption:
Johann Lafer und Michael Wissing (Fotografie)

Inhaltsverzeichnis

Vorwort

Kochen wie Johann Lafer, wer möchte das nicht auch gern? Mit diesem großen Kochbuch können Sie es lernen. Mehr als 30 Jahre Berufserfahrung teilt er darin mit Ihnen und auch in das Geheimnis seines Erfolgs weiht er Sie ein: Es ist die Kunst der einfachen Küche. Die Kunst, mit einfachen Mitteln alle zu begeistern. Familie, Freunde und Gäste.

Auf 480 Seiten präsentiert der TV- und Sternekoch mehr als 300 wunderbare Rezepte, in denen dem Leser die ganze Palette seiner Erfahrungen zugute kommt. Von Bolognese und Bratkartoffeln bis zu Tiramisu und Zabaione zeigt er Schritt für Schritt, wie 60 beliebte Klassiker perfekt gelingen und wie man sie mit etwas Gespür für das Besondere immer wieder eindrucksvoll variieren kann.

»Auflafern« wird von seinen Freunden im Kollegenkreis gern genannt, was Johann Lafer auch in diesem Buch grandios gelingt: traditionelle Gerichte, die jeder liebt, mit einfachen Mitteln in die moderne Küche zu integrieren und zum kulinarischen Erlebnis zu machen.

»Ein Leben für den guten Geschmack« lautet das Motto Johann Lafers. Mit diesem Buch können Sie es auch zu Ihrem Motto machen, liebe Leserinnen und Leser. Voraussetzung dabei – und darauf legt der Mann größten Wert – sind gute Lebensmittel, gutes Handwerkszeug und der Spaß und die Freude beim Kochen.

Wir wünschen Ihnen schöne Lafer-Abende mit Familie, Freunden und Gästen!

Lebensmittel

Wir brauchen sie täglich, kaufen sie fast täglich und werden täglich mit einer Fülle von Angeboten konfrontiert. Ein paar Tipps für den Alltag.

Richtig einkaufen

Nach Saison einkaufen: Spargel und Erdbeeren im Januar müssen nicht sein. Orientieren Sie sich an den Produkten der Jahreszeit. Damit punkten Sie bei der Frische – und beim Preis.
Regional einkaufen: Produkte aus der heimischen Umgebung haben nur kurze Wege vom Erzeuger zum Konsumenten hinter sich. Das zahlt sich aus: in der Frische und im Preis. Nutzen Sie die Angebote der Gemüseläden, der Wochen- und Bauernmärkte oder lassen Sie sich die Bio-Kiste mit frischem Obst und Gemüse ins Haus liefern.
Online-Shops: Asiatische Lebensmittel, italienische oder französische Spezialitäten sind in kleinen und mittleren Städten oft nicht zu bekommen. Im Internet gibt es mittlerweile eine Fülle von Versendern, die Ihnen nahezu alles ins Haus liefern, ab einem bestimmten Warenwert auch kostenfrei. Ausgewählte Lebensmittel und Gewürze bietet auch das Sortiment von Johann Lafer unter www.johannlafer.de.

Begriffe, die Sie kennen sollten

Beim Einkauf von verpackter Ware im Supermarkt sollten Sie darauf besonders achten:
Mindesthaltbarkeitsdatum: Es bezeichnet den Tag, bis zu dem das Produkt – verschlossen und richtig gelagert – in optimalem Zustand ist. Danach ist das Lebensmittel nicht verdorben, der Hersteller übernimmt nur keine Garantie mehr.
Verbrauchsdatum: Damit müssen leicht verderbliche Waren gekennzeichnet werden: Hackfleisch, Geflügel, Vorzugsmilch. Jenseits dieses Datums »… zu verbrauchen bis …« kann das Produkt nicht mehr bedenkenlos konsumiert werden und der Händler muss es sofort aus dem Regal nehmen.

So klappt's mit dem Vorrat

Eine gute Balance zwischen Vorrat und dem Einkauf frischer Zutaten macht das Leben leichter. Hier unsere Tipps für die Lagerung:

Küchenschrank

Nudeln, Reis, getrocknete Hülsenfrüchte, Mehl, Zucker, Salz, Müsli sind lange haltbar und werden im Schrank – am besten in Vorratsdosen – aufbewahrt. Mandeln und Nüsse sind wegen ihres hohen Fettgehaltes nur mittelfristige Kandidaten. Gewürze, Öl und Essig mögen es trocken und dunkel und möglichst weit weg vom heißen Herd.
Für Kartoffeln und Zwiebeln in kleinen Mengen sollte es in der Küche auch ein trockenes Plätzchen geben: im Tongefäß oder Drahtkorb.

Kühlschrank

Was täten wir ohne ihn. Vom einfachen Standgerät mit Gefrierfach bis zur Luxus-Kombination mit Frischhaltezonen haben die Hersteller alles im Programm. Doch das Gerät will richtig bestückt sein:
Gemüsefach: Obst und Gemüse. Blattsalate, Gurken und Kohl sollten immer getrennt von Äpfeln, Birnen, Pfirsichen und Pflaumen gelagert werden. Diese Obstsorten geben ein Gas ab, das diese Gemüse schneller verderben lässt.
Glasplatte über dem Gemüsefach: die kälteste Zone im Schrank für verderbliche Lebensmittel wie Frischwurst, rohes Fleisch, rohen Fisch.
Mittlere Ebene und Türfächer: in dem mittelkalten Bereich sind Milchprodukte, Eier und angebrochene Gläser mit Konfitüre, Senf, Mayonnaise oder Gurken gut untergebracht.
Obere Ebene: Käse, geräucherte und luftgetrocknete Ware und der Rest vom letzten Mittagessen fühlen sich dort am wohlsten.
Frischhaltezone: Kühlschränke der gehobenen Preisklasse verfügen zusätzlich über Extrafächer mit kontrollierter Temperatur und Luftfeuchtigkeit, in denen Fleisch, Fisch, Obst, Gemüse und Kräuter länger frisch bleiben.

Gefrierschrank oder Gefriertruhe

Bei minus18 Grad finden hier alle Produkte aus der Tiefkühltruhe im Supermarkt ihren Platz, dazu selbst eingefrorenes Gemüse und Obst, selbst zubereitete Gerichte, Brot und Brötchen.
Wichtig: Bei gekaufter Tiefkühlkost die Kühlkette nicht unterbrechen und die Ware in einer Kühltasche oder -box schnell nach Hause bringen. Alle anderen Lebensmittel in gefriergeeignete Alufolie, Gefrierdosen und -beutel verpacken. Schreiben Sie auf das Etikett, was Sie wann eingefroren haben. Wer viel einfriert, sollte darüber Buch führen.

Alles Bio?

Bio-Lebensmittel gibt es inzwischen überall. Sie finden sie nicht nur im Bioladen, im Bio-Supermarkt oder Reformhaus. Auch im Supermarkt, auf dem Wochenmarkt oder in der Drogerie wird das Angebot immer größer.
Seit 2001 dürfen Lebensmittel aus ökologischer Landwirtschaft mit dem staatlichen Bio-Siegel gekennzeichnet werden. Dabei müssen die Erzeuger nach der EU-Öko-Verordnung unter anderem Folgendes einhalten:

- keine Bestrahlung der Lebensmittel zur Konservierung
- keine gentechnisch veränderten Organismen
- kein Pflanzenschutz mit chemisch-synthetischen Mitteln
- abwechslungsreiche Fruchtfolge
- artgerechte Tierhaltung
- Verwendung ökologisch produzierter Futtermittel ohne Zusatz von Antibiotika

Viele Bio-Bauern haben sich einem der deutschen Öko-Anbauverbände angeschlossen und garantieren mit diesem Siegel für qualitativ höchsten Standard. Die bekanntesten sind Bioland, demeter, Naturland.
Zahlreiche Handelsketten bieten ihr Bio-Sortiment unter einem eigenen Label an. Diese Bio-Handelsmarken erfüllen die Kriterien der EU-Öko-Verordnung und tragen das staatliche Bio-Siegel.

Angaben wie »natürlich«, »naturrein«, »aus Vertragsanbau«, »aus alternativer Haltung« klingen gut, sagen aber nichts über die Bio-Qualität der Ware aus.

STAUB

Töpfe und Pfannen

Ohne sie läuft in der Küche gar nichts. Doch die Vielfalt an Materialien, Größen, Formen und Preisen macht die Entscheidung nicht leicht. Hier ein kleiner Leitfaden.

Die Vielfalt der Materialien

Edelstahl ist rostfrei, säurebeständig, auf dem Kochfeld und im Backofen einsetzbar (Kunststoffgriffe müssen dann ofenfest sein), unverwüstlich und pflegeleicht. Da Edelstahl an sich ein schlechter Wärmeleiter ist, sind Töpfe und Pfannen aus diesem Material oft mit einem sogenannten Sandwichboden ausgerüstet: Zwischen zwei Schichten Edelstahl ist eine Lage aus Kupfer oder Aluminium eingezogen, das die Wärme besser leitet.
Stahlemail hat praktisch die gleichen Eigenschaften wie Edelstahl. Emaillierte Töpfe gibt es in einer großen Farbvielfalt.
Gusseisen ist schwer und braucht lange, bis es heiß ist. Dafür speichert es die Hitze lange, und das Geschirr sieht auch auf dem Tisch gut aus. Unbehandeltes Gusseisen muss nach jedem Spülen gut abgetrocknet und leicht eingeölt werden. Pflegeleichter ist emailliertes Gusseisen, das in vielen attraktiven Farben angeboten wird.
Kupfer leitet die Wärme besonders gut. Da Kupfer säureempfindlich ist, sind gute Töpfe und Pfannen innen mit Edelstahl beschichtet. Kupfergeschirr ist so edel, dass Sie es auch zum Servieren benutzen können. Es ist allerdings auch sehr teuer.
Aluminium ist ebenfalls ein guter Wärmeleiter, sehr leicht und wird oft antihaftbeschichtet oder emailliert angeboten. Dünnes Aluminium kann ausbeulen und ist deshalb für Glaskeramikkochfelder, die einen planen Boden brauchen, nur bedingt geeignet. Auf dem Gasherd ist das kein Problem. Formstabil ist Kochgeschirr aus Aluguss, eine Legierung aus Aluminium und Gusseisen.
Induktion: Ob ein Topf für den Induktionsherd verwendbar ist, ist in der Regel auf dem Topfboden angegeben. Bei allen anderen Töpfen finden Sie es leicht heraus: Bleibt ein Magnet am Boden hängen, sind Topf und Pfanne induktionstauglich.

Qualitätsmerkmale

Gute Töpfe und Pfannen sind formstabil und leicht zu reinigen. Der Boden ist in kaltem Zustand leicht nach innen gewölbt. So kann er sich im heißen Zustand ausdehnen und liegt exakt plan auf der Kochstelle. Das ist besonders wichtig, wenn Sie auf einem Glaskeramikkochfeld arbeiten. Gute Töpfe und Pfannen haben einen glatten Schüttrand, damit Sie die Speisen gut abgießen bzw. umschütten können. Die Griffe sind stabil und rutschfest. Wichtig sind Griffe, die nicht heiß werden.

Grundausstattung Töpfe

Mit diesen vier Töpfen meistern Sie Ihren Küchenalltag:
Großer hoher Topf (ca. 6 l Inhalt) für Suppen und Eintöpfe, Nudeln, Spätzle und Klöße.
Mittelgroßer hoher Topf (ca. 4 l Inhalt) zum universellen Einsatz für das Garen bzw. Dünsten von Kartoffeln, Reis, Gemüse und Obst sowie für das Schmoren von Fleisch.
Kleiner flacher Topf (ca. 2 l Inhalt) für kleine Mengen.
Stielkasserolle (ca. 1–1,5 l Inhalt) für Saucen und Cremes.

Spezialisten

Was kochen Sie besonders gern und häufig? Danach richtet sich, welche dieser Spezialisten Sie sich anschaffen sollten:
Runder Bräter mit Deckel für Braten und Schmorgerichte. Bräter gibt es aus Edelstahl, Stahlemail oder Gusseisen.
WMF Vitalis Aroma Dampfgarer mit Siebeinsatz: Er ist für ganze Fische perfekt geeignet und auch wunderbar zum Garen von Spargel. Für mich ist dieser Bräter die kleinste Profiküche der Welt und unverzichtbar in einer guten Küche.
Schnellkochtopf: Mit hohem Druck werden Hülsenfrüchte, Kartoffeln und Fleischgerichte in kürzerer Zeit gar als beim konventionellen Kochen. Die kürzeren Garzeiten und die verschlossene Methode ohne Einwirkung von Sauerstoff schonen Vitamine und Mineralstoffe.
Dämpftopf: Kochtopf mit Dämpfeinsatz zum schonenden Garen von Kartoffeln und Gemüse.

Grundausstattung Pfannen

Für erfolgreiches Braten brauchen Sie zwei Pfannen:
Hoch erhitzbar: Eine Pfanne aus Edelstahl, Stahlemail oder Gusseisen.
Antihaftbeschichtet: Eine Pfanne, die Sie bei geringem Fettverbrauch zum Braten und Schmoren verwenden, aber auch für empfindliche Gerichte wie Eierspeisen einsetzen. Mit hohem Rand und Deckel ist sie vielseitig einsetzbar.

Als Standardgröße gilt eine Pfanne mit 24 cm Durchmesser. Damit sich Pfannengröße und die Menge des Bratguts entsprechen und der Platz auf dem Kochfeld optimal genutzt wird, sollten Sie von beiden Pfannentypen auch noch eine größere (26 oder 28 cm Durchmesser) und eine kleinere (20 oder 18 cm Durchmesser) im Schrank haben.

Spezialisten

Was soll bei Ihnen noch knusprig auf den Tisch kommen? Pfannen für den Spezialeinsatz:
Ovale Fischpfanne mit Antihaftbeschichtung für ganze Fische.
Grillpfanne mit Rillen im Boden für die perfekte Nachahmung des Grillrostes.
Crêpepfanne mit ganz flachem Rand.
Wok zum schnellen und knappen Braten, Dämpfen und Dünsten von klein geschnittenem Fleisch, Geflügel, Fisch und Gemüse. Wegen seines hohen Randes auch bestens zum Frittieren geeignet. Als Stielwok oder mit zwei Seitengriffen im Handel.

Messer

Auf den ersten Blick ist es gar nicht so leicht, ein gutes Messer von einem weniger guten zu unterscheiden. Denn ob es gut oder schlecht ist, zeigt sich erst beim täglichen Gebrauch. Das hilft bei der Kaufentscheidung:

Qualitätsmerkmale

Gute Messer sind sauber verarbeitet. Die Teile sind fugenlos und ohne Unebenheiten zusammengesetzt. Das Messer liegt ausbalanciert in der Hand.
Griffe: Messer gibt es mit Holz-, Kunststoff- oder Edelstahlgriff. Für welchen Sie sich entscheiden, ist eine Frage des Preises und des Geschmacks. Der Griff ist so gestaltet, dass die Hand nicht abrutschen kann.
Klingen: Die Oberfläche der Klinge ist fein geschliffen und poliert. Je feiner geschliffen, desto rostbeständiger ist sie. Die meisten Klingen werden aus **Chrom-Molybdän-Stahl** oder **Chrom-Vanadium-Stahl** hergestellt. Das sind rostfreie hochwertige Legierungen, die eine gute Klingenqualität garantieren. Klingen aus **Damaststahl** werden aus zwei Stahlsorten in einem Hightech-Spezialverfahren in Lagen zusammengeführt und gepresst. Diese Klingen sind sehr hart und bleiben lange scharf. Damaststahl erkennt man an der Marmorierung und der glänzenden Oberfläche der Klinge.
Keramikklingen: Sie sind hart, hauchdünn, flexibel und bleiben lange scharf. Messer mit Keramikklinge sind leichter als Messer mit Stahlklinge, dafür können sie schon mal zu Bruch gehen, wenn sie auf einen Steinfußboden fallen.
Messer mit Doppelwellenschliff: Die Klinge ist auf beiden Seiten mit Wellenschliff versehen. Besonders harte Lebensmittel wie Brot, Gemüse, Zwiebeln oder auch Salami und selbst Tiefgefrorenes lassen sich damit präzise und gleichmäßig schneiden.

Grundausstattung

Schäl- oder Gemüsemesser mit gebogener oder gerader, glatter Klinge zum Schälen und Schneiden von Kartoffeln, Obst und Gemüse. Auch zum Herausschneiden von schlechten Stellen.
Universalmesser mit gerader, glatter Klinge zum Zerteilen von Fleisch und größeren Obst- und Gemüsesorten
Brotmesser mit Wellenschliff
Kochmesser mit breiter, starker, glatter Klinge – der Allrounder zum Schneiden und Hacken
Tourniermesser mit kurzer, schnabelförmig gebogener Klinge passen sich jeder Rundung an und lösen die Schale dünn von Obst oder Gemüse.

Zwei Schneidwerkzeuge sollten Sie auf jeden Fall noch in der Schublade haben:
Haushaltsschere zum universellen Gebrauch in Küche und Haushalt
Geflügelschere mit gebogenem und gezahntem Scherenblatt zum Zerteilen von rohem und gebratenem Geflügel

Spezialisten

Käsemesser mit beschichteter oder gelochter, glatter Klinge, damit der Käse daran nicht kleben bleibt
Lachsmesser mit glatter, langer und sehr flexibler Klinge zum Aufschneiden von geräuchertem und gebeiztem Lachs und anderem Fisch
Ausbeinmesser mit glatter, schmaler und flexibler Klinge zum Auslösen von Knochen und Entfernen von Sehnen
Hackmesser mit breiter, schwerer und glatter Klinge zum Zerteilen von Knochen und Plattieren von Fleisch
Tortenmesser mit fein gezahnter, langer Klinge zum Aufschneiden von Kuchen und Torten
Asia-Messer mit breiter, glatter Klinge zum Schneiden von Fleisch, Fisch und Gemüse für asiatische Gerichte

Pflege und Aufbewahrung

Benutzen Sie die richtige **Schneidunterlage:** Marmor, Porzellan, Glas und Metall machen die Messer stumpf. Nachgiebig und leicht zu säubern sind Bretter aus Holz oder Kunststoff.

Reinigen: Messer haben in der Spülmaschine nichts zu suchen – ganz besonders solche mit Holzgriff. Durch den Kontakt mit anderen Teilen im Besteckkorb leiden die Klingen. Sofort nach Gebrauch mit warmem Wasser und evtl. etwas mildem Spülmittel säubern und mit einem Tuch vom Klingenrücken zur Schneide hin abtrocknen, damit Sie sich nicht verletzen.

Regelmäßiges **Nachschärfen** erhöht die Lebensdauer. Eine wenig aufwendige Methode ist das Schärfen mit dem **Wetzstahl,** der bei vielen Messerserien zum Sortiment gehört. Der Umgang damit erfordert etwas Geschick und Übung. Ganz einfach ist der Gebrauch eines **Messerschärfers.** Die Klingen werden mehrmals durchgezogen und erhalten ihre gewünschte Schärfe zurück. Eine Runderneuerung – ein richtiges Nachschleifen – sollten Sie dem Fachmann überlassen. Viele Hersteller bieten über Fachgeschäfte diesen Service an.

Am besten aufbewahrt werden Messer in einem **Messerblock.** Dort warten sie geschützt und griffbereit auf ihren Einsatz. Messerblocks gibt es in verschiedenen Größen und aus unterschiedlichem Material – auch zum Parken von Wetzstahl, Fleischgabel und Haushaltsschere. Gute Aufbewahrungsorte sind auch ein Magnetbrett, eine Magnetleiste oder ein entsprechender Einsatz für die Schublade

Messer sollten Sie nicht zweckentfremden. Zum Öffnen von Gläsern und Flaschen und zum Schneiden von Karton oder Folie gibt es bessere Werkzeuge.

Backformen

Auch hier ist die Auswahl sehr groß. Wählen Sie unter den verschiedenen Materialien, Formen und Größen nach Bedarf und Vorlieben.

Die Materialien

Am preiswertesten sind Formen aus **Schwarz- oder Weißblech.** Schwarzblech leitet die Hitze besser und ist widerstandsfähiger gegenüber Säuren als Weißblech.
Sehr praktisch sind Backformen mit **Antihaftversiegelung.** Sie leiten die Wärme gut, lassen sich leicht säubern, und das Gebäck löst sich problemlos.
Silikonformen lassen sich platzsparend unterbringen und müssen nicht gefettet werden. Das Gebäck löst sich gut aus der Form. Man kann es in der Form einfrieren und wieder auftauen. Es gibt auch Backformen aus Metall, die innen mit Silikon beschichtet sind.
Praktisch für kleine Haushalte sind klassische **Backformen im Mini-Format** für die halbe Teigmenge eines Standrezeptes.
Formen aus Glas oder Porzellan verlängern die Backzeit etwas und können empfindlich gegenüber Temperaturschwankungen sein. Doch sie sind dekorativ und das Gebäck kann gleich darin serviert werden.

Grundausstattung

Springform mit Einsatz für Kranzkuchen mit 26 oder 28 cm Durchmesser.
Kastenkuchenform mit 30 cm Länge.
Pie-, Quiche- oder Obstkuchenform aus Metall, ofenfestem oder feuerfestem Porzellan. Bei Formen aus Metall erleichtert ein herausnehmbarer Boden das Lösen aus der Form.

Spezialisten

Gugelhupf- oder Napfkuchenform: Sie gibt dem Klassiker die richtige Form
Muffinblech/Muffinförmchen: Die Bleche aus Metall oder Silikon gibt es für 12 oder 24 Stück, die Einzelförmchen kann man aus Metall, Silikon oder Papier kaufen.
Tarteletteförmchen: Zum Backen von kleinen Teigböden für Törtchen mit süßem und herzhaftem Belag.
Pizzablech: In der runden Metallform mit niedrigem Rand wird die Pizza knusprig und behält ihre Form.

Auflauf, Gratin und mehr

Auflauf- und Gratinformen: Sie sind in vielen Größen aus Metall, ofenfestem oder feuerfestem Porzellan oder hitzebeständigem Glas, rund oder eckig, mit hohem oder niedrigem Rand erhältlich. Formen für Aufläufe und Gratins lassen sich nicht nur für die Zubereitung dieser Gerichte verwenden, sondern sind in der Küche und auf dem Tisch vielseitig einsetzbar.
Souffléförmchen: In den runden Förmchen mit hohem Rand aus Metall, Porzellan oder Glas wird im Wasserbad diese klassische süße oder herzhafte Schaumspeise zubereitet. Aber auch zum Servieren von Snacks (Oliven, Nüsse) und Dips kann man sie gut gebrauchen.
Panna-cotta-Förmchen: In den konisch geformten Metallförmchen wird dieser italienische Klassiker stilgerecht zubereitet.
Crème-brûlée-Förmchen: Die Eierspeise mit der Zuckerkruste wird in runden ofenfesten Schälchen mit niedrigem Rand serviert.
Terrinenformen: Ob Tunnel-, Kasten- oder Trapezform – in den Porzellan-, Keramik- oder Metallformen wird nicht nur im Wasserbad die klassische Terrine zubereitet, sondern im Kühl- oder Gefrierschrank auch Sülze, Mousse und Parfait.

Backzubehör

Kuchengitter: Ein rundes oder eckiges Drahtgestell, zum Abkühlen von heißem Gebäck und anderen Speisen aus dem Ofen.
Standardpinsel: Es gibt sie in verschiedenen Größen mit Holz- oder Metallgriff und Silikonborsten. Zum Einfetten von Blechen und Backformen, zum Verstreichen von Glasur, Kuvertüre, Konfitüre und Marmelade.
Kuchenrolle: Sie wird auch Teigrolle, Nudelholz, Rollholz genannt. Meist aus Holz, aber auch aus Edelstahl oder Marmor hergestellt, wird damit Teig jeglicher Art auf das gewünschte Maß ausgerollt.
Teigschaber: Aus Kunststoff in verschiedenen Größen mit Holz- oder Metallgriff zum Entnehmen von Teig, Sahne oder Creme aus der Schüssel. Oder ein abgerundetes Kärtchen aus Kunststoff zum Verteilen von Sahne und Cremes und zum Passieren von Farcen durch ein Sieb.
Palette: Mit ihrer dünnen, vorne runden Klinge ist sie bestens geeignet zum Verteilen von Creme und Farce.
Schlagkessel: eine runde Schüssel auf einem Ring stehend, zum Schlagen von Sahne und Cremes. Auch für den Einsatz im Wasserbad bestens geeignet.
Schneebesen: zum Rühren, Aufschlagen und Unterheben von Sahne, Creme, Eischnee und vielem mehr. Je nach Verwendungszweck gibt es Schneebesen mit dünnem und dickem, mit kurzem und langem Drahtgeflecht. Auch mit Silikon ummantelte Schneebesen (an den Drähten bleibt nichts hängen) sind im Handel.
Rührblitz: Zwölf schwingende Kugeln schlagen Eischnee, Saucen, Marinaden in Sekundenschnelle schaumig. Zwischen den Drähten verklebt nichts und bleibt nichts hängen.
Silikonbackmatte: Als dauerhafter Ersatz für Backpapier und zum Aus- und Einrollen von Teigen. Die Matte kann einfach auf die richtige Größe zurechtgeschnitten werden. Ihre Eigenschaften: weich und flexibel, rutschfest und ohne Kleben, kälte -und hitzebeständig von –60° bis 230° C.

Küchenhelfer

Die Vorbereitungen beim Kochen sind vielfältig. Gemüse putzen, schneiden, zerkleinern, Kräuter hacken, Fleisch und Fisch portionieren, mit dem passenden Werkzeug geht die Arbeit schnell und einfach von der Hand.

Hobel und Reibe

Diese Küchenhelfer werden aus Kunststoff oder Edelstahl angeboten. Die Geräte aus Edelstahl sind teurer, dafür langlebiger. Besonders Kunststoffsiebe können sich mit der Zeit verformen und verfärben.

Hobel: Mit festen oder verstellbaren glatten Klingen, um Kartoffeln und feste Gemüse- und Obstsorten wie z. B. Gurken, Kohl, Zucchini, Kohlrabi, Äpfel, Birnen und Bananen in dünne und dicke Scheiben zu schneiden
Reiben/Raspel: Scharfe versetzte große oder kleine Schneidezähne reiben bzw. raspeln Kartoffeln, Gemüse und Obst in kleine Stücke oder zu Mus.
Praktisch sind Vierkantreiben mit jeweils einer anderen Hobel-, Raspel- und Reibevorrichtung auf jeder Seite.
Aus den USA kommen Reiben, die ursprünglich in der Holzverarbeitung benutzt wurden. Durch ein besonderes Herstellungsverfahren sind sie an Schärfe kaum zu überbieten – und das dauerhaft. Superscharfe Zähne zerreißen nicht, sondern zerschneiden butterweich auch sehr harte und faserige Zutaten wie Muskat, Nüsse, Parmesan, Ingwer oder Zimtstangen.
Juliennehobel: Zum Raspeln von Gurke, Möhre, Rettich und Zucchini in hauchdünne Streifen. Es gibt sie als Einzelgerät oder als Zubehör bei Mehrzweckreiben mit austauschbaren Einsätzen.
Kugelausstecher: Eine runde Sache. Locker aus dem Handgelenk formt der scharfkantige Ausstecher dekorative Kugeln aus Gemüse, Melonen, Gurken – oder auch aus Butter.
Muskatreibe: Für die harte Muskatnuss muss die Reibe besonders fein und scharfkantig sein.
Apfelausstecher: Der gezackte Rand bohrt sich ins Fruchtfleisch und entfernt mit einer leichten Drehung das Kerngehäuse.
Knoblauchschneider: Er schneidet die Zehe in kleine, gleichmäßige Würfel. Dabei läuft kein Saft aus, und es gehen keine Geschmacks- und Inhaltstoffe verloren.

Sieb, Seiher und mehr

Siebe gibt es in vielen verschiedenen Größen zum Waschen und Abtropfen von Nudeln, Reis, Salat, Obst und Gemüse und zum Sieben von Mehl und Puderzucker. Der Siebeinsatz kann fein- oder grobmaschig sein. Feinmaschige Siebe werden auch zum Passieren von Suppen und Saucen und zum Durchstreichen von Farcen (z. B. für Terrinen) verwendet.
Spitzsieb: Das kegelförmige Sieb mit einem Stiel auf der einen Seite und einem Haken auf der anderen ist ideal zum Passieren von Saucen, Brühen und anderen Flüssigkeiten.
Flotte Lotte: Mit Hilfe einer Kurbel werden weiches Gemüse und Obst durch einen fein- oder grobmaschigen Einsatz passiert, z. B. für Tomatensuppe oder Apfelmus.
Seiher/Durchschlag: Den fein oder grob gelochten Bruder des Siebes gibt es mit oder ohne Fuß, mit zwei Henkeln oder mit Stiel. Praktisch: faltbare Seiher, die in der Schublade Platz finden.
Schaumkelle: fein oder grob gelocht, zum Abschäumen von Brühe, zum Herausheben von Klößen, Gnocchi, Ravioli und anderen empfindlichen Speisen, die man nicht abgießen möchte.
Spätzlepresse: Sie ist für Spätzle und Kartoffeln gleichermaßen gut zu verwenden. Wichtig sind lange Hebelarme, dadurch brauchen Sie wenig Kraft zum Durchpressen. Sie sollten einen sicheren Stand beim Nachfüllen und eine Topfauflage an der Vorderseite haben. Zur einfachen Reinigung ist praktisch, wenn Bechereinsatz und oberer Griff abnehmbar sind.
Zitruspresse: Unverzichtbar zum Auspressen von Zitronen, Limetten und anderen Zitrusfrüchten. Das Oberteil sollte leicht abnehmbar und die ganze Presse spülmaschinengeeignet sein.
Messbecher sollten Sie in mehreren Größen haben – für große und kleine Mengen. Wichtig sind eine gut lesbare Mess-Skala in Liter, Milliliter und Gramm und ein guter Schüttrand.

Schälmesser

Sparschäler: mit fester oder beweglicher Klinge für Rechts- und Linkshänder zum Schälen von Kartoffeln und jeglicher Art von Gemüse und Obst mit fester Schale
Spargelschäler: mit einstellbarer Klinge zum Schälen der weißen Stangen. Am besten sind die Geräte, die man schärfen kann – dann muss der Abstandhalter allerdings abnehmbar sein.
Orangen-/Grapefruitschäler: mit gezackter, gebogener Klinge zum exakten Pellen der Zitrusfrüchte
Zestenreißer: zum Abziehen der Schale von Zitrusfrüchten in hauchdünnen Streifen

Küchengeräte

Hilfreiche Küchengeräte, die das Kochen schöner machen – für jeden Anspruch gibt es die richtige Ausstattung. Und wer Eis oder selbst gemachte Nudeln liebt, leistet sich auch einen kleinen Luxus.

Eis selber machen

Für alle, die gerne und oft Eis essen und gern auch eigene Kreationen ausprobieren möchten, lohnt sich die Anschaffung einer Eismaschine. Es gibt zwei Typen:
Eismaschine mit Kühlakku: Der herausnehmbare Kühlakku muss acht Stunden oder mehr bei minus 18° im Gefriergerät vorgekühlt werden. Dann setzt man ihn in das Gerät und füllt die Eismasse ein. Einige Hersteller bieten für ein Gerät zwei Kühlakkus an, sodass man nacheinander zwei Eissorten herstellen kann. Diese Geräte produzieren nur kleine Mengen, sind aber preiswert.
Eismaschine mit Kompressor: Wie ein Kühlschrank hat dieses Gerät ein eigenes elektrisches Kühlaggregat. Über den Kompressor wird direkt die Kälte erzeugt. Mit diesen Geräten kann man größere Mengen an Eis herstellen, sie sind aber auch teurer.

Zubehör
Eisportionierer: Sie sind in verschiedenen Größen im Handel. Damit portionieren Sie das Eis, aber auch Hackfleisch für Buletten oder Kloßteig für gleichmäßig große Knödel.
Eisformen: Edelstahlbehälter in Dreiecks- und Tunnelform, in denen man Sahneeis, aber auch Mousse oder Terrinen zubereiten kann.

Selbst gemachte Nudeln

Selbst gemachte Nudeln – für viele eine Leidenschaft! Und mit den richtigen Geräten gar nicht schwierig herzustellen.

Nudelmaschinen
Es gibt Geräte mit Handbetrieb und elektrische Geräte.
Bei **Maschinen mit Handbetrieb** wird der Nudelteig mit der Handkurbel in mehreren Durchgängen auf die gewünschte Dicke ausgerollt und dann mit dem entsprechenden Aufsatz geschnitten. Das Angebot an Aufsätzen ist groß: von hauchdünnen Spaghettini bis zu breiten Pappardelle. Dazu gibt es Aufsätze für die Herstellung von Ravioli. Wem das Kurbeln per Hand zu mühsam ist, kann das Gerät mit einem Motorblock auf elektrischen Betrieb umrüsten.

Elektrische Nudelmaschinen sparen Zeit und Kraft und die Nudeln bekommen meist ein gleichmäßigeres Aussehen. Das Kneten des Teiges und das Schneiden der Nudeln erfolgen in einem Arbeitsgang.
Extratipp: Einige Hersteller von hochwertigen Küchenmaschinen bieten als Zubehör Vorsätze zur Herstellung von Nudeln an.

Zubehör für Ravioli
Runder oder eckiger **Ausstecher** für gleichmäßige Form und Größe
Ravioliholz zum Markieren der Ravioli
Teigrädchen zum Ausschneiden

Nudelständer
Ein kleines Gestell mit mehreren Armen (ähnlich einer Wäschespinne) zum Trocknen der frisch geschnittenen Nudeln

Mixer und nützliche Spezialisten

Einer von diesen dreien sollte in keiner Küche fehlen.

Stabmixer
Die scharfen gekreuzten Messer pürieren direkt im Topf oder in der Schüssel Suppen, Saucen und Cremes, schlagen sie schaumig. Als Zubehör kann es einen Schneebesen geben, ein Schnitzelwerk zum Reiben und Raspeln oder einen Zerkleinerer zum Hacken von Kräutern und Nüssen.

Handmixer
Die Edelstahlbesen werden zum Schlagen und Mixen von Creme, Eiweiß, Sahne und flüssigem Teig eingesetzt, die Knethaken für Hefe- und Brotteig.

Standmixer
Der kraftvollste unter den Mixern. Der Motor hat genügend Power für große Portionen, in dem Mixaufsatz aus Glas oder Kunststoff werden Säfte, Suppen, Gemüse püriert und gemixt – und sogar gefrorenes Obst und Eiswürfel sind im Nu zerkleinert.

Universal-Küchenmaschinen
Mit ihrem hohen Leistungspotenzial und vielfältigen Einsatzmöglichkeiten lohnen Sie sich auf jeden Fall in einem größeren Haushalt, und wenn häufig für Gäste gekocht wird. Damit kann auch schwerer Teig mühelos verarbeitet werden.

Spiralschneider
Im Handumdrehen lassen sich aus Obst und Gemüse hauchfeine Spiralen oder spaghettifeine Streifen schneiden.

Espumaflasche
Mit ihr lassen sich Espuma und Cremes leicht herstellen. Sie ist auch zum Schlagen von Sahne geeignet. Die lässt sich darin auch einige Zeit im Kühlschrank aufbewahren und ist so jederzeit verfügbar.

Bolognese

Pfanntastisch,
was hier aus der Pfanne kommt
und für köstliche Verwicklungen mit Spaghetti sorgt.
Die Sauce aus besten Zutaten, die Pasta al dente und nicht zu schwer.
Schade, dass Bolognese sich nicht wie Polonaise schreibt:
Man möchte fast tanzen vor Freude ...

Sauce bolognese

Für 4 Portionen: 2 Knoblauchzehen | 2 Schalotten | 120 g Möhren
120 g Knollensellerie | 2 EL Olivenöl | 500 g Rinderhackfleisch
2 EL Tomatenmark | 150 ml Geflügelfond | 250 ml passierte Tomaten
2 Zweige Thymian | 2 Zweige Majoran | 2 Tomaten | Salz | weißer
Pfeffer aus der Mühle | Zucker

1 Knoblauch und Schalotten schälen und fein würfeln.

2 Möhren und Knollensellerie putzen, schälen und in kleine Würfel schneiden.

TIPP Bio-Möhren und Knollensellerie sind oft sandig. Deshalb vor dem Schälen waschen.

3 Das Olivenöl in einer großen Pfanne erhitzen. Gemüsewürfel, Schalotten und Knoblauch darin andünsten.

TIPP Die Pfanne muss groß genug sein, damit das Hackfleisch beim Anbraten genügend Kontakt zum heißen Pfannenboden hat und so genügend Röststoffe entstehen.

4 Das Hackfleisch dazugeben und unter Rühren krümelig braten, bis es Farbe annimmt.

TIPPS Hackfleisch ist leicht verderblich. Deshalb immer an dem Tag verbrauchen, an dem Sie es gekauft haben.
Statt reinem Rinderhackfleisch können Sie auch gemischtes Hackfleisch (halb Rind, halb Schwein) nehmen. Das ist etwas fetter, dafür preiswerter.

5 Das Tomatenmark zufügen, gut mit dem Hackfleisch mischen und 3-5 Minuten anrösten.

6 Den Geflügelfond zügig dazugießen, damit die Flüssigkeit schnell verdampft und die Aromen erhalten bleiben.

7 Die passierten Tomaten zugeben und alles mischen. Die Sauce offen etwa 20 Minuten sehr langsam bei milder Hitze einkochen lassen, bis sie dickflüssig ist.

TIPP Je länger eine Bolognese kocht, umso geschmacksintensiver wird sie. Nehmen Sie sich also Zeit und lassen alles bei sehr milder Hitze schmoren, lieber noch einmal Flüssigkeit zugeben.

8 Die Tomaten kreuzweise einritzen, mit kochendem Wasser überbrühen, pellen und vierteln. Die Kerngehäuse entfernen und die Tomatenfilets würfeln. Thymian- und Majoranzweige abbrausen, trocken schütteln, die Blättchen von den Stielen zupfen und fein hacken.

9 Die Tomatenwürfel in die Sauce geben und mit Salz, Pfeffer und 1 Prise Zucker würzen.

10 Die gehackten Kräuter in die Sauce geben und nochmals kurz aufkochen.

»Für mich ist die Bolognese keine Resteverwertung, sondern gehört zu den hoch geschätzten Delikatessen. Das Rezept wird jung und alt begeistern.«

250 ml
200
150
1/8
100
50

Gemüsebolognese

Thunfischbolognese

Wildbolognese

Thunfischbolognese

Für 4 Portionen: 2 Knoblauchzehen | 2 Schalotten 20 g frischer Ingwer | 1 kleine rote Chilischote 120 g Staudensellerie | 120 g Knollensellerie | 500 g frischer Thunfisch | 2 EL Olivenöl | 2 EL Tomatenmark 150 ml Fischfond (Glas) | 50 ml helle Sojasauce 250 ml passierte Tomaten (Dose) | 4 Zweige Koriandergrün 2 Tomaten | Salz | weißer Pfeffer aus der Mühle | Zucker

1 Knoblauch und Schalotten schälen und fein würfeln. Ingwer schälen und fein reiben. Chilischote halbieren, entkernen, waschen und fein würfeln. Beide Selleriesorten putzen, schälen und klein würfeln. Thunfisch mit einem scharfen Messer von den dünnen Häuten schaben und grob hacken.
2 Olivenöl in einem großen Topf erhitzen, Gemüsewürfel, Knoblauch, Chili und Ingwer darin andünsten. Den Thunfisch dazugeben und kurz anbraten. Tomatenmark zufügen und 3–5 Minuten anrösten. Mit Fischfond, Sojasauce und passierten Tomaten aufgießen. Korianderblättchen abzupfen, grob hacken und dazugeben. Die Sauce offen etwa 20 Minuten sehr langsam einkochen lassen, bis sie dickflüssig ist.
3 Die Tomaten auf der runden Seite kreuzweise einritzen, mit kochendem Wasser überbrühen, häuten und vierteln. Die Kerne entfernen und die Tomatenfilets würfeln. Tomatenwürfel in die Sauce geben und mit Salz, Pfeffer und 1 Prise Zucker würzen.

Wildbolognese

Für 4 Portionen: 2 Knoblauchzehen | 2 Schalotten 1 Zweig Rosmarin | 3 Wacholderbeeren | 2 Nelken 2 Pimentkörner | 120 g Möhren | 120 g Petersilienwurzeln 2 EL Pflanzenöl | 500 g Wildhackfleisch (z. B. aus der Rehkeule, vom Metzger frisch durchgedreht) 2 EL Tomatenmark | 150 ml trockener Rotwein 250 ml passierte Tomaten (Dose) | 2 Tomaten | Salz weißer Pfeffer aus der Mühle | Zucker | 2 EL Aceto balsamico

1 Knoblauch und Schalotten schälen und fein würfeln. Rosmarin abbrausen, trockenschütteln, die Nadeln abzupfen. Wacholder, Nelken, Piment und Rosmarinnadeln im Mörser fein zerstoßen. Möhren und Petersilienwurzeln schälen, waschen und fein würfeln.
2 Das Öl in einem großen Topf erhitzen. Die Gemüse- und Knoblauchwürfel darin andünsten. Das Hackfleisch dazugeben und krümelig braten, bis es Farbe annimmt. Tomatenmark, Wacholder und Rosmarin zufügen und kräftig anrösten. Mit Rotwein und den passierten Tomaten aufgießen. Die Sauce offen etwa 20 Minuten einkochen lassen, bis sie dickflüssig ist.
3 Die Tomaten auf der runden Seite kreuzweise einritzen, mit kochendem Wasser überbrühen, häuten und vierteln. Die Kerne entfernen und die Tomatenfilets würfeln. Die Sauce mit Salz, Pfeffer, 1 Prise Zucker und Aceto balsamico würzen. Zuletzt die Tomatenwürfel untermischen.

Gemüsebolognese

Für 4 Portionen: 2 Knoblauchzehen | 1 Zwiebel 80 g Möhren | 80 g Knollensellerie | 100 g Staudensellerie | 1 rote Paprikaschote | 1 gelbe Paprikaschote 1 grüner Zucchino | 2 EL Olivenöl | 2 EL Tomatenmark 100 ml Gemüsefond (Glas) | 250 ml passierte Tomaten (Dose) | 2 Zweige Thymian | 2 Zweige Rosmarin 2 Tomaten | 2 Zweige glatte Petersilie | Salz | weißer Pfeffer aus der Mühle | Zucker

1 Knoblauch und Zwiebel schälen und fein würfeln. Möhren, beide Selleriesorten, Paprika waschen, schälen und fein würfeln. Zucchino waschen, halbieren, Kerne mit einem Löffel herausschaben. Das Fruchtfleisch fein würfeln.
2 Das Olivenöl in einem großen Topf erhitzen. Die Gemüse- und Knoblauchwürfel darin andünsten. Tomatenmark zufügen und mit dem Gemüse anrösten. Mit Gemüsefond und den passierten Tomaten aufgießen. Die Thymian- und Rosmarinzweige dazugeben und die Sauce offen 10–15 Minuten einkochen lassen. Die Kräuter entfernen.
3 Die Tomaten auf der runden Seite kreuzweise einritzen, mit kochendem Wasser überbrühen, häuten und vierteln. Die Kerne entfernen und die Tomatenfilets würfeln. Petersilie waschen und trocken schütteln. Die Blätter abzupfen und fein hacken. Die Sauce mit Salz, Pfeffer und 1 Prise Zucker würzen. Tomatenwürfel und gehackte Petersilie untermischen.

TIPP Diese Gemüsebolognese können Sie ganz nach Ihrem Geschmack variieren, denn auch Kohlrabi, Champignons oder Lauch passen sehr gut dazu.

Bouillon

Wer früher als Kind krank war, fieberte jeder Tasse entgegen:
das wärmende Gefühl, wenn man sie in Händen hielt
und wie einem auch warm ums Herz wurde, wenn man daraus schlürfte!

Bouillon war das erste Wort Französisch, das viele Kinder von ihren Müttern lernten.
Es klang so nach Geborgenheit, nach verwöhnt werden, nach beschützt sein.
»Eine kräftige Bouillon«, sagte Mutter damals,
»wird dir schnell wieder auf die Beine helfen.« Und immer hatte sie recht:
Schon bald war die schöne Bouillonzeit vorbei.
Wer umblättert, findet neuen Geschmack daran.

Rinderbouillon

Für 1 ½ l: 2 ½ kg Rinderknochen (z.B. Beinscheiben, Ochsenschwanz oder Schulterknochen) | 1 Gemüsezwiebel | 2 Möhren | ½ Stange Lauch | ¼ Knollensellerie | 2 Stangen Staudensellerie | 1 Lorbeerblatt | 10 weiße Pfefferkörner (angedrückt) | 4 Stiele glatte Petersilie | Salz | 2–3 EL helle Sojasauce
Außerdem: Mulltuch zum Passieren

1 Die Knochen kurz in kochendem Wasser blanchieren, abgießen und unter kaltem Wasser abspülen.

TIPP Das Blanchieren der Knochen hat den Vorteil, dass ein Teil der Trübstoffe, die sich beim Kochen bilden, hier schon zurückbleiben.

2 Dann die Knochen in einen großen Topf geben. Mit kaltem Wasser auffüllen, bis die Knochen gut bedeckt sind.

3 Bei milder Hitze zum Sieden bringen, dabei den sich bildenden Schaum mit einer Schaumkelle abschöpfen. 30 Minuten leise köcheln lassen.

TIPP Die geröstete Zwiebel gibt der Bouillon Geschmack, aber vor allem eine schöne goldgelbe Farbe.

4 Die Zwiebel halbieren und die Schnittflächen langsam und ohne Fett in einer Pfanne dunkelbraun rösten.

5 Die gerösteten Zwiebelhälften in die siedende Brühe geben.

6 Möhren, Lauch und die beiden Selleriesorten schälen bzw. putzen, waschen und grob würfeln.

7 Das Gemüse mit Lorbeer, Pfeffer und Petersilie in die Brühe geben. Ohne Deckel weitere 2 Stunden leise köcheln lassen.

8 Ein Sieb mit einem Mulltuch über einen Topf hängen. Die Bouillon mit einer Kelle nach und nach durch das Tuch gießen.

TIPP Das hat den Vorteil, dass die Trübstoffe, die sich am Topfboden abgesetzt haben, nicht aufgewirbelt werden. Sie würden die Klarheit der Bouillon beeinträchtigen.

9 Die Bouillon auf einem Gitter auskühlen lassen und die fest gewordene Fettschicht auf der Oberfläche mit einer Schaumkelle abheben.

10 Die Bouillon noch einmal aufkochen und mit Salz und Sojasauce abschmecken.

»Früher war es wichtig, dass Fettaugen auf der Brühe schwammen. Heute konzentriert man sich mehr auf den Geschmack. Mich können Sie am Geschmack messen.«

Markklößchen

Für 4 Portionen: 120 g Rindermark | 4 Scheiben trockenes Weizentoastbrot | 100 ml Milch | 1 Ei (Größe M) | 1 Eigelb (Größe M) | 2 EL gehackte glatte Petersilie | Salz | Pfeffer aus der Mühle | Muskatnuss | 70 g Semmelbrösel

1 Das Rindermark würfeln und in einem Topf bei milder Hitze schmelzen. Die Toastbrotscheiben entrinden, würfeln und in der lauwarmen Milch einweichen.
2 Das flüssige Rindermark durch ein Sieb gießen, erkalten lassen. Mit einem Schneebesen schaumig rühren. Das eingeweichte Brot ausdrücken und unter das Mark rühren. Ei, Eigelb und Petersilie dazugeben. Mit Salz, Pfeffer und Muskat abschmecken. Semmelbrösel dazugeben. Alles gründlich mischen. Im Kühlschrank 30 Minuten kalt stellen.
3 Aus der Masse kleine Bällchen formen und in der leicht siedenden Bouillon 7–10 Minuten ziehen lassen. Wenn sie an der Oberfläche schwimmen, sind sie gar.

Grießnocken

Für 4 Portionen: 250 ml Milch | 50 g Butter 0,5 g Safranfäden | Salz | Muskatnuss 150 g Hartweizengrieß | 2 Eigelbe (Größe M)

1 Die Milch mit Butter und Safran aufkochen und auf der ausgeschalteten Kochstelle so lange ziehen lassen, bis die Milch eine intensive gelbe Farbe angenommen hat. Dann mit Salz und Muskat würzen.
2 Milch wieder aufkochen und den Grieß in die kochende Milch rühren. Die Hitze reduzieren und den Grießbrei so lange kräftig rühren, bis sich ein weißer Film auf dem Topfboden bildet. Die Masse etwas abkühlen lassen, dann die Eigelbe unterheben.
3 Mit Espressolöffeln, die in kaltes Wasser getaucht werden, kleine Nocken abstechen. Nocken in leicht siedendem Salzwasser 5 Minuten garen. Wenn sie an der Oberfläche schwimmen, mit einer Schaumkelle herausheben und gut abtropfen lassen. In der Bouillon servieren.

Kräuterflädle

Für 4 Portionen: 2 Eier (Größe M) | 125 ml Milch 25 g flüssige Butter | 60 g Mehl | Salz | 3 Stiele glatte Petersilie | 5 Stiele Kerbel | ½ Bund Schnittlauch 2 EL Butterschmalz zum Braten

1 Aus Eiern, Milch, Butter und Mehl einen flüssigen Teig zubereiten. Durch ein Sieb passieren, mit Salz würzen und 30 Minuten ruhen lassen.
2 Die Kräuter waschen, trocken schütteln und die Blätter von den Stielen zupfen. Petersilie und Kerbel fein hacken, Schnittlauch in feine Röllchen schneiden. Kräuter unter den Teig heben.
3 Eine flache beschichtete Pfanne mit etwas Butterschmalz ausreiben. Jeweils 1 Kelle Teig in die Pfanne geben, gleichmäßig und dünn darin verteilen und die Unterseite bei milder Hitze goldgelb backen. Dann wenden und die andere Seite ebenfalls goldgelb backen. Die Pfannkuchen ganz auskühlen lassen, aufrollen, in dünne Streifen schneiden und in der Bouillon erwärmen.

Eierstich

Für 4 Portionen: 250 ml Milch | Salz | Muskatnuss 4 Eier (Größe M) | 2 Eigelbe (Größe M) Außerdem: Frischhaltefolie

1 Die Milch aufkochen und mit Salz und Muskat würzen. Eier und Eigelbe verquirlen und mit 50 ml heißer Milch verrühren. In die übrige heiße Milch einrühren und durch ein Sieb passieren. Den Backofen auf 120° vorheizen (Umluft 100°).
2 Eine flache ofenfeste Form mit kaltem Wasser ausspülen, mit Frischhaltefolie auslegen und die Eiermischung hineingießen. Die Form in ein heißes Wasserbad stellen und die Eiermischung im vorgeheizten Backofen auf der mittleren Schiene 1–1½ Stunden stocken lassen. Den Eierstich völlig auskühlen lassen. Dann in die gewünschte Form schneiden und in der Bouillon erwärmen.

Brathähnchen

Es gibt Hähnchen,
nach denen kräht kein Hahn.
Blass, mager und zäh drehen sie sich am Spieß,
ohne dass sich jemand nach ihnen umdreht.
Mit dem Lafer-Hähnchen rechts dagegen
ist man bei Familie und Gästen
Hahn im Korb: Gesund und braun gebrannt,
versteht es sich prächtig mit jungem Gemüse.

Brathähnchen

Für 4 Portionen: 1 Brathähnchen (ca. 1,2 kg, küchenfertig) | 50 ml Sonnenblumenöl | 2 TL Salz | 2 TL edelsüßes Paprikapulver | 150 g Champignons | 2 Möhren | 3 Schalotten | 200 ml Geflügelfond (Glas) | 2 Knoblauchzehen
Außerdem: Küchengarn

1 Das Hähnchen innen und außen gründlich unter fließendem Wasser waschen und mit Küchenpapier trocken tupfen.

TIPP Vor allem innen muss das Hähnchen gründlich ausgespült werden, damit Fett- und Blutreste entfernt werden.

2 Die Flügel im ersten Gelenk, Halsknochen und den Bürzel mit einem scharfen Messer oder einer Geflügelschere abschneiden.

TIPP Vor allem der Bürzel mit der Fettdrüse muss entfernt werden. Sie kann mit ihrem tranigen Aroma den Fleischgeschmack beeinträchtigen.

3 Das Hähnchen mit Küchengarn binden: Das Hähnchen auf den Rücken legen. Die Keulen mit Küchengarn fest zusammenbinden. Das Garn an den Keulen entlangziehen und das Hähnchen umdrehen.

4 Das Garn nun um die Flügel wickeln, sodass sie fest am Körper anliegen. Das Hähnchen wieder auf den Rücken drehen, das Küchengarn fest anziehen und verknoten.

5 Das Sonnenblumenöl mit Salz und Paprikapulver verquirlen.

TIPP Statt Sonnenblumenöl können Sie auch ein mildes Olivenöl verwenden.

6 Das Hähnchen rundherum mit einem Teil des Paprikaöls einpinseln. Den Backofen auf 200° vorheizen (Umluft 180°).

TIPP Das Öl gibt der Haut die appetitliche Farbe und macht sie schön knusprig.

7 Das Hähnchen mit der Brust nach unten in einen entsprechend großen Bräter legen. Champignons putzen, die Stiele abschneiden. Möhren und Schalotten schälen und kleinschneiden. Alles rund um das Hähnchen im Bräter verteilen.

8 Den Geflügelfond seitlich angießen, damit das Paprikaöl nicht abgespült wird.

9 Die Knoblauchzehen schälen und dazugeben. Den Bräter auf der mittleren Schiene in den vorgeheizten Backofen schieben und das Hähnchen 30 Minuten braten.

10 Dann das Hähnchen wenden und nochmals 1 Stunde braten. Während des Bratens immer wieder mit dem restlichen Paprikaöl einpinseln.

»Wenn ich an Frittenbuden halbe Hähnchen für 2,80 Euro sehe, denk ich oft: Haben die jemals gelebt? Bei meinem Hähnchen leben Genießer auf …«

Brathähnchensalat mit Feta

Für 4 Portionen: 1 frisch gebratenes Hähnchen (siehe Seite 36/37) | 150 g kurze Röhrennudeln (z. B. Rigatoni) | Salz 8 Stangen grüner Spargel | 2 Schalotten | 1 Knoblauchzehe 6–7 EL Olivenöl | 2–3 EL Aceto balsamico bianco 1 TL edelsüßes Paprikapulver | 1 EL flüssiger Honig | Pfeffer aus der Mühle | 200 g Feta (griech. Schafskäse) 50 g Parmesan

1 Das fertige Brathähnchen noch warm in Stücke schneiden und das Fleisch von den Knochen lösen und in mundgerechte Stücke schneiden. Nudeln in reichlich kochendem Salzwasser bissfest garen, abgießen und in eine große Schüssel geben. Spargel im unteren Drittel schälen, Enden 2 cm kürzen. Spargel 5–8 Minuten in kochendem Salzwasser blanchieren, in Eiswasser abschrecken und in Stücke schneiden. Mit Nudeln und Hähnchenfleisch mischen. Schalotten und Knoblauch schälen und klein würfeln.
2 2 EL Olivenöl in einer Pfanne erhitzen, Schalotten und Knoblauch darin andünsten. Mit dem Aceto balsamico ablöschen. Vom Herd nehmen, Paprikapulver und Honig unterrühren. 4–5 EL Olivenöl zugeben, alles gut mischen. Das Dressing über Nudeln, Hähnchen und Spargel verteilen, mit Salz und Pfeffer abschmecken, mischen und auf Tellern anrichten. Zerbröckelten Feta und gehobelten Parmesan darüberstreuen.

Hähnchenburger mit Melone und Parmaschinken

Für 4 Portionen: 1 frisch gebratenes Hähnchen (siehe Seite 36/37) | ½ Rezept Chili-Paprika-Mayonnaise (siehe Seite 222) | 100 g Rucola | 4 Scheiben Parmaschinken | 1 EL Sonnenblumenöl | 1 reife Honigmelone | 4 Burgerbrötchen

1 Das Hähnchenfleisch von den Knochen lösen und in Scheiben schneiden. Die Chili-Paprika-Mayonnaise zubereiten.
2 Den Rucola putzen, waschen und trocken schleudern. Parmaschinken in einer Pfanne im heißen Öl knusprig braten, auf Küchenpapier abtropfen lassen und die Scheiben halbieren. Die Melone vierteln, entkernen, schälen und in Scheiben schneiden.
3 Die Brötchen auf den Schnittflächen in einer Pfanne ohne Fett 2–3 Minuten anrösten. Jeweils 1 TL Chili-Paprika-Mayonnaise auf eine untere geröstete Brötchenhälfte streichen. Salatblätter, Honigmelone, Hähnchen und Parmaschinken daraufschichten. Die oberen Brötchenhälften darauflegen.

Varianten für die Marinade:

Honig-Chili-Hähnchen

3 EL flüssiger Honig (z. B. Akazienhonig) | 2 EL Chiliflocken | 2 EL Sonnenblumenöl | Salz

Honig und Chiliflocken mischen und das Öl unterrühren. Das Hähnchen damit bestreichen, dann salzen.

Curry-Hähnchen

2 EL Currypulver | 2 TL Salz | 50 ml Sonnenblumenöl

Curry, Salz und Sonnenblumenöl mischen und das Hähnchen damit bestreichen.

Knoblauch-Hähnchen

5 Knoblauchzehen (geschält) | 2 TL Salz | 50 m Olivenöl 3–4 Zweige Thymian

Knoblauch mit Salz und Olivenöl zu einer feinen Paste mixen, auf das Hähnchen streichen und mit gehackten Thymianblättern bestreuen.

Brathähnchensalat

Hähnchenburger

Bratkartoffeln

Wenn Liebe durch den Magen geht,
kann es auf den nächsten Seiten zu Bratkartoffelverhältnissen kommen.
So nennt man Beziehungen, bei denen einem die größte Lust bereitet,
was der andere kocht. Als Erstes stellen wir Großmutters Rezept vor,
mit dem sie Großvater und Enkelkinder gleichermaßen glücklich machte.
Beim Weiterblättern gibt es aus der modernen Küche
dann noch Sterne-Pommes.
Damit auch die Enkel junger Leserinnen später
von Omas Bratkartoffeln schwärmen können.

Bratkartoffeln

Für 4 Portionen: 600 g festkochende Kartoffeln (z. B. La Ratte oder Bamberger Hörnchen) | 3 Schalotten | ½ Bund glatte Petersilie | 60 g durchwachsener Speck (in dünne Scheiben geschnitten) | 30 g Butterschmalz | 50 g Butter | Salz weißer Pfeffer aus der Mühle

1 Die Kartoffeln mit einer Bürste in kaltem Wasser gründlich säubern und in einen Dämpfeinsatz geben.

TIPPS Wählen Sie gleich große Kartoffeln, damit sie die gleiche Garzeit haben.
Festkochende Sorten sind am besten geeignet! Neben den etwas selteneren Sorten La Ratte und Bamberger Hörnchen gibt es auf dem Wochenmarkt und im Supermarkt die Sorten Sieglinde und Linda.

2 Einen Topf etwa 3 cm hoch mit Wasser füllen und zum Kochen bringen. Dämpfeinsatz darüberstellen.

3 Die Kartoffeln bei geschlossenem Deckel in 20 Minuten weich dämpfen. Anschließend gut auskühlen lassen und schälen.

TIPP Die Kartoffeln werden wieder schön fest, lassen sich leicht schälen und zerfallen nicht, wenn man sie am Vortag gart und über Nacht auskühlen lässt.

4 Die Schalotten schälen und fein würfeln. Die Petersilie abbrausen und trocken schütteln. Die Blätter von den Stielen zupfen und fein hacken.

5 Den Speck mit einem scharfen Messer fein würfeln.

TIPP Der Speck lässt sich leichter in gleichmäßige feine Würfel schneiden, wenn man ihn etwa 30 Minuten im Gefrierfach anfrieren lässt.

6 Die geschälten Kartoffeln in 5 mm dicke Scheiben schneiden. Das Butterschmalz in einer beschichteten Pfanne erhitzen, die Kartoffelscheiben darin goldbraun anbraten.

7 Die Speckwürfel zugeben, unter regelmäßigem Schwenken der Pfanne anbräunen.

TIPP Damit die Kartoffeln rundherum gleichmäßig braun werden: eine entsprechend große Pfanne verwenden, damit die Kartoffeln höchstens in zwei Schichten aufeinanderliegen.

8 Wenn der Speck goldbraun ist, die Schalotten zugeben, 2–3 Minuten mitbraten lassen.

9 Die kalte Butter in die Pfanne geben und die Bratkartoffeln damit glasieren. Kräftig mit Salz und Pfeffer würzen.

10 Zuletzt die Petersilie unterschwenken.

»Ein so einfaches, simples Gericht – und doch tun viele sich damit so schwer. Hier trennt sich die Spreu vom Weizen, denn wer ein wahrer Kochkünstler werden will, fängt mit Bratkartoffeln an.«

Bunte Bratkartoffeln

Für 4 Portionen: 600 g festkochende große Kartoffeln (z. B. La Ratte oder Bamberger Hörnchen) | 3 Schalotten 60 g durchwachsener Speck (in dünne Scheiben geschnitten) | 50 g Maiskörner (Dose) | 1 rote Paprikaschote 1 grüne Paprikaschote | 50 g Zuckerschoten | 1 Bund Radieschen | ½ Bund glatte Petersilie | 30 g Butterschmalz Salz | weißer Pfeffer aus der Mühle | 50 g Butter

1 Die Kartoffeln wie in den Steps 1–3 beschrieben in ca. 20 Minuten weich dämpfen. Gut auskühlen lassen, schälen und in ca. 1 cm dicke Würfel schneiden. Die Schalotten schälen und fein würfeln. Den Speck in feine Würfel schneiden.
2 Die Maiskörner kurz unter kaltem Wasser abbrausen und abtropfen lassen. Paprikaschoten halbieren, entkernen und waschen. Mit einem Sparschäler schälen und das Fruchtfleisch würfeln. Die Zuckerschoten waschen, putzen und schräg in Stücke schneiden. Radieschen putzen, waschen, in Scheiben schneiden. Petersilienblätter von den Stielen zupfen, waschen, gut trocken schütteln. Blätter fein hacken.
3 Das Butterschmalz in einer beschichteten Pfanne erhitzen und die Kartoffelwürfel darin goldbraun anbraten. Die Speckwürfel zugeben und bei regelmäßigem Schwenken der Pfanne mit anbraten. Die Zwiebelwürfel zufügen und anschwitzen. Das restliche Gemüse zufügen und 2 Minuten braten. Mit Salz und Pfeffer würzen. Butter zugeben und die Kartoffeln damit glasieren. Zum Schluss die gehackte Petersilie unterrühren.

Bärlauch-Bratkartoffeln mit Spargel

Für 4 Portionen: 600 g festkochende Kartoffeln (z. B. La Ratte oder Bamberger Hörnchen) | 3 Schalotten 6 Stangen weißer Spargel | 10 Bärlauchblätter 30 g Butterschmalz | Salz | weißer Pfeffer aus der Mühle 50 g Butter

1 Die Kartoffeln mit einer Bürste in kaltem Wasser gründlich reinigen und in einen Dämpfeinsatz geben. Einen Topf etwa 3 cm hoch mit Wasser füllen und zum Kochen bringen. Den Dämpfeinsatz darüberstellen und die Kartoffeln bei geschlossenem Deckel in ca. 20 Minuten weich dämpfen. Kartoffeln gut auskühlen lassen, schälen, in 3 mm dünne Scheiben schneiden. Die Schalotten schälen und fein würfeln.
2 Den Spargel bis auf die Köpfe gründlich schälen, die Enden abschneiden. Spargel schräg in 1 cm dicke Scheiben schneiden. Bärlauch waschen, gut trocken schütteln. Die Blätter in feine Streifen schneiden.
3 Das Butterschmalz in einer beschichteten Pfanne erhitzen und die Kartoffelscheiben darin goldbraun anbraten. Die Schalottenwürfel und Spargelscheiben zufügen und ebenfalls anbraten, bis sie etwas Farbe annehmen. Mit Salz und Pfeffer würzen. Butter zugeben und Kartoffeln und Spargel damit glasieren. Zum Schluss den Bärlauch unterrühren.

Scharfe Bratkartoffeln

Für 4 Portionen: 600 g festkochende Kartoffeln (z. B. La Ratte oder Bamberger Hörnchen) | 3 Schalotten 1 Chorizo (scharfe spanische Wurst) | 1 rote Chilischote ½ Bund Schnittlauch | 30 g Butterschmalz | Salz | weißer Pfeffer aus der Mühle | 50 g Butter

1 Die Kartoffeln mit einer Bürste in kaltem Wasser gründlich säubern und in einen Dämpfeinsatz geben. Einen Topf etwa 3 cm hoch mit Wasser füllen und zum Kochen bringen. Dämpfeinsatz darüberstellen und die Kartoffeln bei geschlossenem Deckel in ca. 20 Minuten weich dämpfen. Kartoffeln gut auskühlen lassen, schälen, in 3 mm dünne Scheiben schneiden.
2 Die Schalotten schälen und fein würfeln. Chorizo pellen und in Scheiben schneiden. Chilischote halbieren, entkernen und waschen. Dann in feine Streifen schneiden. Schnittlauch in feine Röllchen schneiden.
3 Das Butterschmalz in einer beschichteten Pfanne erhitzen und die Kartoffelscheiben darin goldbraun anbraten. Die Chorizo, Chili und Schalotten zugeben und unter regelmäßigem Schwenken der Pfanne anbraten. Mit Salz und Pfeffer würzen. Butter zugeben und die Kartoffeln damit glasieren. Zum Schluss die Schnittlauchröllchen unterrühren.

Gebratene Süßkartoffeln mit Walnüssen

Für 4 Portionen: 600 g Süßkartoffeln | 2 rote Zwiebeln 2 Frühlingszwiebeln | 30 g Butterschmalz | Salz | weißer Pfeffer aus der Mühle | 20 g Butter | 2 El Walnussöl 50 g Walnusskerne

1 Die Süßkartoffeln mit einer Bürste in kaltem Wasser gründlich säubern und in einen Dämpfeinsatz geben. Einen Topf etwa 3 cm hoch mit Wasser füllen und zum Kochen bringen. Dämpfeinsatz darüberstellen und die Kartoffeln bei geschlossenem Deckel in 20–25 Minuten weich dämpfen. Süßkartoffeln gut auskühlen lassen, schälen, eventuell halbieren oder vierteln und in 3 mm dünne Scheiben schneiden.
2 Die roten Zwiebeln schälen und fein würfeln. Die Frühlingszwiebeln putzen, waschen und in feine Ringe schneiden.
3 Das Butterschmalz in einer beschichteten Pfanne erhitzen und die Kartoffelscheiben darin goldbraun anbraten. Die Zwiebelwürfel zugeben und unter regelmäßigem Schwenken der Pfanne mit anbraten. Mit Salz und Pfeffer würzen. Butter und Walnussöl zugeben und die Kartoffeln damit glasieren. Walnusskerne grob zerkleinern und mit den Frühlingszwiebeln unter die Süßkartoffeln schwenken.

Bunte Bratkartoffeln

Bärlauch-Bratkartoffeln mit Spargel

Scharfe Bratkartoffeln

Gebratene Süßkartoffeln mit Walnüssen

Carpaccio

Hier können Sie alles platt machen
und ernten auch noch Lob dafür.
Blättern Sie um und schlagen Sie zu!
Ihre Gäste werden begeistert sein.

Rindercarpaccio mit Rucola und Parmesan

Für 4 Portionen: 400 g Rinderfilet (vom Mittelstück) | 1 EL Sonnenblumenöl (oder Maiskeimöl) | 3 EL Olivenöl | Saft und Schale von ½ Bio-Limette | Salz weißer Pfeffer aus der Mühle
Garnitur: 150 g Rucola | 2 EL Olivenöl | 1 EL Aceto balsamico bianco | Salz Pfeffer aus der Mühle | 50 g Parmesan (im Stück)
Außerdem: Frischhaltefolie

1 Das Filet mit einem dünnen scharfen Messer von Häuten und Sehnen befreien.

TIPP Kaufen Sie vom Filet das Mittelstück, damit Sie beim Aufschneiden gleichmäßig große Scheiben bekommen. Verwenden Sie nur sehr frisches Fleisch in bester Qualität.

2 Ein ausreichend großes Stück Frischhaltefolie auf die Arbeitsfläche legen und das Filet straff darin einwickeln. Die Seiten wie bei einem Bonbon eindrehen und das Fleisch 30 Minuten in das Gefriergerät legen.

TIPP Leicht angefroren lässt sich das Fleisch viel leichter in dünne Scheiben schneiden.

3 Das Filet auswickeln und mit einem scharfen Messer oder einer Aufschnittmaschine in dünne Scheiben schneiden.

4 Ein Stück Frischhaltefolie dünn mit Sonnenblumenöl bestreichen.

5 Die Fleischscheiben nebeneinander darauflegen und mit einer zweiten, dünn geölten Folie bedecken.

6 Die Fleischscheiben mit einem Plattiereisen flach klopfen. Die obere Folie entfernen.

TIPP Wenn Sie kein Plattiereisen haben, können Sie auch die flache Seite eines Hackbeils oder eine schwere Pfanne nehmen.

7 Olivenöl mit Limettensaft und -schale, Salz und Pfeffer verrühren.

TIPP Mit einem naturtrüben Olivenöl haben Sie den unverfälschten Olivengeschmack!

8 Vier flache Teller mit der Marinade bestreichen.

9 Die obere Folie vom Fleisch abziehen. Einen Teller darüberdecken und mit Hilfe eines Holzbretts wenden. Die zweite Folie ebenfalls abziehen.

10 Das Carpaccio mit der Marinade bestreichen. Mit Salz und Pfeffer würzen.

Für die Garnitur: Rucola putzen, waschen und trocken schleudern. Mit Olivenöl, Aceto balsamico bianco, Salz und Pfeffer mischen. Salat auf dem Carpaccio verteilen. Parmesan darüberhobeln. Mit Pfeffer bestreuen.

»Carpaccio ist eine Kunst, die in Venedig erfunden wurde. Bei mir wird es auch als Kunstwerk serviert. Wie gemalt.«

Thunfischcarpaccio mit Mangosalat

Lachscarpaccio mit Jakobsmuscheln

Thunfischcarpaccio mit Mangosalat

Für 4 Portionen: 400 g Thunfischfilet (Sushi-Qualität) ½ Bio-Limette | 1 TL Ahornsirup | 3 EL Sesamöl | 50 ml helle Sojasauce | Salz | weißer Pfeffer aus der Mühle | Koriandersaat aus der Mühle | 1 Thai-Mango | 3 Frühlingszwiebeln 1 EL Sweet-Chili-Sauce | 8 gekochte Garnelen | 1 Beet Shiso-Kresse
Außerdem: Frischhaltefolie

1 Das Thunfischfilet straff in Frischhaltefolie einwickeln. Die Seiten wie bei einem Bonbon eindrehen und das Filet 30 Minuten in das Gefriergerät legen. Limette heiß abwaschen und trocknen. Die Schale dünn abreiben und den Saft auspressen. Ahornsirup mit Sesamöl, Sojasauce, Limettensaft und -schale mischen. Vier flache Teller dünn mit der Marinade bestreichen.
2 Das Thunfischfilet auswickeln, mit einem scharfen Messer in dünne Scheiben schneiden und leicht überlappend auf die Teller legen. Die Scheiben mit der Marinade bestreichen. Mit Salz, Pfeffer und gemahlenem Koriander würzen. Die Mango schälen, das Fruchtfleisch vom Stein schneiden und würfeln. Frühlingszwiebeln putzen waschen und in feine Ringe schneiden. Mango und Frühlingszwiebeln mit Sweet-Chili-Sauce mischen, salzen und pfeffern. Salat und Garnelen auf dem Carpaccio anrichten. Mit Kresseblättern bestreuen.

Lachscarpaccio mit Jakobsmuscheln

Für 4–6 Portionen: 500 g frisches Lachsfilet (aus dem Mittelstück, ohne Haut und Gräten) | 10 Jakobsmuscheln (küchenfertig ausgelöst) | 2 Bio-Orangen | 50 ml Olivenöl Salz | weißer Pfeffer aus der Mühle | Zucker | 100 g gemischter Blattsalat | 50 g geröstete Kürbiskerne
Außerdem: Frischhaltefolie

1 Das Lachsfilet quer halbieren und beide Stücke flach auslegen. Jeweils 5 Jakobsmuscheln mittig auf die Filets legen und so einrollen, dass sie vom Fisch umschlossen werden. Beide Rollen straff in Frischhaltefolie wickeln, die Seiten fest eindrehen. 2–3 Stunden in das Gefriergerät legen.
2 Orangen heiß abspülen und abtrocknen. Schale von 1 Orange dünn abschälen und in feine Streifen schneiden. Beide Orangen auspressen. Orangenschale in 1 EL Olivenöl andünsten, mit Orangensaft ablöschen und 3 Minuten einkochen lassen. Vom Herd nehmen, das restliche Olivenöl unterrühren, mit Salz, Pfeffer und Zucker würzen. Abkühlen lassen.
3 Vier flache Teller mit der Marinade bestreichen. Lachsfilets auswickeln, mit einem scharfen Messer in dünne Scheiben schneiden und leicht überlappend auf die Teller legen. Die Scheiben mit der Marinade bestreichen, salzen und pfeffern. Salatblätter und Kürbiskerne auf dem Carpaccio anrichten, mit Salz und Pfeffer würzen.

Kalbscarpaccio mit Kapernäpfeln

Für 4 Portionen: 400 g Kalbsfilet (vom Mittelstück) | 3 Bio-Zitronen | 50 g Puderzucker | 3 Zweige glatte Petersilie 80 ml Olivenöl | 1 EL Sonnenblumenöl (oder Maiskeimöl) Salz | weißer Pfeffer aus der Mühle | 100 g zarte Salatblätter 50 g Kapernäpfel
Außerdem: Frischhaltefolie

1 Das Kalbsfilet mit einem dünnen scharfen Messer von Häuten und Sehnen befreien.
Das Filet in ein großes Stück Frischhaltefolie straff einwickeln. Die Seiten fest eindrehen und das Fleisch 30 Minuten in das Gefriergerät legen.
2 2 Zitronen heiß abwaschen und trocken reiben. In hauchdünne Scheiben schneiden und mit dem Puderzucker bestreuen. In einer Pfanne bei niedriger Temperatur von beiden Seiten vorsichtig anbraten, bis der Zucker leicht karamellisiert. Herausnehmen und beiseitelegen. Petersilie waschen und trocken schütteln. Blätter abzupfen und fein hacken. 1 Zitrone auspressen. Petersilie und Zitronensaft mit 70 ml Olivenöl in die Pfanne geben und darin schwenken, bis sich der restliche Zucker gelöst hat.
3 Das Filet auswickeln und mit einem scharfen Messer in dünne Scheiben schneiden. Ein Stück Frischhaltefolie dünn mit Sonnenblumenöl bestreichen. Fleisch- und Zitronenscheiben abwechselnd nebeneinander darauflegen und mit einer zweiten, dünn geölten Folie bedecken. Fleischscheiben mit einem Plattiereisen flach klopfen.
4 Vier flache Teller mit dem restlichen Olivenöl bestreichen. Das Fleisch in der Folie auf ein Küchenbrett legen. Die obere Folie vom Fleisch abziehen. Einen Teller darüberdecken und mit Hilfe des Küchenbretts wenden. Die zweite Folie ebenfalls abziehen. Carpaccio mit der Marinade gleichmäßig bestreichen, mit Salz und Pfeffer würzen. Salatblättchen und Kapernäpfel darauf verteilen.

Kalbscarpaccio mit Kapernäpfeln

Chutney

Falls Sie fürs Essen heute Abend
noch die passende Begleitung suchen:
Soll sie süß, scharf oder sauer sein?
Tipp vom Sternekoch:
Mit Chutney laden Sie alle ein!

Mango-Orangen-Chutney

Für ca. 300 g: 2 Orangen | 2 Schalotten | 20 g frischer Ingwer | 1 kleine rote Chilischote | 30 ml Olivenöl | 80 g Zucker | 50 ml Aceto balsamico bianco 50 g Rosinen | 1 Mango | 10 Minzeblätter | Salz | weißer Pfeffer aus der Mühle

1 Die Orangen so schälen, dass die gesamte weiße Haut mit entfernt wird. Das Fruchtfleisch klein würfeln.

2 Die Schalotten und den Ingwer schälen. Beides fein würfeln.

3 Die Chilischote halbieren und entkernen. Schote unter fließendem Wasser abspülen, trocken tupfen und fein würfeln.

TIPP In den Kernen liegt die Schärfe: Wenn Sie das Chutney sehr pikant möchten, geben Sie ein paar Kerne dazu.

4 Olivenöl erhitzen, Schalotten, Ingwer und Chili darin andünsten. Den Zucker zugeben, goldgelb karamellisieren lassen.

TIPP Die Karamellnote des Zuckers gibt dem Chutney den besonderen Geschmack.

5 Alles mit Aceto balsamico ablöschen und unter Rühren köcheln lassen, bis sich der Zucker vollständig gelöst hat.

TIPP Wenn Sie die kalte Flüssigkeit zum Karamell geben, kristallisiert der Zucker und wird fest. Einfach weiterköcheln lassen, bis sich der Zucker wieder auflöst.

6 Die Orangenwürfel und Rosinen zugeben. Alles so lange einkochen lassen, bis die Flüssigkeit fast verkocht ist.

7 Die Mango schälen. Das Fruchtfleisch vom Stein schneiden, dann fein würfeln.

8 Die Mangowürfel unter die heißen eingekochten Orangen geben.

9 Die Minzeblättchen fein hacken und unter das Chutney rühren. Mit Salz und Pfeffer würzen.

10 Das Chutney in saubere Weckgläser abfüllen und fest verschließen. Im Kühlschrank hält es sich etwa 2 Wochen.

»Die Asiaten beweisen uns, dass eine bestimmte Geschmackskonstellation auf der Zunge höchsten kulinarischen Genuss auslöst: süß, scharf und sauer! Was will der Gaumen mehr?«

Aprikosen-Senf-Chutney

Für 500 g: 10 reife Aprikosen | 2 Schalotten | 20 g frischer Ingwer | 1 kleine rote Chilischote | 30 ml Olivenöl 80 g Zucker | 50 ml Aceto balsamico bianco 50 ml trockener Weißwein | 50 g Aprikosenkonfitüre 2 EL körniger Dijon-Senf | Salz | Pfeffer aus der Mühle

1 Die Aprikosen waschen, halbieren und entsteinen. Das Fruchtfleisch würfeln. Schalotten und Ingwer schälen. Schalotten fein würfeln, Ingwer fein reiben. Die Chilischote halbieren, entkernen, waschen und fein würfeln.
2 Das Olivenöl erhitzen, Schalotten, Ingwer und Chili darin andünsten. Zucker zugeben und goldgelb karamellisieren. Mit Aceto balsamico und Weißwein ablöschen, zwei Drittel der Aprikosenwürfel und die Konfitüre zugeben. Alles so lange einkochen lassen, bis die Früchte gut verkocht sind. Dabei gelegentlich rühren. Dann Senf und die restlichen Aprikosenwürfel zugeben und noch einmal aufkochen. Mit Salz und Pfeffer würzen, auskühlen lassen und in Gläser abfüllen.
Hält sich im Kühlschrank bis zu 2 Wochen.

Apfel-Cranberry-Chutney

Für 500 g: 3 säuerliche Äpfel (z. B. Boskop) | 2 EL Zitronensaft | 2 Schalotten | 20 g frischer Ingwer | 1 kleine rote Chilischote | 30 ml Olivenöl | 80 g Zucker | 50 ml Aceto balsamico bianco | 50 g getrocknete Cranberrys | Salz Pfeffer aus der Mühle

1 Die Äpfel waschen, schälen und vierteln. Das Kerngehäuse entfernen, das Fruchtfleisch würfeln und mit Zitronensaft beträufeln, damit es nicht braun wird. Schalotten und Ingwer schälen, Schalotten fein würfeln, Ingwer fein reiben. Die Chilischote halbieren, entkernen, waschen und fein würfeln.
2 Das Olivenöl erhitzen. Schalotten, Ingwer und Chili darin andünsten. Zucker zugeben und goldgelb karamellisieren. Mit Aceto balsamico ablöschen, die Apfelwürfel und Cranberrys zugeben. Alles so lange einkochen, bis die Flüssigkeit fast verkocht ist. Mit Salz und Pfeffer würzen und auskühlen lassen und in Gläser füllen.
Hält sich im Kühlschrank bis zu 2 Wochen.

Zitronen-Zwiebel-Chutney

Für 500 g: 2 Bio-Zitronen | 5 Zwiebeln | 20 g frischer Ingwer 1 kleine rote Chilischote | 30 ml Olivenöl | 100 g Zucker 100 ml trockener Weißwein | Salz | Pfeffer aus der Mühle 3 Zweige Zitronenthymian

1 Die Zitronen heiß abspülen. Die Schale mit einem Sparschäler fein abschälen und hacken. Die Früchte dann so schälen, dass die gesamte weiße Haut entfernt wird. Das Fruchtfleisch würfeln. Zwiebeln schälen und würfeln. Ingwer schälen und fein reiben. Die Chilischote halbieren, entkernen, waschen und fein würfeln.
2 Das Olivenöl erhitzen. Zwiebeln, Ingwer und Chili darin andünsten. Zucker zugeben und goldgelb karamellisieren. Mit Weißwein ablöschen, die Zitronenschale zugeben und 5 Minuten köcheln lassen. Zwiebeln zugeben und alles weiter einkochen, bis die Flüssigkeit fast verkocht ist. Gewürfelte Zitronen zugeben und einmal aufkochen. Mit Salz und Pfeffer würzen und auskühlen lassen. Thymian abbrausen und trocken schütteln. Die Blättchen abzupfen und unter das Chutney mischen. In Gläser abfüllen.
Hält sich im Kühlschrank bis zu 2 Wochen.

Tomaten-Chutney

Für 500 g: 400 g Kirschtomaten | 1 Bio-Limette 4 Schalotten | 20 g frischer Ingwer | 1 kleine rote Chilischote 30 ml Olivenöl | 80 g Zucker | Salz | Pfeffer aus der Mühle 2 Zweige Basilikum

1 Die Kirschtomaten waschen und halbieren. Die Limette heiß abspülen, die Schale mit einem Sparschäler dünn abschälen und in sehr feine Streifen schneiden. Den Saft auspressen. Schalotten und Ingwer schälen, Schalotten fein würfeln, Ingwer fein reiben. Die Chilischote halbieren, entkernen, waschen und fein würfeln.
2 Das Olivenöl erhitzen. Schalotten, Ingwer, Chili und Limettenschale darin andünsten. Tomaten zugeben, mit Zucker bestreuen und goldgelb karamellisieren. Mit Limettensaft ablöschen. Alles so lange einkochen, bis die Flüssigkeit fast verkocht ist. Mit Salz und Pfeffer würzen und auskühlen lassen. Die Basilikumblätter fein hacken und unterrühren. Das Chutney in Gläser füllen.
Hält sich im Kühlschrank bis zu 2 Wochen.

Crème brûlée

Feuer und Flamme für Desserts?
Dann lassen Sie auf den nächsten Seiten
bestimmt nichts anbrennen.
Da geht es nämlich besonders heiß her.

Crème brûlée

Für 4 Portionen: 1 Vanilleschote | 100 ml Milch | 250 ml Sahne
3 Eigelbe (Größe M) | 50 g weißer Zucker | 25 g brauner Zucker

1 Vanilleschote längs aufschneiden und das Mark mit dem Messerrücken herauskratzen.

TIPP Die ausgekratzte Schote auf Küchenpapier trocknen, anschließend mit Zucker vermahlen. So entsteht ein sehr aromatischer Vanillezucker, der für alle Süßspeisen verwendet werden kann.

2 Milch, Sahne und Vanillemark in einen Topf geben und aufkochen.

3 Eigelbe und weißen Zucker in einer großen Schlagschüssel verrühren.

4 Die Schlagschüssel auf ein heißes Wasserbad setzen. Die heiße Vanille-Sahne unter ständigem Rühren zu den Eiern geben.

TIPP Der Schüsselboden darf das Wasser nicht berühren, sonst gerinnt die Masse.

5 Über einem heißen Wasserbad rühren, bis die Masse bindet. Bei etwa 75° bekommt die Masse die cremige Konsistenz einer Vanillesauce.

TIPP Der Vorgang lässt sich sehr gut mit einem Bratenthermometer kontrollieren.

»Cremig trifft krustig, harte Schale auf weichen Kern. Crème brûlée ist das Lieblingsdessert der letzten Jahre.«

6 Die gebundene Masse sofort durch ein Sieb in eine gekühlte Schüssel gießen, damit sie nicht weiter stocken kann. Vanillecreme in vier tiefe ofenfeste Schalen (à ca. 125 ml) verteilen.

TIPP Für Crème brûlée gibt es im Handel spezielle ofenfeste Schalen.

7 Die Schalen in eine flache Form stellen. So viel heißes Wasser in d e Form füllen, dass die Förmchen zu zwei Drittel im Wasser stehen. Im vorgeheizten Backofen bei 140° (Umluft nicht empfehlenswert) auf der untersten Schiene 70–80 Minuten garen. Am besten über Nacht auskühlen lassen.

8 Vor dem Servieren gleichmäßig mit dem braunen Zucker bestreuen.

9 Mit einem Bunsenbrenner karamellisieren, bis sich eine hellbraune, knackige Zuckerkruste gebildet hat. Gleich servieren.

TIPP Kleine Brenner zum Karamellisieren gibt es in Haushaltswarengeschäften und im Versandhandel.

Erdbeer-Crème-brûlée

Für 4 Portionen: 100 g reife Erdbeeren | 50 ml Erdbeersirup 200 ml Sahne | 3 Eigelbe (Größe M) | 50 g weißer Zucker 25 g brauner Zucker

1 Die Erdbeeren abbrausen, abtropfen lassen, putzen und halbieren. In einem hohen Becher fein pürieren. Erdbeersirup und Sahne in einem Topf aufkochen.
2 Die Eigelbe und den weißen Zucker in einer großen Schlagschüssel verrühren. Schüssel auf ein heißes Wasserbad setzen. Die heiße Sahne unter ständigem Rühren zu den Eiern geben. Weiterrühren, bis die Masse bindet. Das Erdbeerpüree zufügen und durch ein Sieb in eine gekühlte Schüssel gießen. Den Backofen auf 140° vorheizen (Umluft nicht empfehlenswert).
3 Erdbeercreme in vier tiefe ofenfeste Schalen (à ca. 125 ml) verteilen und in eine flache Form stellen. So viel heißes Wasser in die Form füllen, dass die Förmchen zu zwei Drittel im Wasser stehen. Im vorgeheizten Backofen auf der untersten Schiene 70-80 Minuten garen. Am besten über Nacht auskühlen lassen. Vor dem Servieren gleichmäßig mit dem braunen Zucker bestreuen und mit einem Bunsenbrenner karamellisieren.

Schokoladen-Crème-brûlée

Für 4 Portionen: 75 ml Milch | 250 ml Kokosmilch 50 g Zartbitterschokolade | 3 Eigelbe (Größe M) 50 g weißer Zucker | 25 g brauner Zucker

1 Milch und Kokosmilch in einem Topf aufkochen, Schokolade darin auflösen. Eigelbe und den weißen Zucker in einer großen Schlagschüssel verrühren. Die Schüssel auf ein heißes Wasserbad setzen. Die heiße Schokomilch unter ständigem Rühren zu den Eiern geben und über dem heißen Wasserbad rühren, bis die Masse bindet. Dann durch ein Sieb in eine gekühlte Schüssel gießen. Den Backofen auf 140° vorheizen (Umluft nicht empfehlenswert).
2 Die Schokoladencreme in vier tiefe ofenfeste Schalen (à ca. 125 ml) verteilen. In eine flache Form stellen. So viel heißes Wasser in die Form füllen, dass die Förmchen zu zwei Drittel im Wasser stehen. Im vorgeheizten Backofen auf der untersten Schiene 70–80 Minuten garen. Am besten über Nacht auskühlen lassen. Vor dem Servieren gleichmäßig mit dem braunen Zucker bestreuen und mit einem Bunsenbrenner karamellisieren.

Mokka-Crème-brûlée

Für 4 Portionen: 100 ml Milch | 250 ml Sahne ½ EL lösliches Mokkapulver | 3 Eigelbe (Größe M) 50 g weißer Zucker | 25 g brauner Zucker

1 Milch, Sahne und Mokkapulver in einen Topf geben und aufkochen. Eigelbe und weißen Zucker in einer großen Schlagschüssel verrühren. Die Schüssel auf ein heißes Wasserbad setzen. Die heiße Mokka-Sahne unter ständigem Rühren zu den Eiern geben. Über dem heißen Wasserbad rühren, bis die Masse bindet. Dann durch ein Sieb in eine gekühlte Schüssel gießen. Den Backofen auf 140° vorheizen (Umluft nicht empfehlenswert).
2 Mokkacreme in 4 tiefe ofenfeste Schalen (à ca. 125 ml) verteilen und in eine flache Form stellen. So viel heißes Wasser in die Form füllen, dass die Förmchen zu zwei Drittel im Wasser stehen. Im vorgeheizten Backofen auf der untersten Schiene 70–80 Minuten garen. Am besten über Nacht auskühlen lassen. Vor dem Servieren gleichmäßig mit dem braunen Zucker bestreuen und mit einem Bunsenbrenner karamellisieren.

Passionsfrucht-Crème-brûlée

Für 4 Portionen: 2 Passionsfrüchte | ½ rote Chilischote 0,2 g Safranfäden | 100 ml Milch | 250 ml Sahne | 3 Eigelbe (Größe M) | 50 g weißer Zucker | 25 g brauner Zucker

1 Die Passionsfrüchte halbieren, die Kerne herauskratzen und das Fruchtfleisch durch ein feines Sieb streichen. Chilischote waschen. Alles in einem Topf mit den Safranfäden einmal aufkochen. Milch und Sahne in einem Topf aufkochen. Eigelbe und weißer Zucker in einer großen Schlagschüssel verrühren.
2 Die Schüssel auf ein heißes Wasserbad setzen. Die heiße Sahne unter ständigem Rühren zu den Eiern geben und über dem Wasserbad rühren, bis die Masse bindet. Dann durch ein Sieb in eine gekühlte Schüssel gießen und mit dem Fruchtpüree (Chilischote entfernen) verrühren. Den Backofen auf 140° vorheizen (Umluft nicht empfehlenswert).
3 In vier tiefe ofenfeste Schalen (à ca. 125 ml) verteilen und in eine flache Form stellen. So viel heißes Wasser in die Form füllen, dass die Förmchen zu zwei Drittel im Wasser stehen. Im vorgeheizten Backofen auf der untersten Schiene 70–80 Minuten garen. Am besten über Nacht auskühlen lassen. Vor dem Servieren gleichmäßig mit dem braunen Zucker bestreuen und mit einem Bunsenbrenner karamellisieren.

Erdbeer-Crème-brûlée

Mokka-Crème-brûlée

Schokoladen-Crème-brûlée

Passionsfrucht-Crème-brûlée

Crêpes

Wer bei Mehlspeisen Angst vorm Dickwerden hat,
muss sich bei Crêpes nicht dünn machen.
Egal, ob süß oder pikant – sie sind die feine Art zu zeigen,
was man auf der Pfanne hat:
sparsam der Teig und leicht der Belag.
Da fällt auch eine zweite Portion nicht ins Gewicht.

Crêpes

Für 4 Portionen: 125 g Mehl | 250 ml Milch | 2 Eier (Größe M) | 1 TL Zucker
Salz | 25 g Butter | 2 EL Butterschmalz zum Ausbacken

1 Alle Zutaten abmessen und bereitstellen. Die Butter schmelzen.

2 Mehl, Milch, Eier, Zucker und 1 Prise Salz in einen hohen Becher geben.

3 Die flüssige Butter in einem dünnen Strahl zufügen.

TIPP Die Butter macht den Teig noch geschmeidiger.

4 Den Teig mit einem Pürierstab glatt mixen.

TIPPS Mit dem Pürierstab mixen Sie Luft unter den Teig, das macht ihn besonders locker. Wenn Sie keinen Pürierstab haben, können Sie auch alle Zutaten in einer Schüssel mit dem Schneebesen gründlich verquirlen.

5 Den Teig durch ein feines Küchensieb in eine Schüssel gießen.

6 Schüssel mit Frischhaltefolie abdecken und den Teig 30 Minuten ruhen lassen.

7 Das Butterschmalz schmelzen und eine flache beschichtete Pfanne dünn damit auspinseln.

TIPP Wenn Sie die Crêpes in einer beschichteten Pfanne backen, brauchen Sie nur wenig Fett.

8 Etwas Teig mit einer kleinen Schöpfkelle in die Pfanne geben,

9 Die Pfanne schwenken, damit sich der Teig gleichmäßig auf dem Pfannenboden verteilt. Goldgelb backen.

10 Die Crêpe wenden und auf der zweiten Seite ebenfalls goldgelb backen. Auf diese Weise 6–8 Crêpes backen. Zum Warmhalten in den auf 80° vorgeheizten Backofen stellen (Umluft 60°).

»Mit einem Hauch von Teig gelangt ein Hauch von Luxus auf die Teller! Ob süß oder herzhaft, gerollt oder als appetitliche Päckchen: Crêpes sind immer eine feine Überraschung.«

Mandel-Crêpes mit weißer Schokoladensauce

Bärlauch-Crêpes mit Räucherlachs
auf warmem Spargel-Salat

Mediterrane Tomaten-Crêpes

Mandel-Crêpes mit weißer Schokoladensauce

Für 4 Portionen: 100 g Mehl | 25 g fein gemahlene Mandeln 250 ml Milch | 2 Eier (Größe M) | 1 TL Zucker | Salz 25 g Butter | 2 EL Butterschmalz zum Ausbacken Sauce: 150 g weiße Schokolade | 200 ml Sahne 50 g Softaprikosen | 2 EL Mandelblättchen (gebräunt) Puderzucker zum Bestäuben

1 Den Crêpesteig zubereiten, wie im Grundrezept Seite 74/75 beschrieben. 6–8 dünne Crêpes daraus backen, aufrollen, schräg halbieren und warm halten.
2 Die Schokolade hacken. Die Sahne einmal aufkochen, vom Herd nehmen und die Schokolade darin auflösen. Abkühlen lassen. Aprikosen in dünne Scheiben schneiden. Mandelcrêpes auf der Schokoladensauce anrichten, mit den Aprikosen und Mandelblättchen bestreuen und mit Puderzucker bestäuben.

Bärlauch-Crêpes mit Räucherlachs auf warmem Spargel-Salat

Für 4 Portionen: Für die Crêpes: 50 g frischer Bärlauch 125 g Mehl | 250 ml Milch | 2 Eier (Größe M) | 1 TL Zucker Salz | 25 g Butter | 2 EL Butterschmalz zum Ausbacken Füllung und Salat: 200 g Räucherlachs (in dünne Scheiben geschnitten) | 12 Stangen weißer Spargel | Salz | 1 rote Zwiebel | 2 EL Olivenöl | 1 TL Zucker | 2 EL Aceto balsamico bianco | 2–3 EL Walnussöl | Pfeffer aus der Mühle

1 Den Bärlauch waschen, Stiele entfernen und die Blätter trocken schütteln. Den Crêpesteig zubereiten, wie im Grundrezept Seite 74/75 angegeben. Den Bärlauch mit dem Crêpesteig mixen, bis der Teig eine intensive grüne Farbe bekommt. Wie im Grundrezept beschrieben 6–8 dünne Crêpes backen.
2 Die Crêpes mit dem Räucherlachs belegen und straff aufrollen. Bis zur weiteren Verwendung kühl stellen.
3 Spargel schälen, Enden 2 cm kürzen. Spargel schräg in dünne Scheiben schneiden und 4–5 Minuten in kochendem Salzwasser blanchieren. Zwiebel schälen, fein würfeln und in heißem Olivenöl andünsten. Zucker darüberstreuen und etwas karamellisieren lassen. Zwiebelwürfel mit Essig ablöschen und mit dem Walnussöl unter die Spargelscheiben mischen. Salat mit Salz und Pfeffer abschmecken und mit den in Stücke geschnittenen Crêpesröllchen servieren.

Mediterrane Tomaten-Crêpes

Für 4 Portionen: 125 g Mehl | 250 ml Milch | 2 Eier (Größe M) 1 TL Zucker | Salz | 25 g Butter | 2 EL Tomatenmark 2 EL Butterschmalz zum Ausbacken Füllung: 200 g Büffelmozzarella | 6 Scheiben Parmaschinken | 50 g grüne Oliven (ohne Stein) | 2 Stängel Basilikum | 2 EL Aceto balsamico bianco | 2 EL Olivenöl | Salz Pfeffer aus der Mühle | 1 Stange Lauch

1 Den Crêpesteig zubereiten, wie im Grundrezept Seite 74/75 angegeben, mit dem Tomatenmark verrühren und 6–8 dünne Crêpes backen.
2 Den Mozzarella würfeln, Parmaschinken in Streifen schneiden, die Oliven hacken. Basilikum waschen, trocken schütteln. Die Blätter abzupfen und in feine Streifen schneiden. Alles mit Aceto balsamico und Olivenöl mischen. Mit Salz und Pfeffer abschmecken. Den Lauch putzen und längs in 1 cm breite Streifen schneiden. 2 Minuten in kochendem Wasser blanchieren, in Eiswasser abschrecken.
3 Die Mozzarella-Mischung auf den Crêpes verteilen. Jede Crêpe oben zusammenfassen und mit einem Lauchstreifen zusammenbinden.

Mohn-Crêpes mit Quark und Erdbeeren

Für 4 Portionen: 100 g Mehl | 25 g gemahlener Mohn 250 ml Milch | 2 Eier (Größe M) | 1 TL Zucker | Salz 25 g Butter | 2 EL Butterschmalz zum Ausbacken Füllung und Salat: 2 Blatt weiße Gelatine | 50 ml Milch 250 g Magerquark | 130 g Zucker | 1 Bio-Zitrone 500 g Erdbeeren

1 Den Crêpesteig zubereiten, wie im Grundrezept Seite 74/75 beschrieben, dabei den Mohn unterrühren. 6–8 dünne Crêpes daraus backen und auskühlen lassen.
2 Die Gelatine 5 Minuten in kaltem Wasser einweichen. Die Milch erwärmen und die gut ausgedrückte Gelatine darin auflösen. Den Quark mit 80 g Zucker, abgeriebener Schale und Saft der Zitrone und der aufgelösten Gelatine verrühren. Crêpes mit dem Quark bestreichen, aufrollen und 30 Minuten kalt stellen.
3 Die Erdbeeren abbrausen, gut abtropfen lassen, putzen. 200 g Erdbeeren mit 50 g Zucker pürieren, dann durch ein feines Sieb streichen. 300 g Erdbeeren je nach Größe vierteln oder halbieren. Mit dem Erdbeerpüree mischen und die halbierten Crêpes darauf anrichten.

Mohn-Crêpes mit Quark und Erdbeeren

Crostini

Sonst halten Partylöwen sich auf Festen für die Größten.
Hier lassen's mal die Kleinen krachen.
Und kommen, wenn sie auf Brettchen
oder Tabletts die Runde machen,
bei allen kross raus.

Crostini

Für 12 Stück: 2 Knoblauchzehen | 6 reife Strauchtomaten | 3 Stängel Basilikum
80 ml Olivenöl | Salz | Pfeffer aus der Mühle | 1 Baguette

1 Die Knoblauchzehen schälen und fein würfeln.

2 Die Tomaten waschen und den Stielansatz entfernen. Tomaten vierteln und die Kerne entfernen. Die Filets klein würfeln.

TIPP Mit vollreifen, aromatischen Tomaten schmecken die Crostini am besten!

3 Basilikum abbrausen, gut trocken schütteln und die Blätter klein hacken.

4 Tomatenwürfel mit Knoblauch und Basilikum in einer Schüssel mischen.

5 30 ml Olivenöl zugeben und mit Salz und Pfeffer würzen.

6 Alles mit einem Löffel gut mischen. Den Backofen auf 200° vorheizen (Umluft 180°).

7 Das Baguette schräg in 12 Scheiben schneiden.

TIPP Baguette und anderes Brot mit kräftiger Kruste lässt sich mit einem Messer mit Wellenschliff leicht in Scheiben schneiden.

8 Die Brotscheiben nebeneinander auf einem Backblech verteilen und mit 50 ml Olivenöl beträufeln.

9 Dann auf der mittleren Schiene im vorgeheizten Backofen in 6–8 Minuten goldbraun rösten.

10 Die Tomatenmischung auf die Brotscheiben verteilen und nochmals für 2 Minuten in den Backofen geben. Noch warm servieren.

»Crostini sind nicht nur auf Partys der Kracher, sondern auch eine tolle Einstimmung auf ein Menü. Für Ihre Gäste geht damit bei Tisch die Sonne auf.«

Crostini mit Artischocken

Für 12 Stück: **1 Artischocke** putzen: Strunk herausdrehen, die Blätter entfernen, mit einem Messer die holzigen Teile entfernen. Das Stroh mit einem Löffel auskratzen. Artischockenboden mit dem **Saft von ½ Zitrone** beträufeln und klein würfeln. **1 rote Paprikaschote** halbieren, entkernen, waschen und klein würfeln. Artischocken- und Paprikawürfel in **30 g Butter** andünsten, mit **Salz** und **Pfeffer aus der Mühle** würzen. **12 geröstete Brotscheiben** mit **80 g schwarzer Olivenpaste** bestreichen, die Gemüsewürfel darauf verteilen und für 2 Minuten im Ofen bei 200° (Umluft 180°) erwärmen.

Geflügelleber-Crostini

Für 12 Stück: **250 g Geflügelleber** waschen und trocken tupfen, in **1 EL Butterschmalz** von allen Seiten 2 Minuten kräftig anbraten. Mit **50 ml rotem Portwein** ablöschen und diesen fast einkochen lassen. **150 g Sahne** erwärmen. Die Leber mit **200 g zimmerwarmer Butter, 1 TL Pökelsalz** (beim Metzger erhältlich), **Pfeffer** und der Sahne fein pürieren. Durch ein feines Sieb streichen. Zugedeckt ca. 6 Stunden kühl stellen. **2 rote Äpfel** klein würfeln. in **30 g Butter** anschwitzen, salzen und pfeffern und lauwarm abkühlen lassen. Lebercreme auf **12 geröstete Brotscheiben** streichen. Mit Apfelwürfeln und **12 Kerbelblättchen** bestreuen.

Crostini mit Forellencreme

Für 12 Stück: **150 g Räucherforelle** (ohne Haut und Gräten) und **100 g Crème fraîche** fein pürieren, mit dem **Saft von ½ Zitrone, Salz** und **Pfeffer aus der Mühle** abschmecken. **½ Salatgurke** schälen, Kerne mit einem Löffel herauskratzen, **½ Salatgurke** klein würfeln. Forellencreme auf **12 geröstete Brotscheiben** streichen, mit Gurkenwürfeln bestreuen und mit den Blättchen von **1 Beet Gartenkresse** garnieren.

Crostini mit Lachs und Kaviar

Für 12 Stück: **150 g Räucherlachs** klein würfeln und mit **100 g Schmant** in einer Schüssel mischen. **1 EL gehackten Dill** untermischen. Lachscreme mit **Pfeffer aus der Mühle** würzen und auf **12 geröstete Brotscheiben** streichen. Mit **30 g Sevruga- oder Beluga-Kaviar** und einigen **Dillspitzen** garnieren.

Crostini mit Thunfischcreme und Paprika

Für 12 Stück: **150 g Thunfisch (in Öl)** in einem Sieb abtropfen lassen, mit einer Gabel zerdrücken und mit **3 EL Mayonnaise** und **3 EL Milch** mischen. Mit **Salz** und **Pfeffer aus der Mühle** würzen.**1 rote und 1 gelbe Paprikaschote** halbieren, entkernen, waschen und klein würfeln, in **2 EL Olivenöl** andünsten, mit **Salz** und **Pfeffer aus der Mühle** abschmecken und abkühlen lassen. Thunfischcreme auf **12 geröstete Brotscheiben** streichen und mit den Paprikawürfeln bestreuen.

Trüffel-Crostini

Für 12 Stück: **2 Stangen Staudensellerie** waschen, schälen, klein würfeln und 2 Minuten in kochendem Wasser blanchieren. Dann in Eiswasser abschrecken und gut abtropfen lassen. **100 g Trüffelcreme** (Feinkostgeschäft) auf **12 geröstete Brotscheiben** streichen, mit Selleriewürfeln bestreuen. Mit **Salz** und **Pfeffer aus der Mühle** würzen. **30 g schwarze Trüffeln** hauchdünn hobeln und darüberstreuen.

Crostini mit Avocado und Chorizo

Für 12 Stück: **1 reife Avocado** schälen, den Kern entfernen und das Fruchtfleisch mit der Gabel fein zerdrücken. Mit dem Saft von ½ **Zitrone** und **2 EL Olivenöl** verrühren, mit **Salz** und **Pfeffer aus der Mühle** abschmecken. **100 g Chorizo** (scharfe spanische Wurst) längs vierteln und in Scheiben schneiden. Avocadocreme auf **12 geröstete Brotscheiben** streichen und mit Chorizostückchen belegen. Mit **12 Korianderblättchen** garnieren.

Gorgonzola-Walnuss-Crostini

Für 12 Stück: **150 g cremigen Gorgonzola** in Stücke schneiden und auf **12 geröstete Brotscheiben** streichen. Je **12 kernlose grüne und blaue Trauben** halbieren. **12 Walnusshälften** und die Trauben auf dem Gorgonzola verteilen und mit schwarzem **Pfeffer aus der Mühle** würzen.

Rote-Bete-Meerrettich-Crostini

Für 12 Stück: **2 Rote-Bete-Knollen** (vorgegart, im Vakuum) klein würfeln. **150 g Frischkäse, 2 EL Milch** und **30 g frisch geriebenen Meerrettich** verrühren, mit **Salz** und **Pfeffer aus der Mühle** würzen. Frischkäse auf **12 geröstete Brotscheiben** streichen, mit der gewürfelten Roten Bete bestreuen und **2 EL Schnittlauchröllchen** darauf verteilen.

Curry

Welches Currypulver für welches Currygericht?
Und was soll rein ins Gericht: Gemüse, Fleisch, Fisch oder Geflügel?
Beim Gewürz nimmt Johann Lafer wie immer das beste,
beim Gericht rechts ist es erst mal Huhn.
Aber damit hat er sein Pulver noch lange nicht verschossen.

Hähnchencurry

Für 4–6 Portionen: 1 Hähnchen (1,2–1,4 kg) | 150 g Zwiebeln | 2 Knoblauchzehen 20 g Ingwer | 1 Ananas | 2 EL Erdnussöl | 2 EL Currypulver | 2–3 TL gelbe Currypaste | 200 ml Geflügelfond (Glas) | 200 ml Kokosmilch | 1 Bio-Limette | Salz | Pfeffer aus der Mühle | 3 Stängel Koriandergrün

1 Das Hähnchen innen und außen waschen und trockentupfen. Mit einem scharfen Messer oder einer Geflügelschere in Stücke schneiden. Zwiebeln und Knoblauch schälen, fein würfeln. Ingwer schälen und fein reiben.

2 Von der Ananas den Schopf entfernen. Ananas vierteln, schälen und den harten Strunk herausschneiden. Das Fruchtfleisch würfeln.

3 Das Erdnussöl in einer großen Pfanne erhitzen, die Hähnchenteile, Zwiebeln, Ingwer und Knoblauch darin von allen Seiten goldbraun anbraten. Ananas zufügen und 2–3 Minuten mit braten.

4 Das Currypulver und Die gelbe Currypaste dazugeben und anrösten. Die Pfanne sollte nicht zu heiß sein, da das Currypulver sonst bitter wird.

TIPP Currypaste gibt es als gelbe, rote und grüne Paste. Sie bekommen sie in asiatischen Lebensmittelgeschäften.

5 Mit dem Geflügelfond ablöschen und das Curry aufkochen.

6 Die Kokosmilch dazugeben, untermischen und wieder aufkochen.

7 Dann das Curry bei milder Hitze 45–60 Minuten garen. Dabei die letzten 15 Minuten ohne Deckel sämig einkochen lassen.

8 Das Curry mit der abgeriebenen Limettenschale und dem Saft der Limette würzen, mit Salz und Pfeffer abschmecken und mit Korianderblättchen garnieren.

»Nicht jedes Currypulver garantiert ein gelungenes Currygericht. Da gibt es große Unterschiede. Durch meine vielen Reisen habe ich wertvolle Erfahrungen gesammelt und mir eigene Mischungen zusammengestellt.«

Grünes Kartoffel-Curry

Filet-Paprika-Curry

Grünes Kartoffel-Curry

Für 4–6 Portionen: 600 g kleine festkochende Kartoffeln | 4 Schalotten | 150 g Zuckerschoten | 20 g frischer Ingwer | ½ TL Kreuzkümmel | 2 EL Erdnussöl | 1–2 TL grüne Currypaste | 200 ml Sahne | 200 ml Gemüsefond (Glas) | 150 g TK-Erbsen (aufgetaut) | 75 g Cashewkerne | Salz | Zucker | ½ Bund glatte Petersilie

1 Die Kartoffeln waschen, schälen und in grobe Würfel schneiden. Die Schalotten schälen und in Spalten schneiden. Zuckerschoten putzen und waschen. Ingwer schälen und fein reiben. Den Kreuzkümmel im Mörser zerreiben.
2 Das Erdnussöl in einer Pfanne erhitzen, Kartoffelwürfel und Schalotten darin goldgelb anbraten. Currypaste, Ingwer und Kreuzkümmel zugeben, kurz anrösten, Sahne und Gemüsefond dazugießen. Hitze reduzieren und alles 10–12 Minuten köcheln lassen.
3 Zuckerschoten und Erbsen zufügen und weitere 3–5 Minuten köcheln lassen. Die Cashewkerne in einer Küchenmaschine fein mahlen und unter das Curry rühren. Nochmals aufkochen. Alles mit Salz und Zucker abschmecken. Petersilie abbrausen und gut trocken schütteln. Blätter abzupfen, fein hacken und zuletzt in das Curry rühren.

Filet-Paprika-Curry

Für 4–6 Portionen: 2 Knoblauchzehen | 20 g frischer Ingwer | Saft und Schale von 1 Bio-Zitrone | ½ TL Koriandersamen | 200 ml Geflügelfond (Glas) | 1-2 TL rote Currypaste | 400 g Schweinefilet | 2 rote Paprikaschoten | 2 gelbe Paprikaschoten | 2 Frühlingszwiebeln | 2 EL Erdnussöl | 200 ml Sahne | 1 EL Fischsauce | Salz | Zucker

1 Den Knoblauch schälen und in Stücke schneiden, Ingwer schälen und fein reiben, Zitrone abwaschen, trockenreiben. Die Schale fein abreiben, den Saft auspressen. Koriander im Mörser zerstoßen. Alles zusammen mit dem Geflügelfond und der Currypaste mit dem Stabmixer fein pürieren.
2 Das Schweinefilet in Streifen schneiden und 2–3 Stunden darin einlegen. Paprika vierteln, entkernen, waschen und in mundgerechte Stücke schneiden. Frühlingszwiebeln putzen, waschen und schräg in Scheiben schneiden.
3 Das Erdnussöl in einer großen Pfanne erhitzen. Schweinefiletstreifen aus der Marinade nehmen, leicht abtropfen lassen und 2–3 Minuten darin anbraten, Paprika zufügen und weitere 2 Minuten braten. Restliche Marinadeflüssigkeit und Sahne dazugießen, alles bei mittlerer Hitze sämig einkochen lassen. Mit Fischsauce, Salz und Zucker würzen. Zuletzt die Frühlingszwiebeln unterheben.

Garnelen-Kokos-Curry

Für 4 Portionen: 20 g frischer Ingwer | 2 Knoblauchzehen | 1 kleine rote Chilischote | 1 große Zwiebel | 2 EL Sesamöl | 200 g stückige Tomaten (Dose) | 1 TL Kurkuma | 2–3 TL gelbe Currypaste | 200 ml Kokosmilch | 14–16 Riesengarnelen (roh, geschält; ca. 750 g) | 1 feste Mango | 4 EL Kokosraspel (geröstet) | 1 Bund Koriandergrün | Salz

1 Ingwer schälen und fein reiben, Knoblauch schälen, Chili halbieren, entkernen, in Streifen schneiden, Zwiebel schälen und grob würfeln. Das Sesamöl in der Pfanne erhitzen, alles darin goldbraun anbraten. Die Aromaten mit den Tomaten mit dem Stabmixer fein pürieren. Wieder in den Wok geben, Kurkuma und Currypaste unterrühren und einmal aufkochen lassen, die Kokosmilch zugeben und 5 Minuten einkochen lassen.
2 Die Riesengarnelen abspülen, trocken tupfen. Am Rücken längs einschneiden und den Darm entfernen. Mango schälen, das Fruchtfleisch vom Kern schneiden und würfeln. Die Garnelen in die Sauce geben und darin je nach Größe 10–15 Minuten gar ziehen lassen. Zuletzt die Mangowürfel untermischen.
3 Kokosraspel in einer trockenen Pfanne goldgelb rösten. Koriandergrün abbrausen, trockenschütteln, die Blättchen abzupfen Das Curry mit Salz abschmecken und mit Kokosraspeln und Korianderblättchen bestreuen.

Garnelen-Kokos-Curry

Eiscreme

Heiß auf Eis?
Hier dürfen Sie ruhig auch scharf drauf sein.
Denn außer mit Vanille, Schokolade, Erdbeeren und Pistazien
können Sie sich die Kugel noch mit Curry geben.

Vanille-Eiscreme

Für 750 ml: 1 Vanilleschote | 250 ml Milch | 250 ml Sahne
100 g Zucker | 2 Eier (Größe M) | 2 Eigelbe (Größe M)

1 Die Vanilleschote längs aufschneiden und das Mark mit dem Messerrücken herauskratzen.

TIPPS Das Mark löst sich leichter von der Schote, wenn Sie die Schote vor dem Aufschneiden mit Daumen und Zeigefinger leicht massieren.

2 Milch mit dem Vanillemark und der ausgekratzten Schote in einen Topf geben, die Sahne zugießen.

3 Zucker in die Sahnemischung streuen und aufkochen lassen. Die Vanilleschote aus der heißen Sahne nehmen.

4 Eier und Eigelbe mit einem Schneebesen in einer großen Schlagschüssel verrühren.

TIPP Eine Schlagschüssel oder ein Schlagkessel ist ein Gefäß mit rundem Boden zum Aufschlagen von Saucen und Cremes.

5 Die Schüssel auf ein heißes Wasserbad setzen. Die heiße Vanillesahne unter ständigem Rühren zu den Eiern gießen.

TIPP Der Schüsselboden darf das Wasser nicht berühren, sonst gerinnt die Masse.

6 Die Masse über dem heißen Wasserbad dickschaumig aufschlagen. Bei einer Temperatur von 75–80° bindet die Ei-Sahne-Mischung und wird leicht dick.

TIPP Zum Aufschlagen eignet sich ein Schneebesen mit dünnen Drähten besonders gut.

7 Die Konsistenz der aufgeschlagenen Masse prüfen, indem man mit einem Löffel durch die Masse zieht. Wenn sich beim Pusten auf dem Löffelrücken eine »Rose« bildet, ist die richtige Konsistenz erreicht.

TIPP Den hier beschriebenen Vorgang nennt man in der Küchensprache »zur Rose abziehen«.

8 Die Eismasse vom Wasserbad nehmen und durch ein Sieb in eine Schüssel gießen.

9 Die Eismasse in einer Eismaschine cremig gefrieren lassen.

»Gerührt mit Gefühl und mit einfachen Mitteln verfeinert, gelingen Ihnen mit meinem Grundrezept eiskalte Verführungen.«

Erdbeer-Pfeffer-Eis

Curry-Kokos-Eis

Pistazien-Honig-Eis

Erdbeer-Pfeffer-Eis

Für 750 ml: 1 EL grüner eingelegter Pfeffer | 500 g reife Erdbeeren | 250 ml Milch | 250 ml Schlagsahne | 100 g Zucker 2 Eier (Größe M) | 2 Eigelbe (Größe M)

1 Den Pfeffer hacken. Die Erdbeeren unter fließendem Wasser abbrausen, gut abtropfen lassen, putzen und vierteln. Milch mit dem Pfeffer in einen Topf geben, die Sahne zugießen. Zucker in die Sahnemischung streuen und aufkochen. Eier und Eigelbe mit einem Schneebesen in einer großen Schlagschüssel verrühren. Die Schüssel auf ein heißes Wasserbad setzen. Die heiße Pfeffersahne unter ständigem Rühren zu den Eiern gießen.
2 Die Masse über dem heißen Wasserbad dickschaumig aufschlagen. Bei einer Temperatur von 75–80° bindet die Ei-Sahne-Mischung. Die Konsistenz der aufgeschlagenen Masse prüfen, indem man mit einem Löffel durch die Masse zieht. Wenn sich beim Pusten auf dem Löffelrücken eine »Rose« bildet, ist die richtige Konsistenz erreicht.
3 Die Eismasse vom Wasserbad nehmen, die Erdbeeren zufügen, mit einem Pürierstab fein mixen und durch ein Sieb in eine Schüssel gießen. Die Eismasse in einer Eismaschine cremig gefrieren.

Pistazien-Honig-Eis

Für 750 ml: 250 ml Milch | 100 g flüssiger Honig 250 ml Schlagsahne | 2 Eier (Größe M) 2 Eigelbe (Größe M) | 100 g geschälte Pistazien

1 Milch, Honig und Sahne in einem Topf aufkochen. Eier und Eigelbe mit einem Schneebesen in einer großen Schlagschüssel verrühren. Die Schüssel auf ein heißes Wasserbad setzen. Die heiße Sahne unter ständigem Rühren zu den Eiern gießen.
2 Die Masse über dem heißen Wasserbad dickschaumig aufschlagen. Bei einer Temperatur von 75–80° bindet die Ei-Sahne-Mischung. Die Konsistenz der aufgeschlagenen Masse prüfen, indem man mit einem Löffel durch die Masse zieht. Wenn sich beim Pusten auf dem Löffelrücken eine »Rose« bildet, ist die richtige Konsistenz erreicht.
3 Die Eismasse vom Wasserbad nehmen, Pistazienkerne zugeben, mit einem Pürierstab fein mixen und durch ein Sieb in eine Schüssel gießen. Die Eismasse in einer Eismaschine cremig gefrieren.

Curry-Kokos-Eis

Für 750 ml: 250 ml Milch | 250 ml Kokosmilch | 100 g Zucker 1 EL Currypulver | 2 Eier (Größe M) | 2 Eigelbe (Größe M)

1 Milch, Kokosmilch, Zucker und Currypulver in einem Topf aufkochen. Eier und Eigelbe mit einem Schneebesen in einer großen Schlagschüssel verrühren. Die Schüssel auf ein heißes Wasserbad setzen. Die heiße Milch unter ständigem Rühren zu den Eiern gießen.
2 Die Masse über dem heißen Wasserbad dickschaumig aufschlagen. Bei einer Temperatur von 75–80° bindet die Ei-Sahne-Mischung. Die Konsistenz der aufgeschlagenen Masse prüfen, indem man mit einem Löffel durch die Masse zieht. Wenn sich beim Pusten auf dem Löffelrücken eine »Rose« bildet, ist die richtige Konsistenz erreicht. Die Eismasse vom Wasserbad nehmen und durch ein Sieb in eine Schüssel gießen. In einer Eismaschine cremig gefrieren.

Schokoladen-Chili-Eis

Für 750 ml: 100 g Zartbitterschokolade | 1 kleine rote Chilischote (getrocknet) | 250 ml Milch | 100 g Zucker 250 ml Schlagsahne | 2 Eier (Größe M) | 2 Eigelbe (Größe M)

1 Die Schokolade fein hacken. Chilischote aufbrechen, entkernen und klein hacken. Milch mit Chili, Zucker und Sahne in einem Topf aufkochen. Eier und Eigelbe mit einem Schneebesen in einer großen Schlagschüssel verrühren. Die Schüssel auf ein heißes Wasserbad setzen. Die heiße Chilisahne unter ständigem Rühren zu den Eiern gießen.
2 Die Masse über dem heißen Wasserbad dickschaumig aufschlagen. Bei einer Temperatur von 75–80° bindet die Ei-Sahne-Mischung. Die Konsistenz der aufgeschlagenen Masse prüfen, indem man mit einem Löffel durch die Masse zieht. Wenn sich beim Pusten auf dem Löffelrücken eine »Rose« bildet, ist die richtige Konsistenz erreicht.
3 Die Eismasse vom Wasserbad nehmen, gehackte Schokolade unter Rühren darin auflösen. Die Masse durch ein Sieb in eine Schüssel gießen und in einer Eismaschine cremig gefrieren.

Schokoladen-Chili-Eis

Fischklöße

Die Frage, bei welchem Köder der Fisch anbiss,
können wir nicht beantworten.
Doch wissen wir, dass hier alle Feinschmecker anbeißen,
weil sich die Grätchenfrage
nicht mehr stellt.

Zanderklöße

Für 4 Portionen: 500 g Zanderfilet (ohne Haut und Gräten) | Salz
Pfeffer aus der Mühle | 300 ml eiskalte Sahne | 400 ml Fischfond (Glas)
Außerdem: Eiswürfel | Frischhaltefolie

1 Das Zanderfilet möglichst klein würfeln, in eine Schüssel geben, mit Frischhaltefolie abdecken und 30-45 Minuten in das Gefriergerät stellen.

2 Das Fischfilet mit Salz und Pfeffer würzen.

3 Die Schüssel in eine mit Eiswasser gefüllte Schüssel stellen und 100 ml eiskalte Sahne dazugeben.

TIPP In einer Metallschüssel bleibt das Eiswasser lange genug kalt.

4 Alles mit einem Spatel oder Kochlöffel gründlich mischen.

5 Die Fischmasse portionsweise in einem Standmixer fein pürieren.

TIPP Immer nur eine kleine Portion Fisch in die Maschine geben, damit Sie nicht lange pürieren müssen. Durch die entstehende Wärme könnte das Fischeiweiß gerinnen.

6 Die Masse mit einem Spatel oder einer Teigkarte durch ein feines Sieb streichen. Dann wieder in eine Schüssel geben und ins Eiswasser stellen.

TIPP Wenn Sie kein flaches Sieb haben: Die Masse mit einem Löffel durch ein Rundsieb streichen.

7 150 ml eiskalte Sahne unter die Fischfarce mischen.

8 50 ml Sahne halbsteif schlagen, unterheben und die Farce nochmals mit Salz und Pfeffer würzen.

9 Aus der Farce mit zwei Esslöffeln Nocken formen.

10 Die Nocken in dem siedenden Fischfond 10 Minuten pochieren.

TIPP Der Fischfond ist eine würzige Basis für Suppen und Saucen.

»Davon bleibt keinem ein Kloß im Hals stecken. Die zergehen einem schon auf der Zunge.«

Hummerklöße auf Blattspinat

Für 4 Portionen: 2 Bund Suppengrün | ½ TL schwarzer Pfeffer (zerstoßen) | 1 lebender Hummer (ca. 500 g) 250 g Heilbuttfilet (ohne Haut und Gräten) | Salz | Pfeffer aus der Mühle | 150 ml eiskalte Sahne
Fond und Sauce: 2 EL Olivenöl | 800 ml Fischfond (Glas) 1 EL Tomatenmark | 100 ml Sahne | 50 g kalte Butterwürfel
Spinat: 400 g frischer Spinat | 2 Schalotten | 1 Knoblauchzehe | 30 g Butter | Salz | Pfeffer aus der Mühle | Muskatnuss

1 Suppengrün putzen, waschen und grob würfeln. Reichlich Wasser in einem Topf zum Kochen bringen, die Hälfte des Suppengrüns und Pfeffer hineingeben. Den Hummer kopfüber in das kochende Wasser geben, 5 Minuten kochen lassen. Dann die Hitze auf kleinste Stufe stellen und den Hummer 15 Minuten ziehen lassen. Herausnehmen, das Fleisch aus den Scheren und aus dem Schwanz lösen und fein würfeln.
2 Die Fischfarce aus Heilbutt, Salz, Pfeffer und Sahne zubereiten, wie im Grundrezept Seite 104/105 beschrieben. Das Hummerfleisch unter die Farce mischen. Mit zwei Esslöffeln Nocken formen und kalt stellen.
3 Die Hummerkarkassen grob hacken und in einem großen Topf im heißen Olivenöl anrösten. Das restliche Gemüse dazugeben, 5 Minuten mit anrösten. Fischfond dazugießen und alles 45 Minuten leise köcheln lassen. Den Sud in einen Topf passieren und die vorbereiteten Hummerklößchen darin 10 Minuten pochieren. Herausheben und abgedeckt im auf 80° vorgeheizten Backofen warm halten.
4 Den Sud mit Tomatenmark und Sahne verrühren und auf die Hälfte einkochen lassen. Mit einem Pürierstab die kalten Butterwürfel untermixen. Hummerklößchen in die Sauce geben.
5 Den Spinat putzen und gründlich waschen. Schalotten und Knoblauch schälen und fein würfeln. Butter in einer Pfanne aufschäumen, Schalotten- und Knoblauchwürfel darin andünsten. Tropfnassen Spinat dazugeben, mit Salz, Pfeffer und 1 Prise frisch geriebener Muskatnuss würzen. Bei geschlossenem Deckel 3–5 Minuten zusammenfallen lassen. Hummerklößchen mit dem Spinat servieren.

Lachsklöße auf Kohlrabi-Lauch-Gemüse

Für 4 Portionen: 500 g Lachsfilet (ohne Haut und Gräten) Salz | Pfeffer aus der Mühle | 300 ml eiskalte Sahne 2 EL fein gehackter Dill | 400 ml Fischfond (Glas)
Gemüse: 250 g Kohlrabi | Salz | 1 Stange Lauch 100 g Butter (davon 50 g kalt) | 2 TL Mehl | 50 ml trockener Wermut | 200 ml Fischfond (Glas) | 300 ml Sahne | Pfeffer aus der Mühle | 2 EL Meerrettich (Glas)

1 Die Lachsfarce zubereiten, wie im Grundrezept Seite 104/105 beschrieben, mit dem Dill mischen und mit zwei Esslöffeln Nocken formen. Im Fischfond 10 Minuten gar ziehen lassen und auf einer Platte abgedeckt im auf 80° vorgeheizten Backofen warm halten.
2 Den Kohlrabi schälen, vierteln und in dünne Scheiben schneiden. In kochendem Salzwasser 6 Minuten garen, dann in einem Sieb abtropfen lassen. Lauch putzen, waschen, in Scheiben schneiden und in 50 g zerlassener Butter andünsten. Kohlrabi dazugeben, kurz mitdünsten, dann alles mit Mehl bestäuben, mit Wermut ablöschen und mit 200 ml Fischfond und 150 ml Sahne aufgießen. Etwas einkochen lassen, dann kräftig mit Salz und Pfeffer würzen.
3 Den Pochierfond von den Lachsklößen mit 150 ml Sahne auf die Hälfte einkochen lassen, mit Salz und Pfeffer würzen. 50 g kalte Butterwürfel und Meerrettich dazugeben und mit dem Pürierstab schaumig aufmixen. Lachsklöße auf dem Gemüse anrichten und mit dem Meerrettichschaum beträufeln.

Frikadellen

Normalerweise die geballte Ladung Hausmannskost.
Aber eine feine Sache, wenn man – wie es der Meister vormacht – nicht nur seinen Senf dazugibt.
Dann werden neben Schweine- und Rinderhack auch Wild, Ente, Lamm und Lachs in der Pfanne zum Glück.

Frikadellen

Für 4 Portionen: 1 altbackenes Brötchen | 100 ml lauwarme Milch
100 g durchwachsener Speck | 3 Schalotten | 2 Knoblauchzehen
25 g Butter | 500 g gemischtes Hackfleisch | 1 Ei (Größe M)
1 TL mittelscharfer Senf | Salz | Pfeffer aus der Mühle
30 g Butterschmalz | 2 Zweige Thymian | 2 Zweige Rosmarin

1 Die Rinde des Brötchens abschneiden und wegwerfen.

TIPP Das geht am besten mit einem Brotmesser mit Wellenschliff.

2 Das weiße Innere des Brötchens in kleine Würfel schneiden.

3 Die lauwarme Milch darübergießen und die Brötchenwürfel 10 Minuten ziehen lassen.

4 Den Speck fein würfeln. Schalotten und Knoblauch schälen und fein würfeln.

TIPP Legen Sie den Speck 30 Minuten ins Gefrierfach. Dann lässt er sich leicht in gleichmäßige Würfel schneiden.

5 Die Butter in einer Pfanne erhitzen. Speck, Schalotten und Knoblauch darin andünsten. Anschließend etwas abkühlen lassen.

»Egal, wie man sie nennt – Frikadellen, Buletten, Hamburger, Fleischpflanzerl oder, wie man in Österreich sagt, faschierte Laibchen: Wenn Sie die hier probiert haben, können Sie alle Namen vergessen. Da genießt man und schweigt.«

6 Das Hackfleisch mit der Zwiebelmischung, Ei, Senf und dem eingeweichten Brötchen in eine Schüssel geben.

7 Die Hackfleischmasse kräftig mit Salz und Pfeffer würzen.

8 Alle Zutaten mit einem Teigschaber oder mit den Händen gut miteinander vermengen.

9 Aus der Hackmasse mit feuchten Händen 8 gleich große Frikadellen formen.

TIPP Damit die Frikadellen gleich groß werden, können Sie einen Metallring von 8 cm Durchmesser, eine entsprechend große Suppenkelle oder einen Eisportionierer zu Hilfe nehmen.

10 Das Butterschmalz in einer beschichteten Pfanne erhitzen und die Frikadellen darin bei mittlerer Hitze von beiden Seiten anbraten. Die Kräuterzweige zufügen. Dann die Hitze reduzieren und die Frikadellen bei milder Hitze 5–8 Minuten weiterbraten.

TIPP Beim Braten geben die Kräuter ihr Aroma an die Frikadellen ab.

Wildfrikadellen auf Rahmwirsing

Entenfrikadellen auf Asia-Gemüse

Lachsfrikadellen auf Gurkennudeln

Wildfrikadellen auf Rahmwirsing

Für 4 Portionen: 1 altbackenes Brötchen | 100 ml lauwarme Milch | 100 g durchwachsener Speck | 3 Schalotten | 2 Knoblauchzehen | 25 g Butter | 500 g Wildfleisch (z. B. Hirsch- oder Rehschulter, vom Metzger frisch durchgelassen) | 1 Ei | 1 TL mittelscharfer Senf | Salz | Pfeffer aus der Mühle | 50 g Butterschmalz | 4 Wacholderbeeren (zerdrückt) | 2 Zweige Thymian | 2 Zweige Rosmarin
Gemüse: ca. 400 g Wirsing | 100 ml Schlagsahne | 50 ml Gemüsefond

1 Die Hackmasse zubereiten, wie in Step 1 bis 8 im Grundrezept (siehe Seite 110/111) beschrieben.
2 Acht gleich große Frikadellen daraus formen und in 30 g heißem Butterschmalz in einer beschichteten Pfanne bei mittlerer Hitze von beiden Seiten anbraten. Wacholderbeeren und Kräuterzweige zufügen, die Hitze reduzieren und die Frikadellen in 5–8 Minuten zu Ende garen.
3 Den Wirsing von den äußeren Blättern befreien, in Streifen schneiden und abbrausen. Den Kohl in einer Salatschleuder trocknen. 20 g Butterschmalz in einer zweiten Pfanne erhitzen, den Wirsing darin andünsten, bis er leicht Farbe nimmt. Sahne und Gemüsefond dazugießen und den Wirsing 5–8 Minuten köcheln lassen. Mit Salz und Pfeffer würzen und die Wildfrikadellen darauf anrichten.

Lachsfrikadellen auf Gurkennudeln

Für 4 Portionen: 200 g frisches Lachsfilet (ohne Haut und Gräten) | 200 g Räucherlachs | 1 Limette | 3 Stängel Dill | 20 g frischer Ingwer | 80 g Staudensellerie | 1 Eiweiß (Größe M) | 1 EL Speisestärke | Salz | Pfeffer aus der Mühle | 30 g Butterschmalz
Gurkennudeln: 1 Salatgurke | 30 ml Aceto balsamico bianco | Zucker | 30 ml Olivenöl | 1 Beet Gartenkresse

1 Beide Lachssorten sehr fein würfeln. Limette heiß abspülen, die Schale fein abreiben, den Saft auspressen. Dill abbrausen, trocken schütteln und fein hacken. Ingwer schälen und fein reiben. Den Staudensellerie waschen, schälen und klein würfeln. Das Lachsfleisch mit Dill, Staudensellerie, Ingwer, Eiweiß, Speisestärke, Limettenschale und der Hälfte des -safts in einer Schüssel gründlich mischen. Kräftig mit Salz und Pfeffer würzen.
2 Acht gleich große Frikadellen daraus formen und im heißen Butterschmalz in einer beschichteten Pfanne bei mittlerer Hitze von beiden Seiten anbraten. Dann die Hitze reduzieren und die Frikadellen in 5–8 Minuten zu Ende garen.
3 Die Gurke waschen, längs halbieren, entkernen und mit einem Gemüseschäler längs in feine Streifen schneiden. Gurkenstreifen mit Salz, Pfeffer, Aceto balsamico, dem restlichen Limettensaft und 1 Prise Zucker mischen. Zuletzt das Olivenöl untermischen. Die Lachsfrikadellen darauf anrichten und mit Kresse bestreuen.

Entenfrikadellen auf Asia-Gemüse

Für 4 Portionen:1 altbackenes Brötchen | 100 ml lauwarme Milch | 3 Schalotten | 2 Knoblauchzehen | 25 g Butter | 500 g Entenbrust mit Haut (vom Metzger frisch durchgedreht) | 1 Ei | 1 TL süßer Senf | Salz | Pfeffer aus der Mühle | 2 EL weiße Sesamsaat | 30 g Butterschmalz | 20 g frischer Ingwer | 1 kleine rote Chilischote
Gemüse: 1 rote Paprikaschote | 1 gelbe Paprikaschote | 50 g Zuckerschoten | 50 g Shiitake-Pilze | 2 EL Erdnussöl | 30 ml Sojasauce | 50 ml Schlagsahne | 2 Zweige Koriandergrün

1 Die Hackmasse zubereiten, wie in Step 1 bis 8 im Grundrezept (siehe Seite 110/111) beschrieben.
2 Acht gleich große Frikadellen daraus formen, mit dem Sesam bestreuen und im zerlassenen Butterschmalz in einer beschichteten Pfanne bei mittlerer Hitze von beiden Seiten anbraten. (Vorsicht, der Sesam verbrennt schnell). Grob gehackten Ingwer und halbierte Chilischote zugeben. Dann die Hitze reduzieren und die Frikadellen in 5–8 Minuten zu Ende garen.
3 Das Gemüse und die Pilze putzen, waschen und in Streifen schneiden. Erdnussöl in einer Pfanne erhitzen, das Gemüse darin anbraten, mit Sojasauce und Sahne ablöschen. Alles 3–5 Minuten köcheln lassen, salzen, pfeffern und die Entenfrikadellen darauf anrichten. Mit Korianderblättchen garnieren.

Lammfrikadellen auf lauwarmem Bohnensalat

Für 4 Portionen: 1 altbackenes Brötchen | 100 ml lauwarme Milch | 100 g durchwachsener Speck | 3 Schalotten | 2 Knoblauchzehen | 25 g Butter | 500 g Lammfleisch (z. B. aus der Schulter oder Keule, vom Metzger frisch durchgedreht) | 1 Ei | 1 TL Dijon-Senf | Salz | Pfeffer aus der Mühle | 30 g Butterschmalz | 2 Zweige Thymian
Salat: 300 g grüne Bohnen | 4 getrocknete Tomatenfilets (in Öl) | 20 ml Olivenöl | 150 g Kirschtomaten | 1 EL Puderzucker | 50 ml Gemüsefond | 2 Zweige Rosmarin

1 Die Hackmasse zubereiten, wie in Step 1 bis 8 im Grundrezept (siehe Seite 110/111) beschrieben.
2 Acht gleich große Frikadellen daraus formen und im heißen Butterschmalz in einer beschichteten Pfanne bei mittlerer Hitze von beiden Seiten anbraten, Thymianzweige zufügen, die Hitze reduzieren und die Frikadellen in 5–8 Minuten zu Ende garen.
3 Bohnen putzen, waschen und in 2 cm lange Stücke schneiden. In kochendem Wasser etwa 3 Minuten blanchieren, abgießen und in Eiswasser abschrecken. Getrocknete Tomaten würfeln. Olivenöl in einer Pfanne erhitzen, Bohnen, getrocknete und Kirschtomaten darin anbraten, mit Puderzucker bestäuben und leicht karamellisieren lassen. Mit Gemüsefond ablöschen, 3–5 Minuten köcheln lassen, salzen, pfeffern und die Lammfrikadellen darauf anrichten. Mit Rosmarinzweigen garnieren.

Lammfrikadellen auf lauwarmem Bohnensalat

Frikassee

Als Johann noch Klein-Hansi war und es daheim Kalbsfrikassee gab,
waren dies Sternstunden für den heutigen Sternekoch:
»Ich wuchs auf einem Bauernhof mit Hühnern auf,
da war Kalbfleisch was ganz Besonderes«, erinnert er sich,
»das konnten meine Eltern sich nur zu Weihnachten
oder ähnlich festlichen Anlässen leisten.
Normalerweise musste das Geflügel Federn lassen fürs Frikassee.«
Was ihn als Jungen glücklich machte, das kocht Johann Lafer nun für Sie:
Kalbs- und Hühnerfrikassee aus Kindertagen.

Kalbsfrikassee

Für 4 Portionen: 1 kg Kalbsschulter | ¼ Knollensellerie | 2 mittelgroße Möhren
1 Stange Lauch | 1 Zwiebel | 2 EL Butterschmalz | 50 g Mehl | 150 ml Weißwein
600 ml Kalbsfond (Glas) | 200 ml Sahne | Salz | Pfeffer aus der Mühle

1 Die Kalbsschulter mit einem großen scharfen Messer in gulaschgroße Würfel schneiden.

2 Knollensellerie, Möhren, Lauch und Zwiebel schälen bzw. putzen, waschen und in haselnussgroße Würfel schneiden.

3 Das Butterschmalz in einem großen Bräter erhitzen. Das Gemüse darin 3–5 Minuten anbraten.

4 Die Fleischwürfel dazugeben und weitere 3–5 Minuten anbraten, ohne dass sie Farbe annehmen.

5 Das Mehl gleichmäßig darüberstäuben und unterrühren.

TIPP Das Mehl in ein Sieb geben, dann lässt es sich leicht verteilen.

6 Den Ansatz mit dem Weißwein ablöschen.

7 Den Kalbsfond dazugießen und alles gut miteinander mischen.

8 Die Sahne dazugeben und unterrühren.

9 Das Frikassee zugedeckt 2½–3 Stunden bei milder Hitze schmoren lassen. Dann das Fleisch und das Gemüse mit einer Schaumkelle herausheben und warm stellen.

10 Die Sauce durch ein Sieb gießen, 10 Minuten einkochen lassen und mit Salz und Pfeffer abschmecken. Fleisch mit der Sauce servieren.

TIPP Das Frikassee können Sie mit frischem Gemüse verfeinern: Möhren, Kohlrabi, Erbsen, Champignons, Zuckerschoten oder Spargel blanchieren und in dem Frikassee erwärmen.

»Mit diesem Gericht lade ich Sie ein zu einer Reise in meine Heimat Steiermark, dem grünen Herzen Österreichs, wo ich aufwuchs und als Junge so glücklich war.«

Lammfrikassee mit Bohnen und Bandnudeln

Für 4 Portionen: 1 kg Lammschulter | 4 Schalotten 2 Knoblauchzehen | 2 EL Butterschmalz | 50 g Mehl 150 ml Weißwein | 400 ml Lammfond (Glas) | 200 ml Sahne 2 Zweige Rosmarin | 50 g kleine getrocknete weiße Bohnenkerne (über Nacht eingeweicht) | 50 g Saubohnenkerne (etwa 120 g mit Schoten) | Salz | 3–4 Stängel Bohnenkraut | 250 g Bandnudeln | Pfeffer aus der Mühle

1 Die Lammschulter in gulaschgroße Würfel schneiden. Schalotten und Knoblauch schälen und fein würfeln. Butterschmalz in einem großen Bräter erhitzen, Fleischwürfel, Schalotten und Knoblauch anbraten, ohne dass sie Farbe annehmen. Mehl darüberstäuben und unterrühren. Mit Weißwein ablöschen, Lammfond und Sahne dazugießen. Rosmarinzweige dazugeben und die Hitze reduzieren. Das Fleisch zugedeckt 2½–3 Stunden bei milder Hitze schmoren lassen.
2 In der Zwischenzeit die eingeweichten weißen Bohnenkerne abgießen und in reichlich frischem Wasser in 30–40 Minuten weich garen. Saubohnenkerne aus den Schoten brechen, die feste Bohnenhaut entfernen und die Kerne 5–8 Minuten in kochendem Salzwasser blanchieren. Bohnenkraut abspülen, trocken tupfen, die Blättchen abzupfen.
3 Die Bandnudeln in reichlich Salzwasser bissfest garen. Rosmarin aus dem Frikassee entfernen. Das Fleisch mit einer Schaumkelle herausheben und warm stellen. Die Sauce durch ein Sieb gießen, 10 Minuten einkochen lassen und mit Salz und Pfeffer würzen. Fleisch, Saubohnen und weiße Bohnenkerne wieder in die Sauce geben und erwärmen. Die Bandnudeln abgießen und mit dem Frikassee servieren, mit Bohnenkrautblättchen bestreuen.

Hühnerfrikassee mit Champignons

Für 4 Portionen: 3 Hühnerkeulen (ca. 600 g) | 1 Hühnerbrust (ca. 400 g) | 2 Zwiebeln | 2 mittelgroße Möhren | 2 EL Butterschmalz | 50 g Mehl | 150 ml Weißwein | 400 ml Geflügelfond (Glas) | 200 ml Sahne | 2 Lorbeerblätter | 200 g weiße Champignons | Salz | Pfeffer aus der Mühle | 150 g Langkornreis | 150 g Zuckerschoten | 30 g Butter | 1 TL Zucker 3 Stängel Kerbel

1 Die Hühnerkeulen und -brust von der Haut befreien, das Fleisch von den Knochen lösen und in gulaschgroße Stücke schneiden. Zwiebeln und Möhren schälen und grob würfeln. Butterschmalz in einem großen Bräter erhitzen. Fleisch und Gemüse darin 3-5 Minuten ohne Farbe anbraten. Mehl gleichmäßig darüberstäuben und unterrühren. Mit Weißwein ablöschen, Geflügelfond und Sahne dazugießen. Lorbeer dazugeben und die Hitze reduzieren. Das Fleisch zugedeckt bei milder Hitze 20–30 Minuten schmoren lassen.
2 Die Champignons mit einem Tuch oder Pinsel säubern und in Scheiben schneiden. Das Fleisch herausheben und warm stellen. Die Sauce durch ein Sieb gießen, 10 Minuten einkochen, mit Salz und Pfeffer abschmecken und die Champignons und das Fleisch dazugeben.
3 Den Reis mit 300 ml Wasser aufkochen und bei milder Hitze ausquellen lassen. Zuckerschoten 2 Minuten in kochendem Salzwasser blanchieren. Dann in der aufgeschäumten Butter schwenken. Zucker darüberstreuen und leicht karamellisieren lassen. Mit Salz und Pfeffer würzen und mit dem gekochten Reis mischen. Das Frikassee mit dem Reis anrichten und mit Kerbelblättchen bestreuen.

Frühlingsrollen …

… oder Flühlingslollen, wie der Chinese sagen würde,
gehen ganz einfach und sind doch was Besonderes.
Wenn Gäste kommen, zum Beispiel.

Das Originalrezept, findet Rikschafahrer und Hobbykoch Veeking Lee in Hongkong,
gelänge keinem Chinesen besser als Johann Lafer auf der nächsten Seite.
Für die Rezepte zwei Seiten weiter aber, mit Garnelen, Lachs und Kokosnudeln,
müsse er dem deutschen Koch selbst als Chinese gratulieren.
Deswegen rufe er an, sagte Lee in einem Ferngespräch,
das den Sternekoch morgens um vier
in seiner Stromburg bei Bad Kreuznach aus dem Schlaf riss:
»Es ist mir ein Herzenswunsch, Ihnen dafür meinen persönlichen Dank auszusprechen,
Mister Rafer …« »Lafer«, verbesserte Lafer ihn schlaftrunken, »Lafer mit L!«
»Ich weiß, wir Chinesen können sonst kein R sprechen,
Mister Rafer, aber ich kann es …«
»Was ist, Johann?«, fragte Ehefrau Silvia ihren Mann wenig später, als er seinen Kaffee
beim Frühstück kalt werden ließ, »du wirkst abwesend …?«
»Ich hatte einen seltsamen Tlaum«, sagte Rafer.

Frühlingsrollen mit Gemüse

Für 4 Portionen: 150 g Möhren | 150 g Knollensellerie | 2 rote Zwiebeln
100 g Zuckerschoten | 1 Stange Lauch | 1 rote Paprikaschote
50 g Mungobohnensprossen | 20 g frischer Ingwer | 1 rote Chilischote
½ Bund Koriandergrün | 2 EL Sesamöl | 50 ml Sojasauce | 2 EL Fischsauce
Salz | Pfeffer aus der Mühle | 16 Blätter Frühlingsrollenteig | 1 Eiweiß
Fett zum Ausbacken

1 Die Möhren, Sellerie und Zwiebeln schälen. Zuckerschoten und Lauch putzen. Paprika halbieren, entkernen, und mit einem Sparschäler schälen. Alle vorbereiteten Gemüse, wenn nötig, waschen und in 5 cm lange, dünne Streifen schneiden. Die Sprossen abspülen.

2 Den Ingwer schälen und fein reiben. Die Chilischote halbieren, entkernen, waschen, abtrocknen und fein würfeln. Die Korianderblättchen von den Stielen zupfen.

3 Das Sesamöl in einem Wok erhitzen und die Gemüsestreifen und Sprossen darin nach und nach scharf anbraten.

4 Geriebenen Ingwer, Chiliwürfel und Koriandergrün dazugeben.

5 Mit Sojasauce und Fischsauce ablöschen und mit Salz und Pfeffer würzen. Die Füllung etwas abkühlen lassen.

TIPP Sojasauce ist die Grundwürze vieler asiatischer Gerichte. Helle Sojasauce ist salziger als dunkle, die dunkle hat ein kräftiges süßliches Aroma. Die salzige Fischsauce bringt Würze ins Essen – deshalb vorsichtig mit Salz abschmecken.

6 Ein Teigblatt mit einer Ecke nach oben auf die Arbeitsfläche legen und etwas Füllung auf den unteren Teil des Blattes geben.

7 Das Eiweiß mit eine Gabel verquirlen und die Teigränder damit bestreichen.

8 Die untere Ecke über die Gemüsefüllung klappen. Die beiden Seitenhälften einklappen und die Spitzen zusammenlegen.

9 Die Frühlingsrolle von unten nach oben aufrollen. Das Ende gut festdrücken, damit es beim Frittieren nicht aufgeht. Die übrigen Rollen ebenso zubereiten.

10 Das Fett in einem Wok oder in einer tiefen Pfanne auf 160–170° erhitzen und die Rollen darin goldbraun und knusprig ausbacken. Auf Küchenpapier abtropfen lassen und mit Salz würzen. Mit Sojasauce servieren.

TIPPS Zum Ausbacken immer ein neutrales Pflanzenöl verwenden, das sich hoch erhitzen lässt. Die Temperatur des Fettes können Sie mit einem Frittier-Thermometer kontrollieren.

»Es ist immer gut zu wissen, was man isst. Selbst gemachte Frühlingsrollen gewähren Einblick bis ins Innerste.«

Frühlingsrollen mit Garnelen

Für 4 Portionen: 16 Riesengarnelen (küchenfertig, ohne Schale) | 1 Limette | 2 Frühlingszwiebeln | 1 TL Currypulver 2 Eiweiße | Koriandersaat aus der Mühle | Salz | Chili aus der Mühle | 12 Blätter Frühlingsrollenteig | Fett zum Ausbacken

1 Die Garnelen fein würfeln. Die Limette heiß abwaschen und abtrocknen. Die Schale fein abreiben, von ½ Limette den Saft auspressen. Die Frühlingszwiebeln putzen, waschen und in dünne Ringe schneiden. Die Garnelenwürfel mit Limettenschale und -saft, Currypulver, 1 Eiweiß und Frühlingszwiebeln mischen. Mit Koriander, Salz und Chili abschmecken.
2 Ein Teigblatt auf die Arbeitsfläche legen und wie in Step 1 bis 9 (siehe Seite 124/125) beschrieben füllen und aufrollen. Die übrigen Rollen ebenso zubereiten.
3 Das Fett auf 160–170° erhitzen. Die Rollen darin goldbraun und knusprig ausbacken. Auf Küchenpapier abtropfen lassen und mit Salz würzen.

Frühlingsrollen mit Lachs und Spinat

Für 4 Portionen: 300 g frischer Spinat | 20 ml Sesamöl Salz | Pfeffer aus der Mühle | 30 ml helle Sojasauce 200 g Lachsfilet (ohne Haut und Gräten) | 1 EL weiße Sesamsaat | 12 Blätter Frühlingsrollenteig | 1 Eiweiß Fett zum Ausbacken

1 Den Spinat putzen, waschen und gut trocken schütteln. Sesamöl in einem Wok erhitzen, den Spinat zugeben und unter Rühren zusammenfallen lassen. Spinat mit Salz und Pfeffer würzen und mit der Sojasauce ablöschen. Abkühlen lassen. Das Lachsfilet in 2 cm große Würfel schneiden und mit dem Spinat mischen. Sesam darüberstreuen.
2 Ein Teigblatt auf die Arbeitsfläche legen und wie in Step 1 bis 9 (siehe Seite 124/125) beschrieben füllen und aufrollen. Die übrigen Rollen ebenso zubereiten.
3 Das Fett auf 160–170° erhitzen. Die Rollen darin goldbraun und knusprig ausbacken. Auf Küchenpapier abtropfen lassen und leicht salzen.

Frühlingsrollen mit Rinderfilet

Für 4 Portionen: 200 g Rinderfilet | 1 rote Paprikaschote 1 gelbe Paprikaschote | 50 g Shiitake-Pilze | 2 Frühlingszwiebeln | 30 ml Sesamöl | 50 ml Sojasauce | 1 TL frischer Ingwer (gerieben) | 1 TL rote Currypaste | Salz | Pfeffer aus der Mühle | 12 Blätter Frühlingsrollenteig | 1 Eiweiß | Fett zum Ausbacken | Chili aus der Mühle

1 Das Rinderfilet in dünne Streifen schneiden. Die Paprikaschoten vierteln, putzen und waschen. Die Viertel mit dem Sparschäler schälen und in Streifen schneiden. Shiitake-Pilze mit einem Tuch abreiben, Stiele entfernen und die Pilze in Streifen schneiden. Die Frühlingszwiebeln putzen, waschen und in feine Ringe schneiden. Das Sesamöl in einem Wok erhitzen. Rindfleisch und Gemüse nach und nach darin anbraten. Dann alles mischen, Sojasauce, Ingwer und Currypaste dazugeben, aufkochen und mit Salz und Pfeffer würzen. Abkühlen lassen.
2 Ein Teigblatt auf die Arbeitsfläche legen und wie in Step 1 bis 9 (siehe Seite 124/125) beschrieben füllen und aufrollen. Die übrigen Rollen ebenso zubereiten.
3 Das Fett auf 160–170° erhitzen. Die Rollen darin goldbraun und knusprig ausbacken. Auf Küchenpapier abtropfen lassen und mit Chili würzen.

Frühlingsrollen mit Kokos-Glasnudeln

Für 4 Portionen: 2 Stängel Zitronengras | 200 ml ungesüßte Kokosmilch | 100 g Glasnudeln | Salz | Pfeffer aus der Mühle Chili aus der Mühle | 2 EL Sojasauce | 1 TL Speisestärke 150 g Zuckerschoten | 12 Blätter Frühlingsrollenteig 1 Eiweiß | Fett zum Ausbacken

1 Das Zitronengras mit dem Messerrücken zerdrücken. Die Kokosmilch mit dem Zitronengras aufkochen, die Glasnudeln hineingeben und 5 Minuten gar ziehen lassen. Durch ein Sieb gießen, die Kokosmilch auffangen. Das Zitronengras mit der Kokosmilch zurück in den Topf geben und um die Hälfte einkochen lassen. Mit Salz, Pfeffer, Chili und Sojasauce würzen und mit der in etwas kaltem Wasser angerührten Speisestärke binden.
2 Die Zuckerschoten putzen, waschen und in feine Streifen schneiden. In die heiße Kokosmilch geben und abkühlen lassen. Die Glasnudeln untermischen.
3 Ein Teigblatt auf die Arbeitsfläche legen und wie in Step 1 bis 9 (siehe Seite 124/125) beschrieben füllen und aufrollen. Die übrigen Rollen ebenso zubereiten.
4 Das Fett auf 160–170° erhitzen. Die Rollen darin goldbraun und knusprig ausbacken. Auf Küchenpapier abtropfen lassen und mit Chili würzen.

Gefülltes Gemüse

Was hatte sie nicht schon alles versucht,
um ihn auf sich aufmerksam zu machen.
Aber offenbar hatte er Tomaten auf den Augen.
Erst als sie ihm die abnahm
und nach Lafer'schem Rezept füllte,
sah er sie mit anderen Augen und heiratete sie.
Solche Erfolge können Sie mit vielen Gemüsesorten feiern.
Damit die Füllung zur Erfüllung wird.

Gefüllte Tomaten

Für 4 Portionen: 100 g Langkornreis | Salz | 8 große Fleischtomaten | 2 Zwiebeln
1 Knoblauchzehe | 150 ml Olivenöl | 250 g gemischtes Hackfleisch
150 g Feta (griech. Schafskäse) | 2 Zweige Thymian | 2 Zweige Rosmarin
4 Salbeiblätter | 2 TL edelsüßes Paprikapulver | Pfeffer aus der Mühle

1 Den Reis mit 200 ml Wasser und 1 Prise Salz in einen Topf geben und aufkochen. Bei milder Hitze etwa 15 Minuten ausquellen lassen. Auskühlen lassen. Die Tomaten waschen und einen Deckel von den Tomaten abschneiden.

2 Die Kerne mit einem Teelöffel aus den Tomaten lösen.

TIPP Zum Auslösen eignen sich auch ein Kugelausstecher oder ein Grapefruitlöffel mit gezacktem Rand.

3 Zwiebeln und Knoblauch schälen und fein würfeln. 50 ml Olivenöl in einer Pfanne erhitzen und beides darin andünsten.

4 Die Zwiebelmischung zu dem Hackfleisch in eine Schüssel geben.

5 Dann den erkalteten Reis dazugeben.

6 Den Feta zerbröckeln und ebenfalls dazugeben.

7 Die Kräuter abbrausen und trocken schütteln. Falls nötig, von den Stielen zupfen und hacken. Mit dem Paprikapulver zum Hackfleisch geben. Kräftig mit Salz und Pfeffer würzen und sorgfältig mischen.

8 Den Backofen auf 200° vorheizen (Umluft 180°). Die Tomaten in eine Auflaufform setzen und mit der Masse füllen. Die Deckel wieder daraufsetzen.

9 Die Tomaten mit dem restlichen Olivenöl beträufeln, mit Salz und Pfeffer würzen und im vorgeheizten Backofen auf der mittleren Schiene 15–20 Minuten garen.

»Ein wunderbar aromatisches Gericht, das die Küche allein durch seinen Duft zur guten Stube macht.«

Risotto-Lachs–Füllung

Für 4 Portionen: ½ **Rezept Risotto** wie auf Seite 296/297 beschrieben zubereiten, aber mit **Fischfond** statt mit Geflügelfond. **150 g frisches Lachsfilet** (ohne Haut und Gräten) klein würfeln. ½ **Stange Lauch** putzen, waschen und in feine Streifen schneiden. Beides zum Risotto geben und mit **Salz** und **Pfeffer** abschmecken.

Artischocken
12 Artischocken putzen: Strunk herausdrehen, das obere Drittel der Blüte und die holzigen äußeren Blätter abschneiden. Mit einem kleinen scharfen Messer alle holzigen Teile entfernen. Das Heu mit einem Löffel herauskratzen. Die Artischockenböden mit dem **Saft von 1 Zitrone** in kochendem Salzwasser 15 Minuten garen. Kalt abschrecken und mit der vorbereiteten Masse füllen. In eine Auflaufform setzen. Mit **50 ml Olivenöl** beträufeln, mit **Salz** und **Pfeffer** würzen. Im auf 200° vorgeheizten Backofen auf der mittleren Schiene 8–10 Minuten überbacken (Umluft 180°).

Kohlrabi
8 kleine Kohlrabi schälen, das obere Viertel abschneiden. In kochendem Salzwasser 20 Minuten garen, kalt abschrecken. Kohlrabi mit einem Kugelausstecher aushöhlen, sodass ein 1–2 cm dicker Rand stehen bleibt. Mit der vorbereiteten Masse füllen. In eine Auflaufform setzen. Mit **50 ml Olivenöl** beträufeln und mit **Salz** und **Pfeffer** würzen. **50 g geriebenen Gouda** darüberstreuen. Im auf 200° vorgeheizten Backofen auf der mittleren Schiene 8–10 Minuten überbacken (Umluft 180°).

Kürbis
1 Hokkaido-Kürbis (1–1½ kg) im Ganzen in kochendem Salzwasser 20–30 Minuten garen und kalt abschrecken. Das obere Viertel als Deckel abschneiden, den Kürbis aushöhlen, **salzen** und **pfeffern** und mit der vorbereiteten Masse füllen. Deckel daraufsetzen. In einer Auflaufform mit **50 ml Olivenöl** beträufeln. Im auf 200° vorgeheizten Backofen auf der mittleren Schiene 20–30 Minuten backen (Umluft 180°). Zum Servieren auf eine Platte setzen und wie eine Torte in Stücke schneiden.

TIPP Auf Wochenmärkten finden Sie auch manchmal Mini-Kürbisse. Zierkürbisse sind nicht geeignet.

Couscous-Feta-Füllung

Für 4 Portionen: **200 ml Gemüsebrühe** aufkochen, **100 g Instant-Couscous** einstreuen, durchrühren und den Topf vom Herd ziehen. Couscous etwa 4 Minuten ziehen lassen. **1 rote Zwiebel** und **1 Knoblauchzehe** schälen, klein würfeln und in **2–3 EL Olivenöl** andünsten. Mit **2 EL Aceto balsamico bianco** ablöschen und mit **200 g zerbröckeltem Feta, 40 g gerösteten Pinienkernen** und **2 EL fein gehacktem Basilikum** unter den Couscous heben. Mit **Salz, Pfeffer** und **½ TL gemahlenem Zimt** abschmecken.

Zucchini
3 dicke Zucchini waschen, die Enden abschneiden und die Zucchini in 3 cm lange Stücke schneiden. Mit einem Kugelausstecher aushöhlen, dabei einen Boden stehen lassen. 3–4 Minuten in kochendem Salzwasser blanchieren, kalt abschrecken und mit der vorbereiteten Couscous-Masse füllen. In eine Auflaufform setzen. Mit **50 ml Olivenöl** beträufeln, **salzen** und **pfeffern.** Im auf 200° vorgeheizten Backofen auf der mittleren Schiene 8–10 Minuten überbacken (Umluft 180°).

Paprika
12 kleine rote oder gelbe Paprikaschoten im Ganzen 3–5 Minuten in kochendem Wasser garen, kalt abschrecken und einen Deckel abschneiden. Kerne und Trennwände entfernen und die Schoten mit der vorbereiteten Couscous-Masse füllen. Deckel daraufsetzen. In eine Auflaufform setzen. Mit **50 ml Olivenöl** beträufeln und mit **Salz** und **Pfeffer** würzen. Im auf 200° vorgeheizten Backofen auf der mittleren Schiene 8–10 Minuten überbacken (Umluft 180°).

Auberginen
6 kleine Auberginen halbieren, aushöhlen, sodass ein 1–2 cm dicker Rand stehen bleibt. 5 Minuten in kochendem Salzwasser garen. In Eiswasser abschrecken. Mit der vorbereiteten Couscous-Masse füllen und in eine Auflaufform setzen. Mit **50 ml Olivenöl** beträufeln und mit **Salz** und **Pfeffer** würzen. Im auf 200° vorgeheizten Backofen auf der mittleren Schiene 8–10 Minuten überbacken (Umluft 180°).

Zwiebel-Speck-Füllung

Für 4 Portionen: **250 g Zwiebeln** schälen, klein würfeln. **200 g durchwachsenen Speck** ebenfalls klein würfeln. Beides in **30 g zerlassenem Butterschmalz** in einem breiten Topf andünsten. **150 ml Sahne** dazugießen und bei schwacher Hitze in etwa 20–25 Minuten einkochen lassen. Dabei gelegentlich umrühren. Topf vom Herd ziehen. **100 g Parmesan** fein reiben, Blättchen von **3–4 Zweigen Thymian** abzupfen und fein hacken. Beides unter die Speck-Zwiebel-Mischung rühren und kräftig mit **Salz, Pfeffer** und etwas **Zucker** abschmecken.

Champignons
12 große Champignons mit einem Tuch oder Pinsel säubern und den Stiel herausdrehen. Mit der vorbereiteten Zwiebel-Masse füllen. Auf ein Backblech setzen. Mit **50 ml Olivenöl** beträufeln, **salzen** und **pfeffern. 1 Scheibe Weizentoastbrot** entrinden und in einer Küchenmaschine fein mahlen. Auf die Füllung streuen und die Pilze im auf 200° vorgeheizten Backofen auf der mittleren Schiene 8–10 Minuten überbacken (Umluft 180°).

Kartoffeln
12 mittelgroße, vorwiegend festkochende Kartoffeln im kochenden Salzwasser 20–25 Minuten garen. Dann das obere Viertel abschneiden. Kartoffeln so aushöhlen, dass ein 1–2 cm dicker Rand stehen bleibt. Das Innere der Kartoffel mit einer Gabel zerdrücken und mit der Füllung mischen. Kartoffeln füllen. In einer Auflaufform mit **50 ml Olivenöl** beträufeln, salzen und pfeffern. **1 Scheibe Weizentoastbrot** entrinden und in einer Küchenmaschine fein mahlen. Auf die Füllung streuen und die Kartoffeln im auf 200° vorgeheizten Backofen auf der mittleren Schiene 10–15 Minuten überbacken (Umluft 180°).

Zwiebeln
12 mittelgroße weiße Zwiebeln in kochendem Salzwasser 20–25 Minuten garen. Dann schälen und die innersten 2–3 Zwiebelschichten herausdrücken. Diese in einer Küchenmaschine fein pürieren und unter die vorbereitete Masse mischen. Zwiebeln damit füllen und in eine Auflaufform setzen. Mit **50 ml Olivenöl** beträufeln, **salzen** und **pfeffern. 1 Scheibe Weizentoastbrot** entrinden und in einer Küchenmaschine fein mahlen. Auf die Füllung streuen. Im auf 200° vorgeheizten Backofen auf der mittleren Schiene 10–15 Minuten überbacken (Umluft 180°).

Gemüsesuppen

»Es ist noch Suppe da…« Am besten nicht weitersingen, sondern schnell umblättern. Sonst stimmt der Text nicht mehr, und der Suppentopf ist leer. Denn so fix wie sie gemacht sind, sind die gesunden Süppchen auch wieder weg.

Kürbissuppe

Für 4 Portionen: 350 g Hokkaido-Kürbis | 2 Schalotten | 2 EL Rapsöl
500 ml Gemüsefond (Glas) | 200 ml Sahne | Salz | Pfeffer aus der Mühle
2 EL gehackte Kürbiskerne | 2–3 EL Kürbiskernöl

1 Den Kürbis waschen, vierteln, entkernen und in grobe Würfel schneiden. Schalotten schälen und klein würfeln.

TIPP Hokkaido-Kürbis ist populär und weitverbreitet. Man bekommt ihn auch in kleinen Stücken und kann ihn mit der Schale verarbeiten.

2 Das Rapsöl in einem Topf erhitzen. Schalotten zugeben und darin andünsten.

3 Die Kürbiswürfel zufügen und 3 Minuten andünsten.

4 Den Suppenansatz mit dem Gemüsefond ablöschen.

5 Die Sahne dazugießen und die Suppe einmal aufkochen lassen.

TIPP Statt Sahne können Sie auch Kokosmilch nehmen.

6 Die Suppe bei geschlossenem Deckel 15–20 Minuten bei milder Hitze garen.

7 Wenn der Kürbis weich ist, alles mit einem Pürierstab fein pürieren.

8 Die Suppe durch ein feines Sieb in einen anderen Topf gießen.

9 Die Suppe mit Hilfe einer Suppenkelle durch das Sieb streichen.

10 Die Kürbissuppe mit Salz und Pfeffer abschmecken, auf Teller füllen und mit frisch gerösteten, gehackten Kürbiskernen und Kürbiskernöl garnieren.

TIPP Schäumen Sie die heiße Suppe kurz vor dem Servieren mit dem Pürierstab nochmals auf. Dadurch bekommt sie eine feine Struktur.

»Als Sohn der Steiermark schätze ich das Kürbiskernöl aus meiner Heimat. Davon gebe ich zum Schluss gern ein paar Tropfen auf cremige Gemüsesuppen. Das macht sie zu wahren Delikatessen.«

Gelbe Paprikasuppe

Für 4 Portionen: **2 gelbe Paprikaschoten** putzen, waschen und würfeln. **2 Schalotten** schälen und würfeln. **2 EL Rapsöl** in einem Topf erhitzen, Schalotten, **0,5 g Safran** und Paprikawürfel 3 Min. andünsten. Mit **500 ml Gemüsefond** (Glas) und **200 ml Sahne** ablöschen, aufkochen und 10 Min. bei milder Hitze garen. Die Suppe wie in Step 7–9 (siehe Seite 136/137) gezeigt pürieren, wieder erhitzen, salzen und pfeffern. **1 rote Paprikaschote** putzen, waschen und die Haut mit einem Sparschäler abschälen. Schoten in feine Streifen schneiden. **30 g Butter** erhitzen, die Paprika darin andünsten und mit der Suppe anrichten.

Kartoffel-Sellerie-Suppe

Für 4 Portionen: **150 g Knollensellerie** und **150 g mehligkochende Kartoffeln** schälen, waschen und in grobe Würfel schneiden. **2 Schalotten** und **1 Knoblauchzehe** schälen und klein würfeln. **2 EL Rapsöl** in einem Topf erhitzen, Schalotten, Knoblauch, Kartoffeln und Sellerie darin 3 Min. andünsten. Mit **500 ml Gemüsefond** (Glas) und **200 ml Sahne** ablöschen, einmal aufkochen, dann 15–20 Minuten bei milder Hitze garen. Wie in Step 7–9 (siehe Seite 136/137) gezeigt pürieren, nochmals aufkochen, mit **Salz, Pfeffer** und **2 EL Trüffelöl** abschmecken. Die Suppe mit dem Pürierstab aufschäumen und mit **20 g schwarzen Trüffeln,** fein gehobelt, anrichten.

Rote-Bete-Suppe

Für 4 Portionen: **300 g Rote Bete** (vorgegart) grob würfeln. **2 Schalotten** schälen und würfeln. **2 EL Rapsöl** in einem Topf erhitzen, Schalotten und Rote Bete darin andünsten. Mit **500 ml Gemüsefond** (Glas) und **200 ml Sahne** ablöschen, aufkochen, dann 10 Min. bei milder Hitze garen. Wie in Step 7–9 (siehe Seite 136/137) gezeigt pürieren, wieder aufkochen, mit **Salz** und **Pfeffer** abschmecken. **50 g Sahne** steif schlagen, **2 EL geriebenen Meerrettich** (Glas) unterrühren, **salzen** und **pfeffern.** Die Suppe vor dem Servieren mit dem Pürierstab aufschäumen, mit je 1 EL Meerrettichsahne und **Schnittlauchröllchen** (aus **¼ Bund**) servieren.

Spargelsuppe mit Lachs

Für 4 Portionen: **300 g weißen Spargel** schälen, die Köpfe abschneiden, längs halbieren und beiseitelegen. Die Stangen in Stücke schneiden. **2 Schalotten** schälen und würfeln. In **2 EL Rapsöl** 3 Min. andünsten. Mit **500 ml Gemüsefond** (Glas) und **200 ml Sahne** ablöschen, aufkochen und 10–15 Min. bei milder Hitze garen. Die Suppe wie in Step 7–9 (siehe Seite 136/137) gezeigt pürieren, dann aufkochen, salzen und pfeffern. Die Spargelköpfe in der Suppe 3-5 Min. garen, auf Suppenteller verteilen. Die Suppe mit dem Pürierstab aufschäumen, über die Spargelköpfe gießen und mit **Räucherlachsstreifen** (etwa **4 Scheiben**) garnieren.

Tomaten-Basilikum-Suppe

Für 4 Portionen: **250 g Kirschtomaten** waschen. **2 Schalotten** und **1 Knoblauchzehe** schälen und klein würfeln. In **2 EL Rapsöl** 3 Min. andünsten. **2 EL Tomatenmark** zugeben und kurz anrösten. **1 TL Zucker** über die Tomaten streuen und goldgelb karamellisieren. Mit **750 ml Gemüsefond** (Glas) und **200 ml Sahne** ablöschen, aufkochen und 10–15 Min. bei milder Hitze garen. Die Suppe wie in Step 7–9 (siehe Seite 136/137) gezeigt pürieren, aufkochen, mit **Salz** und **Pfeffer** abschmecken. Mit dem Pürierstab aufschäumen, auf Teller verteilen und mit **8 Basilikumblättern** und **2 EL Olivenöl** garnieren.

Erbsenschaumsuppe

Für 4 Portionen: **300 g TK-Erbsen** antauen lassen. **2 Schalotten** schälen und würfeln. **2 EL Rapsöl** in einem Topf erhitzen, Schalotten, Erbsen und Blätter von **2 Minzestängeln** darin andünsten. Mit **500 ml Gemüsefond** (Glas) und **200 ml Sahne** ablöschen, aufkochen und 10–15 Min. bei milder Hitze garen. Die Suppe wie in Step 7–9 (siehe Seite 136/137) gezeigt pürieren, wieder aufkochen, mit **Salz, Pfeffer** und **1–2 EL Limettensaft** abschmecken. **100 g Garnelen** (gekocht und geschält) in **1 EL Olivenöl** erhitzen, salzen, pfeffern, mit Blättern von **2 Minzestängeln** auf der Suppe anrichten. Mit **3 EL Olivenöl** beträufeln.

Petersilienwurzelsuppe

Für 4 Portionen: **250 g Petersilienwurzeln** waschen und schälen. 100 g in feine Streifen schneiden. Die restlichen würfeln. **2 Schalotten** schälen und würfeln. Schalotten und Petersilienwurzelwürfel in **2 EL Rapsöl** andünsten. Mit **550 ml Gemüsefond** (Glas) und **200 ml Sahne** ablöschen, aufkochen, dann 15–20 Min. bei milder Hitze garen. **1 Bund glatte Petersilie** abbrausen, die Blätter abzupfen und zur Suppe geben. Dann wie in Step 7–9 (siehe Seite 136/137) gezeigt pürieren, wieder aufkochen, **salzen** und **pfeffern.** Die Gemüsestreifen mit **Mehl** bestäuben, in **2 EL Rapsöl** goldbraun ausbacken. Herausheben, auf Küchenpapier entfetten und salzen. Mit der Suppe servieren.

Champignonsuppe

Für 4 Portionen: **250 g braune Champignons** mit einem Tuch abreiben. 6 Champignons in feine Scheiben schneiden. **2 Schalotten** und **1 Knoblauchzehe** schälen und würfeln. Schalotten, Knoblauch und die ganzen Champignons in 2 EL Rapsöl andünsten. Mit **550 ml Gemüsefond** (Glas) und **200 ml Sahne** ablöschen, einmal aufkochen, dann 15–20 Min. bei milder Hitze garen. Die Suppe wie in Step 7–9 (siehe Seite 136/137) gezeigt pürieren, aufkochen und mit **Salz** und **Pfeffer** abschmecken. **2 Scheiben Toastbrot** entrinden und würfeln. In **40 g Butter** goldbraun braten und salzen. Croûtons und Champignonscheiben über die Suppe streuen.

Möhren-Kokos-Suppe

Für 4 Portionen: **300 g Möhren** waschen, schälen und in Scheiben schneiden. **2 Schalotten** schälen und würfeln. **20 g frischen Ingwer** schälen und fein reiben. In **2 EL Rapsöl** andünsten. **1 EL Curry** darüberstäuben und kurz anrösten. Mit **500 ml Gemüsefond** und **200 ml Sahne** ablöschen, einmal aufkochen, dann bei geschlossenem Deckel 15–20 Minuten bei milder Hitze garen. Die Suppe wie in Step 7–9 (siehe Seite 136/137) gezeigt pürieren, aufkochen und mit Salz und Pfeffer abschmecken. **150 ml Kokosmilch** erwärmen, aufschäumen (elektrischer Milchaufschäumer). Kokosschaum auf die Suppe geben, mit **20 g gerösteten Kokosraspeln** garnieren.

Geschnetzeltes

»Immer willst du gewinnen«, sagte sie nach einem Streit in der Küche, »nie kannst du klein beigeben!« »Doch, manchmal schon…«, antwortete er und servierte, was er zur Versöhnung zubereitet hatte: Kalbsgeschnetzeltes, ihr Lieblingsgericht. »Meine kleine Beigabe«, lächelte er. »Wieder gewonnen«, sagte sie.

Kalbsgeschnetzeltes

Für 4 Portionen: 2 Zwiebeln | 300 g braune Champignons | 600 g Kalbfleisch (z. B. aus der Keule oder Nuss) | 50 g Butterschmalz | 20 g Mehl | 150 ml Weißwein 200 ml Sahne | Salz | Pfeffer aus der Mühle | ½ Bund glatte Petersilie

1 Die Zwiebeln schälen und klein würfeln.

2 Die Champignons säubern und die Stiele kürzen. Die Pilze feinblättrig schneiden.

TIPP Die Champignons nicht waschen, sondern mit einem Tuch oder Pinsel säubern. Kommen sie mit Wasser in Berührung, saugen sie sich damit voll und werden zäh und ledrig.

3 Das Kalbfleisch quer zur Faser in dünne Streifen schneiden.

4 Etwas Butterschmalz in einer großen Pfanne erhitzen. Die Fleischstreifen darin portionsweise von allen Seiten scharf anbraten. Dabei immer wieder etwas Butterschmalz zugeben und jeweils 1 Teelöffel Mehl darüberstäuben und goldbraun anrösten.

TIPP Es ist wichtig, dass das Fleisch bei starker Hitze und portionsweise angebraten wird. Nur so verliert es keinen Saft und wird braun.

5 Die Filetstreifen aus der Pfanne nehmen und beiseitestellen.

6 Die Zwiebelwürfel und Champignons in der Pfanne anbraten.

7 Den Bratansatz mit Weißwein ablöschen und aufkochen lassen.

8 Die Sahne dazugießen und gut mit dem Weißwein verrühren.

9 Das Fleisch dazugeben und 3 Minuten köcheln lassen. Das Geschnetzelte mit Salz und Pfeffer würzen.

10 Die Petersilie abbrausen und trockenschütteln. Die Blätter abzupfen, fein hacken und unter das Geschnetzelte heben.

TIPP Die klassische Beilage sind knusprige Rösti (siehe ab Seite 308)

»Als Österreicher schätze ich auch die Berge der Schweizer, aber als Koch noch mehr ihr Geschnetzeltes.«

Geschnetzeltes auf japanische Art

Hähnchengeschnetzeltes mit Spargel

Geschnetzeltes auf japanische Art

Für 4 Portionen: 500 g Rinderfilet | 100 ml Teriyaki-Sauce 1 TL Speisestärke | 1 TL Wasabipaste | 1 rote Paprikaschote | 1 gelbe Paprikaschote | 100 g Zuckerschoten 150 g Shiitake-Pilze | 3–4 EL Sesamöl | Salz | Pfeffer aus der Mühle | 1 TL Zucker | 100 ml kräftige Rinderbrühe 200 g Soba-Nudeln (japanische Nudelsorte)

1 Das Filet quer zur Faser in dünne Scheiben schneiden. Die Teriyaki-Sauce mit Speisestärke und Wasabi verrühren, die Fleischscheiben darin marinieren. Die Paprikaschoten vierteln, entkernen, schälen und in feine Streifen schneiden. Zuckerschoten waschen, putzen und diagonal halbieren. Pilze putzen und vierteln.
2 2 EL Sesamöl in einem Wok stark erhitzen. Das Fleisch abtropfen lassen (Marinade aufheben) und im Öl scharf anbraten. Dann herausnehmen und in die Marinade zurückgeben. Das restliche Öl und das vorbereitete Gemüse in den Wok geben, ebenfalls anbraten, mit Salz, Pfeffer und Zucker würzen. Die Rinderbrühe dazugießen, Fleisch mit der Marinade zufügen und unterheben.
3 Die Soba-Nudeln nach Packungsanweisung kochen, abtropfen lassen und mit dem Geschnetzelten anrichten.
Dazu passt süßsauer eingelegter Ingwer.

Hähnchengeschnetzeltes mit Spargel

Für 4 Portionen: 600 g Hähnchenbrustfilets | 20 g Speisestärke | 50 g Butterschmalz | 2 rote Zwiebeln | 8 Stangen weißer Spargel | 10 Stangen grüner Spargel | 100 ml Geflügelfond (Glas) | 150 ml Crème fraîche | Salz | Pfeffer aus der Mühle | ½ Bund Kerbel

1 Die Hähnchenbrustfilets in Streifen schneiden und gleichmäßig mit der Speisestärke bestäuben. Das Butterschmalz in einer großen Pfanne erhitzen. Die Fleischstreifen darin von allen Seiten scharf anbraten, herausheben und beiseitestellen.
2 Zwiebeln schälen und würfeln. Weißen Spargel ganz, grünen Spargel nur im unteren Drittel schälen, die Enden 2 cm kürzen. Spargelstangen in 3 cm lange Stücke schneiden. Zwiebeln und Spargel im Restfett in der Pfanne anbraten. Geflügelfond und Crème fraîche dazugeben. 3–5 Minuten köcheln lassen, dann das Fleisch wieder dazugeben. Nochmals aufkochen, mit Salz und Pfeffer würzen. Den frisch gehackten Kerbel unterheben.
Dazu passt Reis.

Fischgeschnetzeltes à la Bouillabaisse

Für 4 Portionen: 600 g Fischfilets (z.B. Rotbarbe, Seebarsch, Petersfisch, Knurrhahn) | 2 kleine Fenchelknollen 2 Knoblauchzehen | Salz | Pfeffer aus der Mühle | Saft von 1 Zitrone | 3 EL Olivenöl | 150 g Kirschtomaten 50 ml trockener weißer Wermut | 200 ml Fischfond (Glas) 50 ml Sahne | 0,5 g Safranfäden | 1 EL Speisestärke Cayennepfeffer

1 Die Fischfilets waschen, trocken tupfen und in Streifen schneiden. Fenchel halbieren, den Strunk keilförmig herausschneiden, Fenchelgrün beiseitelegen. Den Fenchel in dünne Streifen schneiden. Den Knoblauch schälen und in dünne Scheiben schneiden.
2 Die Fischstreifen mit Salz, Pfeffer und Zitronensaft würzen. Abtropfen lassen und kurz im heißen Olivenöl anbraten. Dann herausnehmen, Fenchel, Tomaten und Knoblauch in die Pfanne geben und anbraten. Mit Wermut ablöschen, Fischfond und Sahne dazugießen. Safran zufügen und alles bei milder Hitze 5–10 Minuten köcheln lassen. Dann den Sud mit der in wenig kaltem Wasser angerührten Speisestärke leicht binden. Die Fischstreifen vorsichtig untermischen. Das Geschnetzelte mit Cayennepfeffer und Salz abschmecken und mit dem Fenchelgrün bestreuen.
Dazu passen geröstete Baguettescheiben mit Paprika-Chili-Mayonnaise (siehe Seite 222).

Fischgeschnetzeltes à la Bouillabaisse

Gnocchi

»Wenn wir groß sind,
heißen wir Knödel«,
freute sich
das kleinste Gnocchi
auf dem Bild rechts.
»Vergiss es«,
riefen die anderen,
»als Lafer-Gnocchi
sind wir für Feinschmecker
ja jetzt schon die Größten.«

Gnocchi

Für 4–6 Portionen: 50 g Parmesan | 500 g mehligkochende Kartoffeln | 2 Eigelbe (Größe M) | 250 g Ricotta | 150 g Mehl | Salz | Pfeffer aus der Mühle | Muskatnuss

1 Alle Zutaten abmessen und bereitstellen. Den Parmesan fein reiben.

2 Die Kartoffeln gründlich waschen und in einem Topf knapp mit Wasser bedeckt weich garen.

3 Die fertig gegarten Kartoffeln abgießen und noch heiß pellen.

4 Die gepellten Kartoffeln zweimal durch eine Kartoffelpresse drücken.

5 Die Eigelbe zugeben und unterarbeiten.

6 Ricotta, Mehl und Parmesan zugeben. Alles zu einer glatten Masse verarbeiten, mit Salz, Pfeffer und frisch geriebener Muskatnuss abschmecken.

7 Den Teig auf einer bemehlten Arbeitsfläche zu etwa 2 cm dicker Rollen formen. Mit einer bemehlten Teigkarte (oder dem Messerrücken eines dünnen Messers) in 2 cm lange Stücke schneiden.

8 Die Stücke mit bemehlten Händen zu Kugeln formen.

9 Das typische Gnocchimuster mit dem Gabelrücken hineindrücken.

10 Die Gnocchi in leicht kochendes Salzwasser geben. Wenn sie nach oben steigen, mit einer Schöpfkelle herausheben und in kaltem Wasser abschrecken. Dann je nach Rezeptvorschlag weiterverarbeiten.

»Ich schließe mich der Meinung der kleinen Italiener auf der vorigen Seite an.«

Kürbisgnocchi

Für 4–6 Portionen: 300 g mehligkochende Kartoffeln | 500 g Kürbis (Muskat oder Hokkaido) | 150 g Mehl | 2 Eigelbe (Größe M) | Salz | Muskatnuss | 50 g Parmesan, frisch gerieben

1 Die Kartoffeln gründlich waschen und in einem Topf knapp mit Wasser bedeckt weich garen. Die fertig gegarten Kartoffeln abgießen und noch heiß pellen. Die gepellten Kartoffeln zweimal durch eine Kartoffelpresse drücken.
2 Den Kürbis waschen, entkernen und grob würfeln. Einen Topf etwa 2 cm hoch mit Wasser füllen, die Kürbiswürfel darin bei geschlossenem Deckel weich garen. Den Kürbis in ein Tuch geben und gründlich auspressen. Kürbisfleisch in einem Küchenmixer fein pürieren.
3 Die durchgepressten Kartoffeln mit dem Kürbispüree, Mehl und den Eigelben zu einem glatten Teig verarbeiten. Mit Salz und frisch geriebener Muskatnuss abschmecken. Zuletzt den Parmesan unterrühren. Dann wie in Step 7–10 (siehe Seite 151) beschrieben zu Gnocchi formen und garen.

Maronengnocchi

Für 4–6 Portionen: 500 g mehligkochende Kartoffeln | 250 g Maronenpüree | 150 g Mehl | 2 Eigelbe (Größe M) | Salz | Muskatnuss | 50 g Parmesan, frisch gerieben

1 Die Kartoffeln gründlich waschen und in einem Topf knapp mit Wasser bedeckt weich garen. Die fertig gegarten Kartoffeln abgießen und noch heiß pellen. Die gepellten Kartoffeln zweimal durch eine Kartoffelpresse drücken.
2 Die gepressten Kartoffeln mit dem Maronenpüree, Mehl, Eigelben zu einem glatten Teig mischen. Mit Salz und frisch geriebener Muskatnuss abschmecken. Zuletzt den Parmesan unterrühren. Dann wie in Step 7–10 (siehe Seite 151) beschrieben zu Gnocchi formen und garen.

TIPP Statt des Maronenpürees können Sie 250 g Maronen (vorgegart, vakuumverpackt) mit 100 g Sahne in 10 Minuten weich garen und im Mixer fein pürieren.

Basilikumgnocchi

Für 4–6 Portionen: 500 g mehligkochende Kartoffeln | 2 Töpfe Basilikum | 200 g Ricotta | 200 g Mehl | 2 Eigelbe (Größe M) | Salz | Muskatnuss | 50 g Parmesan, frisch gerieben

1 Die Kartoffeln gründlich waschen und in einem Topf knapp mit Wasser bedeckt weich garen. Die fertig gegarten Kartoffeln abgießen und noch heiß pellen. Die gepellten Kartoffeln zweimal durch eine Kartoffelpresse drücken.
2 Basilikumblätter von den Stielen zupfen, abbrausen, trocken schütteln und mit dem Ricotta in einer Küchenmaschine fein pürieren. Die durchgepressten Kartoffeln mit dem Ricotta, Mehl, Eigelben zu einem glatten Teig mischen. Mit Salz und frisch geriebener Muskatnuss abschmecken. Zuletzt den Parmesan unterrühren. Dann wie in Step 7–10 (siehe Seite 151) beschrieben zu Gnocchi formen und garen.

TIPP Die Masse sollte trocken sein und nicht an den Händen kleben. Das Mehl deshalb nach und nach unterrühren, bis der Teig die richtige Konsistenz hat.

Basilikumgnocchi mit weißen Bohnen und Datteltomaten

Für 4 Portionen: 200 g getrocknete weiße Bohnen | 1 rote Zwiebel | 4 EL Olivenöl | 300 g Datteltomaten | 1 Rezept Basilikumgnocchi (Seite 152) | 2 EL Aceto balsamico bianco 4 Zweige Basilikum | schwarzer Pfeffer aus der Mühle

1 Die weißen Bohnen über Nacht in kaltem Wasser einweichen. Am nächsten Tag abgießen und in reichlich Wasser (ohne Salz) bei milder Hitze in etwa 1–1½ Stunden weich garen. Anschließend abgießen und abkühlen lassen.
2 Die rote Zwiebel schälen und fein würfeln. 1 EL Olivenöl in einer Pfanne erhitzen, die Zwiebelwürfel, Datteltomaten und Gnocchi darin anschwitzen. Wenn die Tomaten beginnen aufzuplatzen, mit Aceto balsamico ablöschen. Alles zu den Bohnen in eine Schüssel geben, mit restlichem Olivenöl und fein geschnittenem Basilikum mischen. Den Salat mit Salz und Pfeffer würzen.

Kürbisgnocchi alla carbonara

Für 4 Portionen: 1 Rezept Kürbisgnocchi (Seite 152) 100 g durchwachsener Speck | 10 Salbeiblätter 150 g Champignons | 2 EL Olivenöl | 300 ml Sahne 150 ml Geflügelfond | Salz | schwarzer Pfeffer aus der Mühle | Muskatnuss | 3 Eigelbe | 50 g Parmesan, frisch gerieben

1 Den Speck fein würfeln. Salbeiblätter fein hacken. Champignons mit einer Bürste reinigen und in dünne Scheiben schneiden. Die Gnocchi und Speckwürfel im heißen Olivenöl anbraten, Salbei und Champignonscheiben zuletzt unterschwenken.
2 Sahne und Geflügelfond in einem Topf aufkochen, mit Salz, Pfeffer und frisch geriebener Muskatnuss würzen. Eigelbe unterrühren und auf dem Herd (reduzierte Hitze) unter Rühren so lange erwärmen, bis die Sauce eine Bindung erreicht. Den Parmesan unterrühren. Die Gnocchi auf der Sauce anrichten, mit frisch gemahlenem Pfeffer würzen.

Maronengnocchi mit Rosenkohl und Chorizo

Für 4 Portionen: 1 Rezept Maronengnocchi (Seite 152) 400 g Rosenkohl | Salz | 200 g Chorizo | 1 EL Rapsöl schwarzer Pfeffer aus der Mühle

1 Den Rosenkohl putzen, halbieren und in Salzwasser weich kochen. Abgießen und gut abtropfen lassen. Chorizo pellen, längs halbieren und in Scheiben schneiden.
2 Die Gnocchi im heißen Rapsöl anbraten, Chorizo zugeben und mit anschwitzen. Den Rosenkohl unterschwenken. Mit Salz und Pfeffer würzen.

Basilikumgnocchi mit weißen Bohnen und Datteltomaten

Gratin

Hier wird der Meisterkoch zum Dachdecker.
»Alle Ziegel müssen sitzen«, sagt er.
»Nur wer die Kartoffelscheiben sauber fächert,
hat sein Fach gelernt.«
Dann werden sie im Ofen zur Hausmannskost
mit einem Dach aus Gold.

Kartoffelgratin

Für 4 Portionen: 2 Knoblauchzehen | 50 g Butter | 600 g vorwiegend festkochende Kartoffeln | 200 ml Milch | 200 ml Sahne | Salz | Pfeffer aus der Mühle | Muskatnuss | 50 g Emmentaler

1 Die Knoblauchzehen schälen und fein würfeln. Butter in einer Pfanne aufschäumen, die Knoblauchwürfel dazugeben und 2 Minuten ohne Farbe andünsten.

2 Eine flache Gratinform (ca. 20–24 cm Durchmesser) mit der Knoblauchbutter auspinseln.

3 Die Kartoffeln in einer Schüssel gründlich waschen, gut abtropfen lassen und schälen.

4 Kartoffeln in 3 mm dünne Scheiben schneiden oder hobeln.

5 Die Kartoffelscheiben fächerartig und flach in der Form verteilen.

TIPP Damit die Kartoffeln gleichmäßig gar werden, sollten nicht mehr als zwei Schichten aufeinanderliegen.

6 Milch und Sahne in einen Topf geben und aufkochen. Den Backofen auf 180° vorheizen (Umluft 160°).

7 Die Sahnemischung mit Salz, Pfeffer und frisch geriebener Muskatnuss sehr kräftig würzen.

8 Die heiße Sahnemischung gleichmäßig über die Kartoffeln gießen.

9 Den Emmentaler fein reiben und gleichmäßig auf die Kartoffelscheiben streuen.

TIPP Zu einem Kartoffelgratin passt eine kräftige Käsesorte. Außer Emmentaler eignen sich Appenzeller, Greyerzer oder Bergkäse.

10 Das Gratin im vorgeheizten Backofen auf der mittleren Schiene 50–60 Minuten überbacken.

TIPP Das Gratin ist fertig, wenn die Kartoffeln weich sind und die Flüssigkeit aufgesogen haben.

»Ein Augenschmaus – und wenn Sie alle Schritte genau befolgen, keine große Kunst.«

Kartoffel-Zucchini-Gratin

Kartoffelgratin »Himmel und Erde«

Ungarisches Kartoffelgratin

Kartoffel-Zucchini-Gratin

Für 4 Portionen: 2 Knoblauchzehen | 50 g Butter | 200 ml Sahne | 200 ml Milch | 2 Zweige Thymian | 300 g vorwiegend festkochende Kartoffeln | 2 Zucchini (ca. 300 g) | Salz | Pfeffer aus der Mühle | Muskatnuss | 50 g frisch geriebener Parmesan

1 Den Knoblauch schälen und fein würfeln. Butter in einer Pfanne aufschäumen und den Knoblauch darin 2 Minuten andünsten, ohne dass er braun wird. Sahne, Milch und abgezupfte Thymianblättchen in einem Topf aufkochen und 20 Minuten ziehen lassen. Eine flache Gratinform (20–24 cm Durchmesser) mit der Knoblauchbutter auspinseln.
2 Die Kartoffeln waschen, schälen und in 3 mm dünne Scheiben schneiden oder hobeln. Zucchini waschen und ebenfalls in dünne Scheiben hobeln. Kartoffel- und Zucchinischeiben abwechselnd fächerartig und flach in der Form verteilen. Den Backofen auf 180° vorheizen (Umluft 160°).
3 Die Sahnemischung mit Salz, Pfeffer und frisch gemahlener Muskatnuss sehr kräftig würzen und gleichmäßig über die Kartoffel- und Zucchinischeiben gießen. Den Parmesan darüberstreuen. Das Gratin im vorgeheizten Backofen auf der mittleren Schiene 50–60 Minuten garen.

Kartoffelgratin »Himmel und Erde«

Für 4 Portionen: 2 Knoblauchzehen | 50 g Butter | 200 ml Sahne | 200 ml Milch | 2 Zweige Majoran | 200 g vorwiegend festkochende Kartoffeln | 200 g süße Äpfel | 200 g feste Blutwurst | Salz | Pfeffer aus der Mühle | Muskatnuss | 50 g Emmentaler

1 Den Knoblauch schälen und fein würfeln. Butter in einer Pfanne aufschäumen und den Knoblauch darin 2 Minuten andünsten, ohne dass er braun wird. Sahne, Milch und abgezupfte Majoranblättchen in einem Topf aufkochen und 20 Minuten ziehen lassen. Eine flache Gratinform (20–24 cm Durchmesser) mit der Knoblauchbutter auspinseln.
2 Kartoffeln waschen, schälen und in 3 mm dünne Scheiben schneiden oder hobeln. Die Äpfel waschen, das Kerngehäuse ausstechen. Äpfel in dünne Scheiben schneiden. Blutwurst pellen und ebenfalls in dünne Scheiben schneiden. Kartoffel-, Apfel- und Blutwurstscheiben abwechselnd fächerartig und flach in der Form verteilen. Den Backofen auf 180° vorheizen (Umluft 160°).
3 Sahnemischung mit Salz, Pfeffer und frisch geriebener Muskatnuss sehr kräftig würzen und gleichmäßig über die Scheiben gießen. Emmentaler fein reiben und darüberstreuen. Das Gratin im vorgeheizten Backofen auf der mittleren Schiene 50–60 Minuten garen.

Ungarisches Kartoffelgratin

Für 4–6 Portionen: 800 g kleine festkochende Kartoffeln | 1 kleine Zwiebel | 2 Knoblauchzehen | 100 g Butter | 2–3 TL edelsüßes Paprikapulver | Salz | Pfeffer aus der Mühle | 300 ml Gemüse- oder Geflügelfond (Glas) | 1 EL Tomatenmark | 3 Zweige Thymian | 2 Lorbeerblätter

1 Die Kartoffeln waschen, schälen und in etwa 3 mm dicke Scheiben schneiden bzw. hobeln. Zwiebel und Knoblauch schälen, fein würfeln und in 50 g zerlassener Butter andünsten. Mit 1 TL Paprikapulver würzen. Kartoffeln zur Zwiebel-Knoblauch-Mischung geben und mit Salz und Pfeffer würzen. Den Backofen auf 180° vorheizen (Umluft 160°).
2 Den Gemüsefond mit Tomatenmark und 1–2 TL Paprikapulver verquirlen. Thymian abbrausen, Blättchen abzupfen und hacken. Kartoffelmischung flach in einer Gratinform (20–24 cm Durchmesser) verteilen und den Gemüsefond darübergießen. Mit Thymian bestreuen, Lorbeerblätter darauflegen. 50 g Butter in Flöckchen darauf verteilen.
3 Das Gratin im vorgeheizten Backofen auf der mittleren Schiene etwa 1 Stunde garen, bis alle Flüssigkeit aufgesogen ist. Lorbeerblätter entfernen und das Gratin sofort servieren.

Süße Kartoffelgratins

Für 4 Portionen: 1 Vanilleschote | 200 ml Sahne | 100 g Zucker | 500 g mittelgroße festkochende Kartoffeln | Butter für die Förmchen | 1 Rezept Brombeersorbet (siehe Seite 376) | geröstete Mandeln zum Bestreuen | Puderzucker zum Bestäuben

1 Die Vanilleschote längs aufschlitzen, das Mark mit einem Messerrücken herausschaben. Die Sahne mit Zucker und Vanillemark aufkochen. Kartoffeln schälen und mit einem Gemüsehobel in etwa 2 mm dünne Scheiben hobeln. Den Backofen auf 200° vorheizen (Umluft 180°).
2 Vier kleine Gratinformen (à ca. 12 cm Durchmesser) mit Butter einfetten. Kartoffelscheiben rosettenartig darin verteilen. Vanillesahne darübergießen und die Gratins im vorgeheizten Backofen auf der mittleren Schiene in 25–30 Minuten goldbraun backen.
3 Die Gratins aus dem Ofen nehmen, je 1 große Kugel Brombeer-Sorbet daraufsetzen und mit gerösteten Mandeln bestreuen. Die Gratins mit Puderzucker bestäuben und sofort servieren.

Süße Kartoffelgratins

Gulasch

Das Tolle an Gulasch ist, dass es einem nicht übel nimmt,
wenn man zwischendurch mal verschwindet
und so schnell nicht wiederkommt.
Im Gegenteil: Je länger man weg war, umso verführerischer
zeigt es sich von seiner zarten Seite.
Und die Tränen vom vielen Zwiebelschälen sind dann auch vergessen.
Aber auch wer's eilig hat, kommt auf seine Kosten:
Dem Klassiker folgen noch ein paar schnelle Varianten,
bei denen keine lange schmoren muss.

Rindergulasch

Für 4–6 Portionen: 1 kg Rindfleisch (aus der Wade oder Schulter) | 800 g Zwiebeln | 2 Knoblauchzehen | 2–3 EL Butterschmalz | 2 EL Tomatenmark | 2–3 EL Weißweinessig | 15–30 g edelsüßes Paprikapulver (nach Belieben) | 400 ml Rinderfond (Glas) | 2 Lorbeerblätter | Salz | Pfeffer aus der Mühle

1 Das Rindfleisch in große Würfel schneiden.

TIPP Das Gulasch wird langsam und zugedeckt im Backofen geschmort. Deshalb kann man das Fleisch ruhig grob würfeln, es wird gar und zart.

2 Die Zwiebeln schälen und würfeln. Die Knoblauchzehen schälen und fein würfeln.

3 Das Butterschmalz in einem großen Bräter erhitzen. Die Zwiebelwürfel zufügen und andünsten.

4 Dann die Knoblauchwürfel dazugeben. Alles etwa 30 Minuten unter gelegentlichem Rühren dünsten, bis die Zwiebeln goldbraun geschmort sind.

5 In der Zwischenzeit die anderen Zutaten bereitstellen. Den Backofen auf 160° vorheizen.

»Über mein Gulasch sollen Sie sich freuen und nicht weinen. Deshalb zwei Tipps gegen Tränen: große, dicke Zwiebeln nehmen, die sind milder, nicht so scharf. Und fürs Schälen und Schneiden ein scharfes Messer verwenden, damit kein Saft herausgequetscht wird.«

6 Tomatenmark, Weißweinessig und Paprikapulver in eine Schüssel geben. Den Rinderfond dazugießen und alles zu einer glatten leicht flüssigen Paste verrühren.

7 Über die Zwiebel-Knoblauch-Mischung gießen und alles gut miteinander vermengen.

8 Die Fleischwürfel darauf verteilen. Die Lorbeerblätter dazugeben.

9 Bei geschlossenem Deckel im vorgeheizten Backofen auf der mittleren Schiene 2–2½ Stunden schmoren. Dabei die Fleischstücke gelegentlich wenden. Mit Salz und Pfeffer abschmecken.

TIPP Für eine sämigere Sauce nach dem Schmoren die Fleischstücke herausnehmen und die Sauce mit den Zwiebeln pürieren. Nach Geschmack mit 100 ml Rotwein verfeinern.

Kürbis-Bratwurst-Gulasch

Für 4–6 Portionen: 500 g Muskatkürbis | 500 g Zwiebeln | 2 Knoblauchzehen | 4 dicke Rostbratwürste | 2 EL Butterschmalz | 2 EL Tomatenmark | 2–3 EL Weißweinessig | 15–30 g edelsüßes Paprikapulver (nach Belieben) | 400 ml Rinderfond (Glas) | 3–4 Zweige Thymian | Salz | Pfeffer aus der Mühle

1 Den Kürbis schälen, entkernen und in große Würfel schneiden. Zwiebeln und Knoblauch schälen und fein würfeln. Bratwürste in 2 cm dicke Stücke schneiden. Butterschmalz in einem großen Bräter erhitzen. Zwiebeln hineingeben und darin andünsten, Knoblauch dazugeben. Alles etwa 30 Minuten unter gelegentlichem Rühren dünsten, bis die Zwiebeln goldbraun sind. In den letzten 5 Minuten die Bratwurststücke dazugeben. Den Backofen auf 180° vorheizen.

2 In der Zwischenzeit Tomatenmark, Weißweinessig und Paprikapulver mit dem Rinderfond zu einer glatten Paste verrühren und mit den Zwiebeln und Kürbiswürfeln mischen. Die Thymianblättchen von den Stielen zupfen und darüberstreuen. Das Gulasch bei geschlossenem Deckel im vorgeheizten Backofen auf der mittleren Schiene 30–45 Minuten schmoren. Mit Salz und Pfeffer abschmecken.

Kartoffel-Pilz-Gulasch

Für 4–6 Portionen: 800 g kleine festkochende Kartoffeln 500 g Zwiebeln | 2 Knoblauchzehen | 2 EL Butterschmalz 2 EL Tomatenmark | 15–30 g edelsüßes Paprikapulver (nach Belieben) | 400 ml Gemüsefond (Glas) | 500 g gemischte Pilze (z. B. Steinpilze, Pfifferlinge, Champignons) 50 g Butter | Salz Pfeffer aus der Mühle | 4 Stängel glatte Petersilier | 2–3 EL Weißweinessig

1 Die Kartoffeln schälen und in große Würfel schneiden. Zwiebeln und Knoblauch schälen und fein würfeln. Butterschmalz in einem großen Bräter erhitzen. Zwiebeln hineingeben und darin andünsten. Den Knoblauch zufügen. Alles etwa 30 Minuten unter gelegentlichem Rühren dünsten, bis die Zwiebeln goldbraun sind. Den Backofen auf 180° vorheizen.

2 In der Zwischenzeit Tomatenmark und Paprikapulver mit dem Gemüsefond zu einer glatten Paste verrühren und zu den Zwiebeln geben. Kartoffelwürfel untermischen. Das Gulasch bei geschlossenem Deckel im vorgeheizten Backofen auf der mittleren Schiene 30–40 Minuten schmoren.

3 Inzwischen die Pilze putzen und je nach Größe halbieren oder vierteln. Butter in einer Pfanne erhitzen, Pilze darin anbraten, mit Salz und Pfeffer würzen. Die Petersilie abbrausen, trocken schütteln und die Blätter fein hacken. Pilze unter das fertige Gulasch mischen, mit Salz, Pfeffer und nach Belieben mit Weißweinessig abschmecken und mit der Petersilie bestreuen.

Hollandaise

Spargel, König unter den Gemüsen!
Mit Sauce hollandaise, seiner bevorzugten Begleitung,
gibt er sich bürgernah.
Ohne sie könnte er das Genießer-Volk nicht regieren.
Außer mit König Spargel lässt sich die Hollandaise aber
auch gern mit Fisch, Fleisch und Geflügel ein.
Was macht sie so begehrenswert?
»Fragen Sie Herrn Lafer«, sprach sie fließend,
»der lässt sich nicht lumpen und mich deshalb nicht klumpen.«

Hollandaise

**Für 4 Portionen: 2–3 Schalotten | 10 schwarze Pfefferkörner
4 EL Weißweinessig | 325 g Butter | 4 frische Eier | Salz
Cayennepfeffer | Saft von ½ Zitrone**

1 100 ml Wasser abmessen. Die Schalotten schälen und klein würfeln. Die Pfefferkörner mit einer flachen Messerklinge zerdrücken.

TIPP Mit einem großen schweren Küchenmesser haben Sie genug Gewicht und Kraft, um die harten Körner zu hacken.

2 Das Wasser mit den Schalotten, Pfefferkörnern, Weißweinessig in einem Topf aufkochen und auf ein Drittel einkochen.

3 Die Butter in Würfel schneiden und bei mittlerer Hitze schmelzen, bis die Molkereste zu Boden sinken und die Butter klar wird.

4 Die Butter durch ein feines Sieb in einen Messbecher gießen.

TIPP Vorsichtig gießen, damit die abgesetzte Molke auch wirklich im Topf zurückbleibt.

5 Die Eier trennen.

TIPP So wird's gemacht: die Eierschale in der Mitte an einer scharfen Kante (z.B. Topfrand) anschlagen und mit den Daumen auseinanderziehen. Dann das Eigelb von einer Schalenhälfte in die andere bewegen und dabei das Eiweiß in ein Gefäß ablaufen lassen. Wer sich das nicht zutraut: einen Eiertrenner verwenden (gibt's im Haushaltswarengeschäft)

6 Die inzwischen lauwarme Schalotten-Reduktion durch ein Sieb in eine große Schlagschüssel gießen und die Eigelbe zufügen.

7 Die Schüssel auf ein heißes Wasserbad (75–80°) stellen und mit einem Schneebesen zu einem dick-cremigen Schaum aufschlagen.

8 Die Schüssel vom Herd nehmen, die geklärte Butter zunächst tröpfchenweise, dann in dünnem Strahl unter die Eigelbe schlagen.

9 Die Hollandaise mit Salz, Cayennepfeffer und Zitronensaft abschmecken und sofort servieren.

TIPP Für eine superschnelle Hollandaise: Die Butter nicht klären, sondern weiche Butterstückchen unterschlagen.

*»Ich weiß, vor der Hollandaise haben viele Angst,
sie könnte klumpen, gerinnen, zu dick werden oder zu dünn.
Wenn Sie es mir aber, wie hier beschrieben,
Schritt für Schritt nachmachen, dann wird's eine feine Sache,
dann gelingt sie garantiert.«*

Kräuter-Hollandaise

Tomaten-Basilikum-Hollandaise | Honig-Senf-Hollandaise

Kräuter-Hollandaise

Für 4 Portionen: 1 Schalotte | 8 schwarze Pfefferkörner | 3 EL Weißweinessig | 250 g Butter | 100 g gemischte frische Kräuter (z. B. glatte Petersilie, Kerbel, Dill, Estragon, Schnittlauch) | 3 frische Eier (Größe M) | Salz | Cayennepfeffer | Saft von ½ Zitrone

1 Die Schalotte schälen und klein würfeln. Pfefferkörner mit einem Messer zerdrücken. Schalotte, Pfefferkörner und Weißweinessig mit 75 ml Wasser aufkochen und auf ein Drittel einkochen. Lauwarm abkühlen lassen. Butter würfeln und bei mittlerer Hitze schmelzen, bis die Molke zu Boden sinkt und die Butter klar wird. Durch ein feines Sieb in einen Messbecher gießen, die Molke zurücklassen.
2 Die Kräuter abbrausen und trockenschütteln. Blätter von den Stielen zupfen und fein hacken. Die Eier trennen. Die lauwarme Schalotten-Reduktion durch ein Sieb in eine große Schlagschüssel gießen und die Eigelbe zufügen. Die Schüssel auf ein heißes Wasserbad (75–80°) stellen und mit einem Schneebesen zu einem dick-cremigen Schaum aufschlagen.
3 Vom Herd nehmen, die geklärte Butter zunächst tröpfchenweise, dann in dünnem Strahl unterschlagen. Die Hollandaise mit Salz, Cayennepfeffer und Zitronensaft abschmecken, Kräuter unterrühren und sofort servieren.

Honig-Senf-Hollandaise

Für 4 Portionen: 1 Schalotte | 8 schwarze Pfefferkörner | 3 EL Weißweinessig | 250 g Butter | 3 frische Eier (Größe M) | Salz | Cayennepfeffer | Saft von ½ Zitrone | 2 EL körniger Senf | 1 EL flüssiger Honig

1 Schalotte schälen und klein würfeln. Pfeffer mit einem Messer zerdrücken. Schalotte, Pfefferkörner und Weißweinessig mit 75 ml Wasser aufkochen und auf ein Drittel einkochen. Lauwarm abkühlen lassen.
2 Die Butter in Würfel schneiden und bei mittlerer Hitze schmelzen, bis die Molke zu Boden sinkt und die Butter klar wird. Durch ein feines Sieb in einen Messbecher gießen, dabei die Molke zurücklassen. Die Eier trennen. Die lauwarme Schalotten-Reduktion durch ein Sieb in eine große Schlagschüssel gießen und die Eigelbe zufügen. Die Schüssel auf ein heißes Wasserbad (75–80°) stellen und mit einem Schneebesen zu einem dick-cremigen Schaum aufschlagen.
3 Vom Herd nehmen, die geklärte Butter zunächst tröpfchenweise, dann in dünnem Strahl unterschlagen. Die Hollandaise mit Salz, Cayennepfeffer und Zitronensaft abschmecken. Senf und Honig unterrühren und sofort servieren.

Tomaten-Basilikum-Hollandaise

Für 4 Portionen: 1 Schalotte | 8 schwarze Pfefferkörner | 3 EL Weißweinessig | 4 sehr reife Tomaten | 4 Zweige Basilikum | 250 g Butter | 3 frische Eier (Größe M) | Salz | Cayennepfeffer | Saft von ½ Zitrone | 1 EL Tomatenmark

1 Schalotte schälen und klein würfeln. Pfeffer mit einem Messer zerdrücken. Schalotte, Pfefferkörner und Weißweinessig mit 75 ml Wasser aufkochen und auf ein Drittel einkochen. Lauwarm abkühlen lassen. Die Tomaten auf der runden Seite kreuzweise einschneiden, mit kochendem Wasser überbrühen, häuten, entkernen und fein würfeln. Basilikumblätter abzupfen und hacken.
2 Die Butter in Würfel schneiden und bei mittlerer Hitze schmelzen, bis die Molke zu Boden sinkt und die Butter klar wird. Durch ein feines Sieb in einen Messbecher gießen, die Molke zurücklassen. Die Eier trennen. Die lauwarme Schalotten-Reduktion durch ein Sieb in eine große Schlagschüssel gießen und die Eigelbe zufügen. Die Schüssel auf ein heißes Wasserbad (75–80°) stellen und mit einem Schneebesen zu einem dick-cremigen Schaum aufschlagen.
3 Vom Herd nehmen, die geklärte Butter zunächst tröpfchenweise, dann in dünnem Strahl unterschlagen. Die Hollandaise mit Salz, Cayennepfeffer und Zitronensaft abschmecken. Tomatenmark, Tomatenwürfel und Basilikum unterrühren und sofort servieren.

Safran-Orangen-Hollandaise

Für 4 Portionen: 2 Bio-Orangen | 0,5 g Safranfäden | 1 Schalotte | 8 schwarze Pfefferkörner | 3 EL Weißweinessig | 250 g Butter | 3 frische Eier (Größe M) | Salz | Cayennepfeffer | Saft von ½ Zitrone | 2 Zweige Estragon

1 Die Orangen heiß abspülen. Die Schale von 1 Orange fein abreiben, von beiden Orangen den Saft auspressen. Orangensaft, -schale und Safran in einem kleinen Topf auf 50 ml einkochen lassen. Schalotte schälen und klein würfeln. Pfeffer grob hacken. Schalotte, Pfefferkörner und Weißweinessig mit 75 ml Wasser aufkochen und auf ein Drittel einkochen. Lauwarm abkühlen lassen.
2 Die Butter in Würfel schneiden und bei mittlerer Hitze schmelzen, bis die Molke zu Boden sinkt und die Butter klar wird. Durch ein feines Sieb in einen Messbecher gießen, dabei die Molke zurücklassen. Die Eier trennen. Die lauwarme Schalotten-Reduktion durch ein Sieb in eine große Schlagschüssel gießen und die Eigelbe zufügen. Die Schüssel auf ein heißes Wasserbad (75–80°) stellen und mit einem Schneebesen zu einem dick-cremigen Schaum aufschlagen.
3 Vom Herd nehmen, die geklärte Butter zunächst tröpfchenweise, dann in dünnem Strahl unterschlagen. Die Hollandaise mit Salz, Cayennepfeffer und Zitronensaft abschmecken. Reduzierten Orangensaft und gehackten Estragon unterrühren und sofort servieren.

Safran-Orangen-Hollandaise

Kartoffelsalat

In Süddeutschland und Österreich kriegt er Saures mit Essig und Öl,
die Norddeutschen macht er satt und zufrieden mit Mayonnaise.
Jeder mag den Klassiker anders angemacht.
So wie in der Schüssel rechts macht er alle an.
Da wird die Schüssel der Schlüssel zum Glück.

Kartoffelsalat

Für 4 Portionen: 800 g festkochende Kartoffeln | 100 g durchwachsener Speck (in Scheiben) | 2 Zwiebeln | 50 g Butter | 50 ml Weißweinessig 150 ml kräftige Brühe | 1 EL mittelscharfer Senf | 50 ml Sonnenblumenöl Salz | Pfeffer aus der Mühle | 3 Stängel glatte Petersilie

1 Die Kartoffeln am Vortag waschen und in einen Topf geben.

2 Die Kartoffeln knapp mit Wasser bedecken und bei geschlossenem Deckel einmal aufkochen lassen. Hitze reduzieren und die Kartoffeln darin nicht zu weich garen. Abgießen und über Nacht auskühlen lassen.

TIPP Ausgekühlte Kartoffeln lassen sich leichter schälen und die Scheiben fallen nicht auseinander.

3 Die Kartoffeln schälen.

TIPP Das geht am leichtesten mit einem Küchenmesser mit kurzer gebogener glatter Klinge.

4 Kartoffeln in 3 mm dicke Scheiben hobeln oder schneiden und in eine Schüssel geben.

TIPP Wenn Sie die Kartoffeln mit dem Messer schneiden: Die Klinge zwischendurch unter Wasser halten – dann kleben die Scheiben nicht an.

5 Speck und geschälte Zwiebeln klein würfeln. Butter in einer Pfanne erhitzen, Speck darin goldbraun anbraten. Zwiebeln zugeben und 3 Minuten andünsten.

6 Mit dem Weißweinessig und der Brühe ablöschen.

TIPP Geben sie den Essig nach und nach zu. Je nach verwendeter Sorte werden Sie mehr oder weniger brauchen.

7 Senf zugeben und unterrühren. Die Marinade 3 Minuten bei reduzierter Hitze köcheln lassen.

8 Anschließend das Öl unter Rühren einlaufen lassen.

9 Die heiße Marinade über die Kartoffelscheiben geben. Alles gut vermischen.

TIPP Die warme Marinade gibt dem Kartoffelsalat eine leichte Bindung, er wird »schlotzig«.

10 Den Salat mit Salz und Pfeffer abschmecken und mindestens 2 Stunden ziehen lassen. Die Petersilie abbrausen, trocken schütteln und die Blättchen hacken. Zuletzt unter den Salat mischen.

»Armer Kartoffelsalat! Was hat man nicht schon alles mit ihm gemacht. Ich bereite ihn gern etwas moderner und leicht zu. Das trifft jedermanns Geschmack.«

Cremiger Kartoffelsalat

Kartoffel-Radieschen-Salat

Kartoffel-Radieschen-Salat

Für 4 Portionen: 600 g festkochende Kartoffeln (am Vortag gekocht) | 2 rote Zwiebeln | 2 Weißwürste | 1 Bund Radieschen | 50 g Butter | 50 ml Weißweinessig | 150 ml kräftige Brühe | 1 EL süßer Senf | 50 ml Sonnenblumenöl | Salz Pfeffer aus der Mühle | ½ Bund Schnittlauch

1 Die gekochten und ausgekühlten Kartoffeln in 3 mm dicke Scheiben hobeln oder schneiden und in eine Schüssel geben. Zwiebeln schälen und klein würfeln. Weißwürste pellen und in Scheiben schneiden. Radieschen putzen, waschen und in dünne Scheiben schneiden.
2 Butter in einer Pfanne erhitzen, Zwiebeln und Weißwurstscheiben darin anbraten und zu den Kartoffeln geben. Essig und Brühe in die Pfanne gießen, Senf unterrühren und 3 Minuten bei reduzierter Hitze köcheln lassen. Dann das Öl unter Rühren einlaufen lassen.
3 Die heiße Marinade über die Kartoffelscheiben geben. Alles gut vermischen. Den Salat mit Salz und Pfeffer abschmecken. Radieschen unterheben und den Salat mindestens 2 Stunden ziehen lassen. Schnittlauch in feine Röllchen schneiden und zuletzt unter den Salat mischen.

Cremiger Kartoffelsalat

Für 4 Portionen: 600 g festkochende Kartoffeln (am Vortag gekocht) | 2 Schalotten | 3 Gewürzgurken ½ Grundrezept Mayonnaise (Seite 220/221) | 50 g Vollmilch-Joghurt | 2 EL Weißweinessig | Salz | weißer Pfeffer aus der Mühle | 4 Eier (Größe M) | 1 Beet Gartenkresse

1 Die gekochten und ausgekühlten Kartoffeln in 3 mm dicke Scheiben hobeln oder schneiden und in eine Schüssel geben. Schalotten schälen und klein würfeln. Gewürzgurken in dünne Scheiben schneiden. Beides zu den Kartoffeln geben.
2 Die Mayonnaise mit Joghurt und Essig mischen und über die Kartoffeln verteilen. Mit Salz und Pfeffer würzen und gut mischen. Kartoffelsalat 2 Stunden ziehen lassen. Eier 7 Minuten in kochendem Wasser garen, abschrecken, pellen und vierteln. Den Kartoffelsalat mit den geviertelten Eiern und der Kresse anrichten.

Steirischer Kartoffel-Gurken-Salat

Für 4 Portionen: 600 g festkochende Kartoffeln (am Vortag gekocht) | 1 Salatgurke | Salz | 50 g Kürbiskerne 100 g durchwachsener Speck | 2 Zwiebeln | 50 g Butter 50 ml Weißweinessig | 150 ml kräftige Brühe | 1 EL mittelscharfer Senf | 30 ml Sonnenblumenöl | Pfeffer aus der Mühle | 20 ml Kürbiskernöl | 50 g Brunnenkresse

1 Die gekochten und ausgekühlten Kartoffeln in 3 mm dicke Scheiben hobeln oder schneiden und in eine Schüssel geben. Die Gurke schälen, halbieren und die Kerne mit einem Löffel entfernen. Gurkenhälften in Scheiben schneiden und mit 2 Prisen Salz in einer Schüssel mischen. Kürbiskerne ohne Fett in einer Pfanne rösten. Speck und geschälte Zwiebeln klein würfeln.
2 Butter in einer Pfanne erhitzen, Speck darin goldbraun anbraten, Zwiebeln zugeben und 3 Minuten andünsten. Mit Essig und Brühe ablöschen, Senf unterrühren und 3 Minuten bei reduzierter Hitze köcheln lassen. Dann das Sonnenblumenöl unter Rühren einlaufen lassen. Die heiße Marinade über die Kartoffelscheiben geben. Alles gut vermischen.
3 Den Salat mit Salz und Pfeffer abschmecken. Kürbiskernöl, abgetropfte Gurkenscheiben und Kürbiskerne unterrühren und den Salat mindestens 2 Stunden ziehen lassen. Brunnenkresseblätter von den Stielen zupfen und vor dem Servieren unter den Salat mischen.

Klöße

Bei Klößen wird gelogen, dass sich die Knödel biegen.
Immer heißt es »selbst gemacht«,
und wenn sie zehnmal aus der Packung kommen.
Wahre Größe aber zeigt, wer zu seinen Taten steht.
Wir stehen dazu
und zeigen wahre Klöße.

Kartoffelklöße

Für 10–12 Stück: 900 g mehligkochende Kartoffeln | 3 Eigelbe (Größe M) 75 g Speisestärke | 50 g flüssige Butter | Salz | Muskatnuss | Mehl zum Bearbeiten

1 Kartoffeln gründlich waschen und knapp mit Wasser bedeckt weich kochen. Kartoffeln abgießen. Den Backofen auf 150° vorheizen (Umluft 130°).

TIPP Für Klöße immer mehligkochende Kartoffeln verwenden. Nur sie liefern die gute Bindung.

2 Die Kartoffeln heiß pellen und in eine Auflaufform geben. Im vorgeheizten Backofen 10–15 Minuten ausdämpfen lassen

TIPP Sie können die Kartoffeln auch direkt im Backofen garen. Wie Ofenkartoffeln in Alufolie wickeln und bei 200° (Umluft 180°) auf dem Rost im Backofen je nach Größe 45–60 Minuten backen. Mit einem spitzen Messer prüfen, ob sie weich sind. Durch das Backen verlieren die Kartoffeln mehr Flüssigkeit und die Klöße werden schön locker.

3 Dann die Kartoffeln durch eine Kartoffelpresse in eine Schüssel drücken.

4 Die Masse noch einmal durch die Kartoffelpresse drücken.

TIPP Durch das zweimalige Pressen bekommt der Kartoffelteig eine angenehme glatte Konsistenz.

5 Die Eigelbe leicht verquirlen und zu den Kartoffeln geben.

6 Die Speisestärke auf den Kartoffeln und den Eigelben verteilen.

7 Die flüssige Butter einlaufen lassen.

TIPP Eigelbe, Stärke und Butter zügig zu den Kartoffeln geben, damit sie gut von den warmen Kartoffeln aufgenommen werden.

8 Alles gründlich mischen und mit 1 TL Salz und frisch geriebener Muskatnuss würzen.

9 Den Kartoffelteig auf einer bemehlten Arbeitsfläche zu einer etwa 5 cm dicken Rolle formen und in 10–12 gleichmäßige Stücke schneiden. Mit angefeuchteten Händen zu runden Klößen formen.

10 Reichlich Salzwasser in einem großen flachen Topf zum Kochen bringen. Die Klöße hineingeben und die Hitze reduzieren. Die Klöße 10–12 Minuten ziehen lassen. Wenn sie an der Oberfläche schwimmen, mit einer Schaumkelle herausnehmen.

»Viele glauben, dass Klöße aus der Tüte kommen und kennen die echten gar nicht mehr. Doch nur die sind für mich eine runde Sache!«

Süße Kartoffelklöße mit Zwetschgenröster

Für 4 Portionen: 400 g Zwetschgen | 50 g Zucker | 300 ml Rotwein | 1 Vanilleschote | 1 Zimtstange | 1 EL Speisestärke
Klöße: 900 g mehligkochende Kartoffeln | 3 Eigelbe (Größe M) | 75 g Speisestärke | 50 g flüssige Butter | Salz | Mehl zum Bearbeiten | 25 g Zucker | 100 g Butter | 80 g Semmelbrösel | 2 EL Vanillezucker | ½ TL Zimtpulver | Puderzucker zum Bestäuben

1 Für den Zwetschgenröster die Zwetschgen waschen, halbieren und entsteinen. Zucker in einem Topf goldgelb karamellisieren, mit dem Rotwein ablöschen und bei mittlerer Hitze köcheln lassen, bis sich der Zucker wieder gelöst hat. Die Vanilleschote längs halbieren, das Mark mit einem Messerrücken herauskratzen (für die Kartoffelmasse aufbewahren). Die ausgekratzte Vanilleschote, Zimtstange und Zwetschgen dazugeben und weitere 5 Minuten köcheln lassen. Den Sud mit der in kaltem Wasser angerührten Speisestärke binden und das Ragout abkühlen lassen.
2 Die Kloßmasse wie im Grundrezept auf Seite 190/191 beschrieben zubereiten und mit dem ausgekratzten Mark der Vanilleschote und dem Zucker würzen. Wie beschrieben 10–12 Klöße formen und garen.
3 Butter in einer Pfanne schmelzen. Semmelbrösel dazugeben und bei mittlerer Hitze goldbraun rösten. Mit Vanillezucker und Zimt würzen und die fertig gegarten Klöße darin wälzen. Die Knödel auf dem Zwetschgenröster anrichten (Zimtstange und Vanilleschote entfernen) und mit Puderzucker bestäuben.

Krustenbraten

Wer wohl alles »hier« schreit,
wenn noch eine zweite Portion angeboten wird?
Dreimal dürfen Sie braten!

Krustenbraten

Für 6 Portionen: 1½–2 kg Spanferkelrücken ohne Knochen (evtl. beim Metzger vorbestellen) | Salz | Pfeffer aus der Mühle | 2 mittelgroße Möhren | ¼ Knollensellerie | 1 Stange Lauch | 2 Zwiebeln | 1 l Dunkelbier

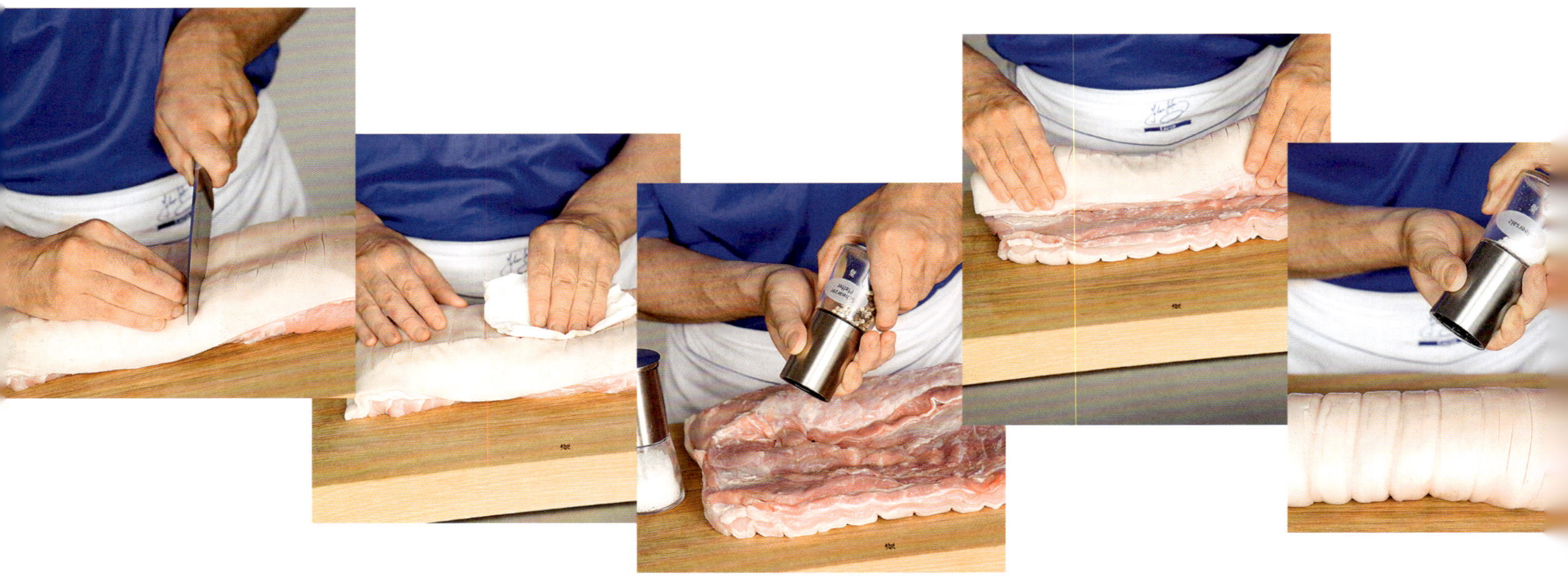

1 Den Spanferkelrücken über Nacht nicht abgedeckt in den Kühlschrank stellen. Die Schwarte am nächsten Tag mit einem sehr scharfen Messer (oder Rasierklinge) im Abstand von 1 cm einritzen. Dabei nicht in das Fleisch schneiden.

TIPP Die Schwarte trocknet über Nacht etwas aus. Sie lässt sich dann leichter einschneiden und wird beim Braten knusprig.

2 Die Schwarte mit Küchenpapier gut trocken tupfen.

3 Den Rücken umdrehen und die Fleischseite mit Salz und Pfeffer würzen.

4 Den Spanferkelrücken locker aufrollen.

TIPP Für eine gleichmäßige Form können Sie den Rücken auch mit Küchengarn zusammenbinden.

5 Die Schwarte großzügig salzen. Den Backofen auf 230° vorheizen (Umluft 210°).

TIPP Durch das Salz trocknet die Schwarte beim Braten noch mehr aus und wird besonders knusprig.

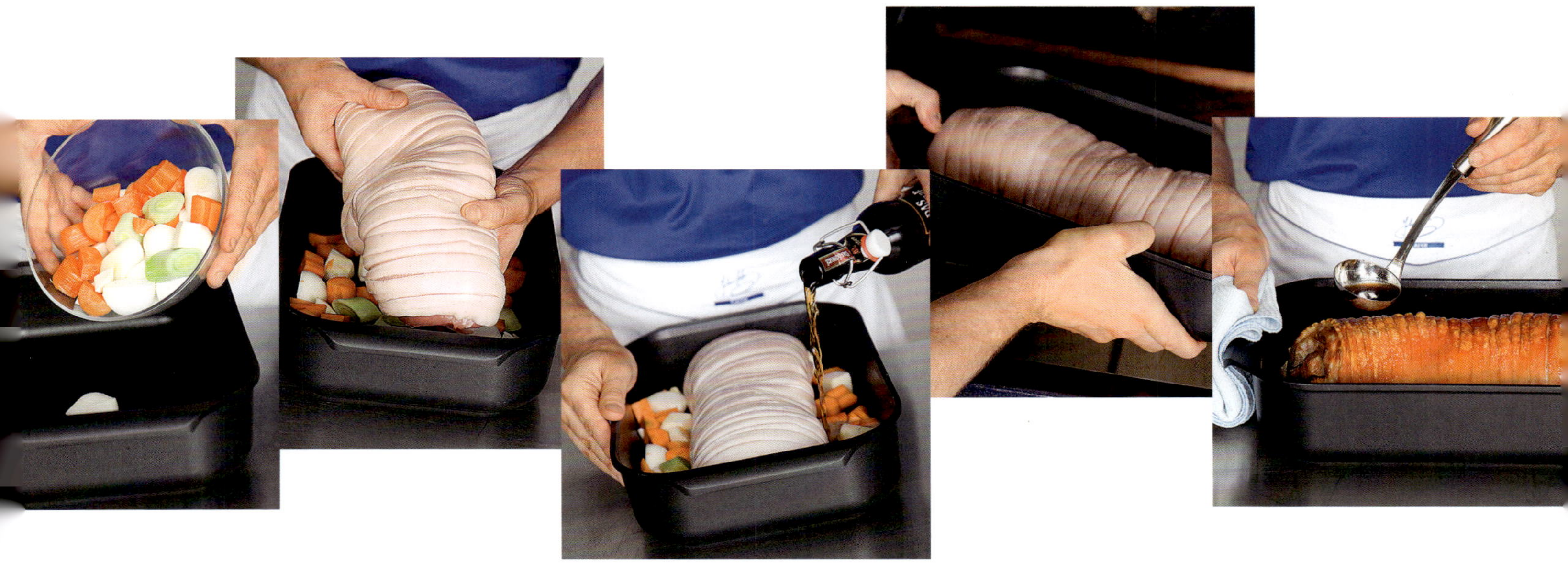

6 Das Gemüse schälen bzw. putzen, waschen und in walnussgroße Stücke schneiden. In einem entsprechend großen Bräter verteilen.

7 Den Spanferkelrücken mit der Schwarte nach oben auf das Gemüse legen.

8 Das Dunkelbier auf das Gemüse gießen.

9 Den Spanferkelrücken im vorgeheizten Backofen auf der mittleren Schiene 30 Minuten braten. Dann die Temperatur auf 180° herunterschalten und den Rücken weitere 2–2½ Stunden braten (Umluft 160°).

10 Während des Bratens den Rücken immer wieder mit dem Bratensaft übergießen, damit eine schöne dunkle Kruste entsteht. Den Braten herausnehmen. Den Bratensaft durch ein Sieb gießen, auffangen und nach Belieben zum Krustenbraten servieren.

*»Mehr Schwein kann man mit Schwein nicht haben.
Und eine köstlichere Kruste auch nicht …«*

Asiatischer Schweinebauch

Für 6 Portionen: 1,4-1,6 kg Schweinebauch | Salz | Pfeffer aus der Mühle | 2 mittelgroße Möhren | ¼ Knollensellerie 1 Stange Lauch | 50 g frischer Ingwer | 1 TL Korianderkörner | 2 Stängel Zitronengras | 1 kleine rote Chilischote 800 ml Geflügelfond (Glas) | 100 ml Sojasauce | 3 EL flüssiger Honig | 2 EL Sesamöl | 150 g Reisnudeln | 50 g Shiitake-Pilze | 4 Frühlingszwiebeln | 4 Stängel Koriandergrün

1 Den Schweinebauch über Nacht nicht abgedeckt im Kühlschrank trocknen lassen. Die Schwarte am nächsten Tag mit einem sehr scharfen Messer (oder Rasierklinge) im Abstand von 1 cm einritzen. Dabei nicht in das Fleisch schneiden. Das Fleisch gut trocken tupfen und mit Salz und Pfeffer würzen, die Schwarte dabei großzügig salzen. Den Backofen auf 230° vorheizen (Umluft 210°).
2 Das Gemüse schälen bzw. putzen, waschen und in walnussgroße Stücke schneiden. In einem entsprechend großen Bräter verteilen Den Ingwer schälen und in Scheiben schneiden. Korianderkörner in einem Mörser grob zerstoßen. Das Zitronengras in Stücke schneiden. Die Chilischote längs halbieren, entkernen, waschen und grob würfeln. Die Gewürze mit dem Geflügelfond mischen und auf das Gemüse gießen. Den Schweinebauch mit der Schwarte nach oben darauflegen.
3 Die Sojasauce, Honig und Sesamöl mischen und die Schwarte damit einpinseln. Den Schweinebauch im vorgeheizten Backofen auf der mittleren Schiene 30 Minuten braten. Dann die Temperatur auf 180° herunterschalten und den Schweinebauch weitere 2 ½ Stunden braten (Umluft 160°).
4 Während des Bratens immer wieder mit der Marinade bestreichen, damit eine schöne dunkle Kruste entsteht. Das Fleisch herausnehmen, den Bratensaft durch ein Sieb gießen und auffangen.
5 Reisnudeln nach Packungsanleitung garen und abgießen. Die Shiitake-Pilze putzen und vierteln. Frühlingszwiebeln putzen, waschen und in schräge Stücke schneiden. 200 ml Bratensaft in einer Pfanne aufkochen, das Gemüse 2 Minuten darin schwenken und unter die Reisnudeln mischen. Den Braten in Scheiben schneiden, mit den Gemüsenudeln und dem restlichen Bratensaft anrichten. Mit Koriandergrün garnieren.

Lasagne

Vor ein paar Seiten, beim Kartoffelgratin,
waren Sie als Dachdecker in der Lehre.
Bei Lasagne bildet der Meister Sie zum Plattenleger aus.
Dabei macht er Sie mit klassischen
und ganz neuen Mustern vertraut
und zeigt Ihnen, wie man
auf allen Etagen zurechtkommt.

Lasagne

Für 4 Portionen: 15–20 Lasagneblätter (ohne Vorkochen) | 1 Grundrezept Sauce bolognese (siehe Seite 22/23)
Béchamelsauce: 25 g Butter | 25 g Mehl | ½ l Milch Salz | weißer Pfeffer aus der Mühle Muskatnuss
Außerdem: 50 g zimmerwarme Butter für die Form | 50 g Parmesan zum Bestreuen
1 Auflaufform (ca. 15 × 20 cm)

1 Die Butter in einem Topf schmelzen. Das Mehl darin unter Rühren hell anschwitzen.

2 Die Milch dazugießen und mit dem Schneebesen glatt rühren.

3 Die Hitze reduzieren und die Sauce offen 8–10 Minuten köcheln lassen, dabei immer wieder rühren.

4 Die Sauce mit Salz, Pfeffer und frisch geriebener Muskatnuss würzen und durch ein feines Sieb gießen.

TIPP Wie Pfeffer sollten Sie auch die Muskatnuss nur frisch gerieben verwenden. Als Pulver verliert sie schnell an Aroma und Geschmack.

5 Die Auflaufform mit der Butter ausstreichen. Drei Nudelplatten in die Form legen.

TIPP Wenn Ihre Form größer und flacher ist, legen Sie jeweils 4 Nudelplatten hinein.

»Woher kommt eigentlich die Annahme, dass Lasagne eine kompakte, feste Angelegenheit sein muss, die man wie Kuchen in Stücke schneidet!? Für mich ist sie eine leichte, lockere – ja, sogar elegante Speise. Und so mache und mag ich sie auch.«

6 Ein Viertel der Sauce bolognese auf den Nudelplatten verteilen und glatt streichen.

7 Abwechselnd jeweils 3–4 Nudelplatten und jeweils ein Viertel der Sauce bolognese darauf schichten.

8 Die abschließende Nudelschicht mit der Béchamelsauce bedecken. Den Backofen auf 180° vorheizen (Umluft 160°).

TIPP Sie können die Béchamelsauce auch mit der Sauce bolognese zwischen den Nudelplatten verteilen. Die oberste Schicht muss aber Béchamelsauce sein!

9 Den Parmesan fein reiben und die Lasagne gleichmäßig damit bestreuen. Im vorgeheizten Backofen auf der mittleren Schiene 40–50 Minuten backen.

Lasagne mit Pesto und Büffelmozzarella

Kürbis-Lasagne

Spinat-Lachs-Lasagne

Kürbis-Lasagne

Für 4 Portionen: 400 g Hokkaido-Kürbis | 2 Zwiebeln 3 rohe grobe Bratwürste (z. B. ital. Salsiccia mit Fenchel 50 g Butterschmalz | Salz | Pfeffer aus der Mühle 1 Msp. Zimtpulver | 100 g Rucola | 250 g Schmant 100 ml Milch | Saft von ½ Zitrone | 50 g zimmerwarme Butter für die Form | 15–20 Lasagneblätter (ohne Vorkochen) | 1 Rezept Béchamelsauce (siehe Seite 204/205) 50 g geriebener Bergkäse

1 Kürbis waschen, entkernen, das Fruchtfleisch grob raspeln. Zwiebeln schälen und fein würfeln. Bratwürste in 1 cm dicke Scheiben schneiden. Butterschmalz in einer großen Pfanne erhitzen, Bratwürste darin anbraten, Zwiebeln mitdünsten. Kürbis untermischen, mit Salz, Pfeffer und Zimt würzen. Rucola putzen, waschen, trocken schütteln und fein hacken. Schmant, Milch und Rucola verrühren, mit Salz, Pfeffer und Zitronensaft würzen. Backofen auf 180° vorheizen (Umluft 160°).
2 Eine flache Auflaufform (etwa 15 × 25 cm) mit der Butter ausstreichen. 3–4 Lasagneblätter in die Form legen. Ein Viertel des Rucolaschmants auf die Lasagneblätter streichen, mit einem Viertel der Kürbismischung bestreichen. Die Zutaten auf diese Weise aufeinanderschichten. Die abschließenden Lasagneblätter mit Béchamelsauce bedecken. Mit Bergkäse bestreuen. Im Backofen auf der mittleren Schiene 40–50 Minuten backen.

Lasagne mit Pesto und Büffelmozzarella

Für 4 Portionen: je 2 gelbe, rote und grüne Paprikaschoten 500 g Büffelmozzarella | 50 g zimmerwarme Butter für die Form | 15–20 Lasagneblätter (ohne Vorkochen) | 1 Grundrezept Pesto (siehe Seite 248/249) | 1 Rezept Béchamelsauce (siehe Seite 204/205) | 50 g geriebener Parmesan

1 Die Paprikaschoten vierteln, entkernen, waschen und klein würfeln. Mozzarella in ½ cm dicke Scheiben schneiden. Eine flache Auflaufform (etwa 15 × 25 cm) mit Butter ausstreichen. Den Backofen auf 180° vorheizen (Umluft 160°).
2 3–4 Lasagneblätter in die Form legen, ein Viertel des Pesto auf die Lasagneblätter streichen, mit je einem Viertel der Mozzarellascheiben und Paprikawürfeln belegen. Die Zutaten auf diese Weise aufeinanderschichten. Die abschließenden Lasagneblätter mit Béchamelsauce bedecken. Mit Parmesan bestreuen. Im vorgeheizten Backofen auf der mittleren Schiene 40–50 Minuten backen.

Spinat-Lachs-Lasagne

Für 4 Portionen: 400 g frischer Spinat | Salz | 3 Schalotten 2 Knoblauchzehen | 100 g Butter | 200 ml Sahne 150 ml Fischfond (Glas) | 1 EL Speisestärke | weißer Pfeffer und Chili aus der Mühle | 500 g frisches Lachsfilet (ohne Haut und Gräten) | 9 Lasagneblätter (ohne Vorkochen) 50 g geriebener Emmentaler

1 Den Spinat putzen, waschen, in kochendem Salzwasser blanchieren, in Eiswasser abschrecken und gut ausdrücken. Schalotten und Knoblauch schälen und fein würfeln. 50 g Butter in einem Topf erhitzen, Schalotten und Knoblauch darin andünsten. Mit Sahne und Fischfond ablöschen. Hitze reduzieren und die Sauce 5 Minuten köcheln lassen. Speisestärke in etwas kaltem Wasser anrühren und die Sauce damit binden. Mit Salz, Pfeffer und Chili würzen. Lachsfilet in 1,5 cm dicke Scheiben schneiden. Backofen auf 180° vorheizen (Umluft 160°).
2 Eine flache Auflaufform (etwa 15 × 25 cm) mit 50 g Butter ausstreichen. 3–4 Lasagneblätter in die Form legen. Die Hälfte von Spinat und Lachs darauf verteilen, mit einem Drittel der Sauce bestreichen. Die Zutaten auf diese Weise aufeinanderschichten, mit Lasagneblättern abschließen und mit der restlichen Sauce bedecken. Mit Emmentaler bestreuen. Im vorgeheizten Backofen auf der mittleren Schiene 40–50 Minuten backen.

Spargel-Lasagne mit Kerbelsauce

Für 4 Portionen: 12 Stangen weißer Spargel | 12 Stangen grüner Spargel | 3 Frühlingszwiebeln | 100 g Butter 150 ml Sahne | 200 ml Gemüsefond (Glas) | 1 gestr. EL Speisestärke | Salz | Pfeffer aus der Mühle | 1 Bio-Zitrone 1 Bund Kerbel | 100 g geriebener Parmesan | 100 g roher Schinken in dünnen Scheiben | 8 Lasagneblätter (ohne Vorkochen)

1 Den weißen Spargel ganz, den grünen Spargel im unteren Drittel schälen. Die Enden 2 cm kürzen. Den weißen Spargel in einem Dämpftopf 5–8 Minuten dämpfen, dann den grünen Spargel dazugeben und weitere 5 Minuten dämpfen. Frühlingszwiebeln putzen, waschen, den weißen und hellgrünen Teil in Ringe schneiden, in 50 g Butter andünsten. Sahne und Fond dazugießen und 5 Minuten köcheln lassen. Mit der in kaltem Wasser angerührten Speisestärke binden, salzen und pfeffern. Die Zitrone heiß abspülen und abtrocknen. Die Schale abreiben und den Saft auspressen. Kerbelblätter abzupfen und hacken. Die Sauce mit Zitronensaft und -schale, Kerbel und 50 g Parmesan verrühren. Den Backofen auf 180° vorheizen (Umluft 160°).
2 Schinken in Streifen schneiden. Eine Auflaufform (etwa 15 × 25 cm) mit 50 g Butter ausstreichen. 3–4 Lasagneblätter in die Form legen. Spargelstangen, die Hälfte der Kerbelsauce und die Schinkenstreifen einfüllen, mit den restlichen Lasagneblättern und der Kerbelsauce bedecken. Mit 50 g Parmesan bestreuen. Im Backofen auf der mittleren Schiene 40–50 Minuten backen.

Spargel-Lasagne mit Kerbelsauce

Maultaschen

Auch für die Maultaschen war Johann Lafer wieder
mit der Einkaufstasche unterwegs.
Und in beide packte er beste Zutaten
von besten Lieferanten.
Worüber Historiker sich das Maul zerreißen,
das erzählt er Ihnen auf der nächsten Seite.

Spinatmaultaschen

Für 4 Portionen: 150 g Mehl | 150 g Hartweizengrieß | Salz | 3 Eier (Größe M)
Mehl zum Ausrollen
Füllung: 1 altbackenes Brötchen | 100 ml lauwarme Milch | 2 Zwiebeln | 1 Knoblauchzehe
100 g Bacon | 250 g frischer Spinat | 50 g Butter | 250 g gemischtes Hackfleisch | 1 Ei
Salz | Pfeffer aus der Mühle | Muskatnuss | 1 Eigelb zum Einstreichen
Brühe: 700 ml kräftige Fleischbrühe (Grundrezept Bouillon siehe Seite 30/31) | 3 Stängel glatte Petersilie | ½ Bund Kerbel
Außerdem: Frischhaltefolie

1 Mehl, Grieß, 1 gestrichenen TL Salz und Eier in der Küchenmaschine in 10 Minuten zu einem glatten, festen Teig kneten.

2 Den Teig in Frischhaltefolie wickeln und 2 Stunden im Kühlschrank ruhen lassen.

3 Das Brötchen entrinden, in Würfel schneiden und in der lauwarmen Milch 10 Minuten einweichen. Zwiebeln und Knoblauch schälen und fein würfeln. Den Bacon würfeln. Den Spinat putzen, waschen, trocken schleudern und grob hacken.

4 Butter in einem großen Topf schmelzen. Zwiebeln, Knoblauch und Bacon darin andünsten. Den Spinat zufügen und zusammenfallen lassen. Etwas abkühlen lassen. Dann fein hacken und in eine große Schüssel geben.

5 Hackfleisch, eingeweichtes Brötchen mit der Milch und Ei zum Spinat geben, mit Salz, Pfeffer und frisch geriebener Muskatnuss kräftig würzen. Alles gut miteinander vermengen.

»Zur Entstehung dieses Gerichts gibt es verschiedene Legenden. Eine davon ist die, worüber Historiker sich gern mokieren: dass auf diese Weise die Zisterziensermönche des Klosters Maulbronn bei Pforzheim in der Fastenzeit das Fleisch vorm Herrgott verstecken wollten. Eine witzige Idee, finde ich. Und eine köstliche dazu.«

6 Den Nudelteig auf der mit Mehl bestäubten Arbeitsfläche zu Bahnen von 30 × 15 cm dünn ausrollen.

TIPP Eine Nudelmaschine erleichtert das Ausrollen des Teigs.

7 Das Eigelb mit 2 EL Wasser verrühren. Je 1 EL Füllung auf der Teigplatte im Abstand von etwa 4 cm verteilen. Die Ränder mit dem verquirlten Eigelb bestreichen.

8 Die beiden langen Seiten über die Füllung klappen.

9 Den Teig zwischen den Füllungen mit einem Holzstiel gut andrücken und die Maultaschen mit einem Teigrädchen trennen. Maultaschen mit der Hand etwas flach drücken, damit die typische Form entsteht.

10 Die Brühe erhitzen und die Maultaschen darin 10–12 Minuten gar ziehen lassen. Die Kräuter abbrausen und trocken schütteln. Die Blättchen von den Stielen zupfen, fein hacken und in die Brühe geben. Die Maultaschen in der Brühe servieren.

TIPP In Süddeutschland gibt es den Teig für Maultaschen schon fertig ausgerollt zu kaufen.

Maultaschen mit Lammfüllung

Mediterrane Gemüsemaultaschen

Pilzmaultaschen im Kartoffelsud

Maultaschen mit Lammfüllung

Für 4 Portionen: 1 Grundrezept Nudelteig (siehe Seite 212/213)
Füllung: 1 altbackenes Brötchen | 100 ml lauwarme Milch 2 Zwiebeln | 1 Knoblauchzehe | 50 g getrocknete Tomaten (ohne Öl) | 50 g schwarze Oliven (ohne Stein) | 100 g Feta (Schafkäse) | 50 g Butter | 400 g Lammhack | 1 Ei (Größe M) Salz | Pfeffer aus der Mühle | Muskatnuss | 1 Eigelb zum Einstreichen
Sud: 700 ml Lammfond (Glas) | 2 Zweige Thymian

1 Nudelteig wie im Grundrezept beschrieben zubereiten und kalt stellen.
2 Brötchen würfeln und in Milch 10 Minuten einweichen. Zwiebeln und Knoblauch schälen und fein würfeln. Tomaten und Oliven ebenfalls klein würfeln. Feta grob reiben. Butter in einer Pfanne schmelzen, Zwiebel-, Knoblauch- und Tomatenwürfel darin andünsten. Etwas abkühlen lassen. Mit Lammhack und Ei gut vermengen. Mit Salz, Pfeffer und frisch geriebener Muskatnuss würzen.
3 Nudelteig auf der mit Mehl bestäubten Arbeitsfläche zu Bahnen von 30 × 15 cm dünn ausrollen. Das Eigelb mit 2 EL Wasser verrühren. Den Teig wie auf Seite 213 gezeigt füllen. Maultaschen mit mit einem Teigrädchen trennen und mit der Hand etwas flach drücken, damit die typische Form entsteht.
4 Den Lammfond erhitzen und die Maultaschen 10–12 Minuten darin gar ziehen lassen. Mit den Thymianblättchen bestreuen.

Mediterrane Gemüsemaultaschen

Für 4 Portionen: 1 Grundrezept Nudelteig (siehe Seite 212/213)
Füllung: 2 kleine grüne Zucchini | 1 Aubergine | 1 rote Paprikaschote | 1 gelbe Paprikaschote | 2 Knoblauchzehen 1 Zweig Rosmarin | 30 ml Olivenöl | 1 EL Tomatenmark Salz | Pfeffer und Chili aus der Mühle | 2 EL Semmelbrösel 1 Ei (Größe M) | 1 Eigelb zum Einstreichen
Oliven-Schmelze: 50 g schwarze Oliven (ohne Stein) 50 g Semmelbrösel | 100 g Butter | Salz

1 Nudelteig wie im Grundrezept beschrieben zubereiten und kalt stellen. Zucchini, Aubergine und Paprika waschen, putzen und fein würfeln. Knoblauch schälen und fein würfeln. Rosmarin abbrausen, Nadeln abzupfen und fein hacken. Olivenöl in einer Pfanne erhitzen, die Gemüsewürfel darin anbraten. Tomatenmark und gehackten Rosmarin dazugeben. Mit Salz, Pfeffer und Chili würzen. Die Masse etwas abkühlen lassen. Semmelbrösel und Ei unterarbeiten.
2 Nudelteig wie im Grundrezept auf Seite 213 gezeigt dünn ausrollen und füllen. Maultaschen mit einem Teigrädchen trennen und mit der Hand etwas flach drücken. Salzwasser in einem großen Topf aufkochen, die Maultaschen darin 8–10 Minuten ziehen lassen.
3 Oliven hacken. Semmelbrösel in Butter goldbraun anrösten, Oliven untermischen, mit Salz würzen. Die Maultaschen aus dem Wasser heben und in den Bröseln wenden.

Pilzmaultaschen im Kartoffelsud

Für 4 Portionen: 1 Grundrezept Nudelteig (siehe Seite 212/213)
Füllung: 1 altbackenes Brötchen | 100 ml lauwarme Milch 2 Schalotten | 1 Knoblauchzehe | 400 g frische gemischte Pilze (z. B. Austernpilze, Shiitake, Pfifferlinge) | 50 g Butter 1 Ei (Größe M) | 2 EL Semmelbrösel | Salz | Pfeffer aus der Mühle | Muskatnuss | 1 Eigelb (Größe M) zum Bestreichen
Kartoffelsud: 250 g mehligkochende Kartoffeln | 1 Zwiebel 80 g Butter | 600 ml kräftige Fleischbrühe | Salz | Pfeffer und Chili aus der Mühle | Saft von 1 Zitrone | 1 EL Schnittlauchröllchen

1 Den Nudelteig wie im Grundrezept beschrieben zubereiten und kalt stellen. Das Brötchen würfeln und in lauwarmer Milch 10 Minuten einweichen. Schalotten und Knoblauch schälen und fein würfeln. Pilze mit einem Tuch oder Pinsel säubern und grob würfeln. Butter in einer Pfanne erhitzen, Pilze darin anbraten. Schalotten und Knoblauch zufügen und alles 3–5 Minuten braten. Etwas abkühlen lassen und mit dem eingeweichten Brötchen mit der Milch, Ei und Semmelbröseln mischen. Mit Salz, Pfeffer und frisch geriebener Muskatnuss kräftig würzen. Dann in einer Schüssel etwas abkühlen lassen.
2 Nudelteig auf der mit Mehl bestäubten Arbeitsfläche auf Bahnen von 30 × 15 cm dünn ausrollen. Eigelb mit 2 EL Wasser verrühren. Je 1 EL Füllung auf der Teigplatte im Abstand von etwa 4 cm verteilen. Die Ränder mit dem verquirlten Eigelb bestreichen und die beiden langen Seiten über die Füllung klappen. Den Teig zwischen den Füllungen mit einem Holzstiel gut andrücken und die Maultaschen mit einem Teigrädchen trennen. Maultaschen mit der Hand etwas flach drücken, damit die typische Form entsteht. Salzwasser in einem großen Topf aufkochen und die Maultaschen darin 8–10 Minuten ziehen lassen.
3 Kartoffeln schälen, waschen und würfeln. Zwiebel schälen und grob würfeln. 40 g Butter erhitzen, Kartoffel- und Zwiebelwürfel darin andünsten, mit der Brühe auffüllen und die Kartoffeln sehr weich kochen. Dann mit der Brühe durch ein feines Sieb drücken und in den Topf zurückgeben. Einmal aufkochen, mit Salz, Pfeffer und Chili würzen. Zitronensaft und 40 g kalte Butterwürfel unterrühren. Die Maultaschen mit dem Kartoffelsud anrichten und mit dem Schnittlauch bestreuen.

Spinatmaultaschen

Mayonnaise

»Mayonnaise«, versuchte sie ihm schonend beizubringen,
als er ihr bei Kerzenlicht russische Eier
mit Mayo aus dem Glas servierte,
»die kann man zwar überall kaufen,
aber selbst gemacht schmeckt sie um Klassen besser.«
»Keine Ahnung, wie das geht«, sagte er.
»Schlag sie«, war ihr Rat,
»dann bist du unschlagbar für Frauen.«

Mayonnaise

Für ca. 300 g: 2 sehr frische Eier (Größe M) | 1 TL scharfer Senf | 250 ml neutrales Pflanzenöl | (Sonnenblumen- oder Maiskeimöl) | 1–2 EL Weißweinessig | Salz weißer Pfeffer aus der Mühle | 1 Prise Zucker

1 Alle Zutaten abmessen und bereitstellen. Die Eier trennen. Die Eigelbe in eine große Schlagschüssel geben. Die Eiweiße anderweitig verwenden.

TIPP Alle Zutaten sollten Zimmertemperatur haben, damit sie sich zu einer homogenen Masse verarbeiten lassen.

2 Den Senf zu den Eigelben in eine große Schlagschüssel geben.

3 Den Senf und die Eigelbe mit einem Schneebesen verrühren.

TIPP Statt des Schneebesens können Sie die Mayonnaise auch mit den Quirlen des elektrischen Handrührgeräts zubereiten.

4 Das Öl zunächst tröpfchenweise unter die Eigelb-Senf-Masse schlagen, bis sich Öl und Eigelbe zu einer glatten Creme verbunden haben.

5 Die zweite Hälfte des Öls in einem dünnen Strahl dazugeben und alles zu einer dickcremigen Mayonnaise aufschlagen.

»Die Versuchung, Mayonnaise zu kaufen ist groß, ich weiß. Der Versuch, sie selbst zu machen, lohnt sich jedoch. Selbst gemachte Mayonnaise gehört zum Basiswissen der Kochkunst.«

6 Den Weißweinessig dazugeben und unterrühren.

7 Die Mayonnaise mit Salz und Pfeffer würzen.

8 Zum Schluss mit einer Prise Zucker abschmecken.

TIPP Gut abgedeckt kann man die Mayonnaise zwei Tage im Kühlschrank aufbewahren.

9 Blitzmayonnaise: Senf, Weißweinessig und Eigelbe in einen hohen Mixbecher geben. Das Öl daraufgießen. Einen Pürierstab auf den Boden des Mixbechers stellen. Die Zutaten vom Boden her mixen. Sobald sich die Zutaten zu einer hellgelben cremigen Masse verbinden, den Mixstab langsam nach oben ziehen und so lange mixen, bis alle Zutaten gut vermischt sind. Mit Salz und Pfeffer abschmecken.

Trüffel-Mayonnaise

Für 350 g: **2 sehr frische Eier (Größe M)** trennen. **1 TL scharfen Senf** und die Eigelbe in einer Schlagschüssel mit dem Schneebesen verrühren. **250 ml Sonnenblumen- oder Maiskeimöl** zunächst tröpfchenweise unterschlagen. Die zweite Hälfte des Öls in einem dünnen Strahl dazugeben und alles zu einer dick-cremigen Mayonnaise aufschlagen. Mit **1–2 EL Weißweinessig** verrühren, mit Salz, Pfeffer und **1 Prise Zucker** abschmecken. **30 g eingelegte schwarze Trüffel** fein hacken und mit **2 EL Trüffelöl** unter die Mayonnaise rühren.

Curry-Mango-Mayonnaise

Für 350 g: **2 sehr frische Eier (Größe M)** trennen. **1 TL scharfen Senf** und die Eigelbe in einer Schlagschüssel mit dem Schneebesen verrühren. **250 ml Sonnenblumen- oder Maiskeimöl** zunächst tröpfchenweise unterschlagen, dann in einem dünnen Strahl dazugeben und alles zu einer dick-cremigen Mayonnaise aufschlagen. Mit **1–2 EL Weißweinessig** verrühren, **mit Salz, weißem Pfeffer aus der Mühle** und **1 Prise Zucker** abschmecken. **1 Thai-Mango** schälen, Fruchtfleisch vom Stein schneiden und fein würfeln. Mangowürfel und **2 EL Currypulver** unter die Mayonnaise rühren.

Knoblauch-Mayonnaise

Für 350 g: **2 sehr frische Eier (Größe M)** trennen. **1 TL scharfen Senf** und die Eigelbe in einer Schlagschüssel mit dem Schneebesen verrühren. **250 ml Sonnenblumen- oder Maiskeimöl** zunächst tröpfchenweise unterschlagen, dann in einem dünnen Strahl dazugeben und alles zu einer dick-cremigen Mayonnaise aufschlagen. Mit **1–2 EL Weißweinessig** verrühren, mit **Salz, weißem Pfeffer aus der Mühle** und **1 Prise Zucker** abschmecken. **2 Knoblauchzehen** schälen und fein hacken. Blättchen bzw. Nadeln von je **1 Zweig Thymian und Rosmarin** abzupfen und hacken. Knoblauch und Kräuter unter die Mayonnaise rühren.

Kürbiskern-Mayonnaise

Für 350 g: **2 sehr frische Eier (Größe M)** trennen. **1 TL scharfen Senf** und die Eigelbe in einer Schlagschüssel mit dem Schneebesen verrühren. **250 ml Sonnenblumen- oder Maiskeimöl** zunächst tröpfchenweise unterschlagen, dann in einem dünnen Strahl dazugeben und alles zu einer dick-cremigen Mayonnaise aufschlagen. Mit **1–2 EL Weißweinessig** verrühren, mit **Salz, weißem Pfeffer aus der Mühle** und **1 Prise Zucker** abschmecken. **30 g Kürbiskerne** in einer Pfanne ohne Fett rösten, abkühlen lassen und fein hacken. Mit **1 TL Wasabipaste** (Tube) und **1 EL Kürbiskernöl** unter die Mayonnaise rühren.

Chili-Paprika-Mayonnaise

Für 350 g: **2 sehr frische Eier (Größe M)** trennen. **1 TL scharfen Senf** und die Eigelbe in einer Schlagschüssel mit dem Schneebesen verrühren. **250 ml Sonnenblumen- oder Maiskeimöl** zunächst tröpfchenweise unterschlagen, dann in einem dünnen Strahl dazugeben und alles zu einer dick-cremigen Mayonnaise aufschlagen. Mit **1–2 EL Weißweinessig** verrühren, mit **Salz, weißem Pfeffer aus der Mühle** und **1 Prise Zucker** abschmecken. **1 kleine rote Chilischote** halbieren, entkernen und fein gewürfelt mit **2 EL scharfem Ajvar** (Paprikapaste im Glas) unter die Mayonnaise rühren.

Kaviar-Mayonnaise

Für 350 g: **2 sehr frische Eier (Größe M)** trennen. **1 TL scharfen Senf** und die Eigelbe in einer Schlagschüssel mit dem Schneebesen verrühren. **250 ml Sonnenblumen- oder Maiskeimöl** zunächst tröpfchenweise unterschlagen, dann in einem dünnen Strahl dazugeben und alles zu einer dick-cremigen Mayonnaise aufschlagen. Mit **1–2 EL Weißweinessig** verrühren, mit **Salz, weißem Pfeffer aus der Mühle** und **1 Prise Zucker** abschmecken. **1 EL Crème fraîche, Saft von ½ Zitrone** und **50 g Kaviar** (ersatzweise Lachs- oder Forellenkaviar) unter die Mayonnaise rühren.

Remoulade

Für 350 g: **2 sehr frische Eier (Größe M)** trennen. **1 TL scharfen Senf** und die Eigelbe in einer Schlagschüssel mit dem Schneebesen verrühren. **250 ml Sonnenblumen- oder Maiskeimöl** zunächst tröpfchenweise unterschlagen, dann in einem dünnen Strahl dazugeben und alles zu einer dick-cremigen Mayonnaise aufschlagen. Mit **1–2 EL Weißweinessig** verrühren, mit **Salz, weißem Pfeffer aus der Mühle** und **1 Prise Zucker** abschmecken. **1 Schalotte** schälen und fein würfeln. **2 Cornichons, 1 Sardelle, 10 Kapern**, Blättchen von **2 Zweigen glatter Petersilie** ebenfalls fein würfeln bzw. hacken. Alles unter die Mayonnaise rühren.

Safran-Mayonnaise

Für 350 g: **0,5 g Safranfäden** in **2 EL Milch** aufkochen. **2 sehr frische Eier** (Größe M) trennen. **1 TL scharfen Senf** und die Eigelbe in einer Schlagschüssel mit dem Schneebesen verrühren. **250 ml Sonnenblumen- oder Maiskeimöl** zunächst tröpfchenweise unterschlagen, dann in einem dünnen Strahl dazugeben und alles zu einer dick-cremigen Mayonnaise aufschlagen. Mit **1–2 EL Weißweinessig** verrühren, mit **Salz, weißem Pfeffer aus der Mühle** und **1 Prise Zucker** abschmecken. Die Mayonnaise mit der Safranmilch verfeinern.

Kräuter-Mayonnaise

Für 350 g: **2 sehr frische Eier (Größe M)** trennen. **1 TL scharfen Senf** mit den Eigelben in einer Schlagschüssel verrühren. **250 ml Maiskeimöl** zunächst tröpfchenweise, dann in einem dünnen Strahl dazugeben und alles zu einer dick-cremigen Mayonnaise aufschlagen. Mit **1–2 EL Weißweinessig, Salz, weißem Pfeffer aus der Mühle** und **1 Prise Zucker** abschmecken. **100 g frische gemischte Kräuter** (z. B. Kerbel, Petersilie, Estragon, Dill, Schnittlauch) abbrausen. Schnittlauch in Röllchen schneiden, die anderen Kräuterblättchen mit dem **2 EL Schmant** im Mixer fein pürieren. Schnittlauch und Schmant unter die Mayonnaise rühren.

IRANIAN CAVIAR

Mousse au chocolat

An dieser Stelle möchten wir einen Liebesbrief an die Schokolade schreiben.
Und sicherlich tun wir es auch in Ihrem Namen, liebe Leserinnen und Leser.
Denn mit wem verbrachten wir mehr süße Momente im Leben als mit ihr?
Hallo Süße! Dieser Brief an dich war längst überfällig.
Doch wann und wo hätten wir es dir schöner sagen können
als jetzt und hier – auf den Seiten, wo du wirklich zur zartesten Versuchung wirst.
Wie oft hast du uns beglückende Augenblicke beschert,
wenn dein süßer, samtiger Schmelz auf der Zunge zerging,
wenn sanftes Genießen die Sorgen vertrieb und Platz für gute Laune schuf.
Wir erinnern uns, wie viel du den meisten schon seit frühester Kindheit bedeutet hast:
Ein Stück von dir als Belohnung – oder keines, wenn Bestrafung angesagt war.
Wie hast du uns für kurze Zeit immer wieder glücklich oder traurig gemacht.
Wir glauben, du hast dir diese Seite im Buch verdient,
heiß geliebte Schokolade – auch wenn die Waage
deinetwegen wieder zu unserer Feindin werden sollte:
Wir können die Finger nicht von dir lassen.
Herzlichst, deine Verehrer in süßen und zartbitteren Zeiten.

Mousse au chocolat

**Für 4–6 Portionen: 200 g Zartbitterschokolade (mindestens 70% Kakaoanteil)
5 Eier (Größe M) | Salz | 150 g Zucker | 125 ml Sahne**

1 Die Schokolade mit einem schweren Messer in kleine Stücke hacken.

TIPP Die Qualität der Schokolade bestimmt den Geschmack der Mousse. Deshalb sollte sie einen Kakaoanteil von mindestens 70 % haben. Der Kakaoanteil entscheidet auch über die Festigkeit der Mousse. Bei geringerem Kakaoanteil (z. B. bei Vollmilchschokolade) müssen Sie Gelatine dazugeben.

2 Die Schokolade in eine Schüssel geben und über einem heißen Wasserbad (ca. 35–40°) schmelzen.

TIPP Die Schokolade darf nicht mit dem Wasser in Berührung kommen, weil sie sonst klumpt.

3 Die Eier trennen. Die Eigelbe in einer Schüssel kalt stellen.

4 Die Eiweiße mit 1 Prise Salz mit den Quirlen des Handrührers steif schlagen. Dabei 100 g Zucker nach und nach einrieseln lassen.

TIPP Der Eischnee hat die richtige Konsistenz, wenn er weißlich ist und kleine feste Spitzen bildet.

5 Die Sahne mit den Quirlen des Handrührers ebenfalls steif schlagen.

6 Die Eigelbe mit 2 EL heißem Wasser und 50 g Zucker in einer Metallschüssel über einem heißen Wasserbad dick-schaumig aufschlagen.

7 Bei den nächsten Schritten sehr zügig arbeiten, da die Mousse schnell fest werden kann und sich Klümpchen bilden können: Die Schüssel vom Wasserbad nehmen. Die geschmolzene Schokolade unterrühren, bis eine glatte Creme entsteht.

TIPP Mit der Schokolade können Sie Rum, Cognac, Kirschwasser oder Orangenlikör dazugeben.

8 Die geschlagene Sahne vorsichtig unterheben.

9 Den Eischnee ebenfalls vorsichtig unter die Schokoladencreme heben.

10 Die Masse in eine Form umfüllen und zugedeckt 4–5 Stunden in den Kühlschrank stellen. Zum Anrichten einen Esslöffel in heißes Wasser tauchen und Nocken aus der Mousse ausstechen.

»Lassen Sie dem Liebesbrief Taten folgen und zeigen Sie sich von Ihrer Schokoladenseite.«

Zartbitter-Mousse mit Chili und Kirschen

Für 6 Portionen: 200 g Zartbitterschokolade (mindestens 70 % Kakaoanteil) | 1 kleine rote Chilischote | 200 ml Milch 150 ml Schlagsahne | 4 Eier (Größe M) | Salz | 100 g Zucker 400 g entsteinte Kirschen (Glas) | 100 ml Kirschsirup Puderzucker zum Bestäuben

1 Die Schokolade klein hacken und in einer Schüssel über einem heißen Wasserbad schmelzen. Chilischote halbieren, entkernen, waschen, in Stücke schneiden und mit der Milch aufkochen. Vom Herd nehmen und 15 Minuten ziehen lassen. Die Sahne steif schlagen. Die Eier trennen. Eiweiße mit 1 Prise Salz steif schlagen, dabei langsam den Zucker einrieseln lassen.
2 Die Chili-Milch durch ein Sieb zu den Eigelben gießen und über einem heißen Wasserbad dick-cremig aufschlagen. Die Schokolade unterrühren, dann nacheinander Sahne und Eischnee behutsam unterheben. Mousse in eine Schüssel füllen und zugedeckt etwa 4 Stunden kühlen.
3 Inzwischen die Kirschen abtropfen lassen. Zwei Drittel davon mit Kirschsirup im Mixer fein pürieren und durch ein Sieb streichen. Sauce mit restlichen Kirschen auf Tellern verteilen. Mit einem in heißes Wasser getauchten Löffel Nocken aus der Mousse abstechen und darauf anrichten. Mit Puderzucker bestäuben.

Mousse von weißer Schokolade mit Passionsfrucht

Für 6 Portionen: 200 g weiße Schokolade | 4 Passionsfrüchte | 100 ml Passionsfruchtsaft | 150 g Sahne | 4 Eier (Größe M) | 1 Prise Salz | 50 g Zucker | 4 Blatt Gelatine 500 g Himbeeren | 100 ml Himbeersirup | Puderzucker zum bestäuben

1 Die Schokolade hacken und in einer Schüssel über einem heißen Wasserbad schmelzen. Die Passionsfrüchte halbieren, Mark herauskratzen und mit Passionsfruchtsaft in einem kleinen Topf aufkochen, vom Herd nehmen und 15 Minuten ziehen lassen. Die Sahne steif schlagen. Die Eier trennen. Eiweiße mit einer Prise Salz zu steifem Schnee schlagen, dabei langsam den Zucker einrieseln lassen. Gelatine 5 Minuten in kaltem Wasser einweichen.
2 Passionsfruchtsaft durch ein Sieb zu den Eigelben gießen und über einem heißen Wasserbad zu dickflüssig-cremiger Konsistenz aufschlagen. Gelatine ausdrücken und darin auflösen. Schokolade unterrühren, dann nacheinander die Sahne und den Eischnee unterheben. Die Mousse in eine Schüssel umfüllen und zugedeckt etwa 4 Stunden kühlen.
3 Inzwischen die Beeren waschen, zwei Drittel davon mit Himbeersirup in einem Mixer fein pürieren und durch ein Sieb streichen. Die Sauce mit den restlichen Beeren auf Teller verteilen. Mit einem in heißes Wasser getauchten Löffel Nocken aus der Mousse stechen und darauf anrichten. Mit Puderzucker bestäuben.

Mousse von weißer Schokolade mit Mangosauce

Für 6 Portionen: 200 g weiße Schokolade | 4 Stängel Zitronengras | 200 ml Milch | 150 ml Sahne | 4 Eier (Größe M) | Salz | 50 g Zucker | 4 Blatt weiße Gelatine 2 reife Mangos | 100 ml Pflaumenwein | Puderzucker zum Bestäuben

1 Die Schokolade klein hacken und in einer Schüssel über einem heißen Wasserbad schmelzen. Das Zitronengras in kleine Stücke schneiden, etwas zerdrücken und mit der Milch aufkochen. Vom Herd nehmen und 15 Minuten ziehen lassen. Die Sahne steif schlagen. Die Eier trennen. Eiweiße mit 1 Prise Salz steif schlagen, dabei den Zucker einrieseln lassen. Gelatine 5 Minuten in kaltem Wasser einweichen.
2 Die Milch durch ein Sieb zu den Eigelben gießen und über einem heißen Wasserbad dick-cremig aufschlagen. Gelatine ausdrücken und darin auflösen. Die Schokolade unterrühren, dann nacheinander Sahne und Eischnee behutsam unterheben. Die Mousse in eine Schüssel füllen und zugedeckt etwa 4 Stunden kühlen.
3 Inzwischen die Mangos schälen, Fruchtfleisch am Stein schneiden und würfeln. Zwei Drittel davon mit Pflaumenwein im Mixer fein pürieren und durch ein Sieb streichen. Die Sauce mit den restlichen Mangowürfeln auf Teller verteilen. Mit einem in heißes Wasser getauchten Löffel Nocken aus der Mousse abstechen und darauf anrichten. Mit Puderzucker bestäuben.

Mousse von Vollmilch-Schokolade mit Heidelbeersauce

Für 6 Portionen: 200 g Vollmilchschokolade | 1 EL lösliches Mokkapulver | 200 ml Milch | 150 ml Schlagsahne | 4 Eier (Größe M) | Salz | 75 g Zucker | 3 Blatt weiße Gelatine 500 g Heidelbeeren | 100 ml Cassis (Schwarzer Johannisbeerlikör) | Puderzucker zum Bestäuben

1 Die Schokolade klein hacken und in einer Schüssel über einem heißen Wasserbad schmelzen. Mokkapulver mit der Milch aufkochen, vom Herd nehmen, 15 Minuten ziehen lassen. Die Sahne steif schlagen. Die Eier trennen. Eiweiße mit 1 Prise Salz steif schlagen, dabei den Zucker einrieseln lassen. Die Gelatine 5 Minuten in kaltem Wasser einweichen.
2 Die Mokka-Milch zu den Eigelben gießen und über einem heißen Wasserbad dick-cremig aufschlagen. Die Gelatine ausdrücken und darin auflösen. Die Schokolade unterrühren, dann nacheinander Sahne und Eischnee behutsam unterheben. Mousse in eine Schüssel füllen und zugedeckt etwa 4 Stunden kühlen.
3 Inzwischen die Beeren waschen. Zwei Drittel mit Cassis in einem Mixer fein pürieren und durch ein Sieb streichen. Sauce mit den restlichen Beeren auf Teller verteilen. Mit einem in heißes Wasser getauchten Löffel Nocken aus der Mousse abstechen und darauf anrichten. Mit Puderzucker bestäuben.

Panna cotta

Aus dem Italienischen übersetzt,
haben wir es dabei mit »gekochter Sahne« zu tun.
Doch zum Glück nicht nur,
schließlich kochen wir mit dem Meister feiner Desserts.
Und wenn der sein Panna cotta auf die Teller stürzt,
stürzen sich alle drauf.
Wir wollen ja nicht angeben, aber bei Lafers Panna cotta
kann man den Mund gar nicht voll genug nehmen.

Panna cotta

Für 4 Portionen: 3 Blatt weiße Gelatine | 1 Vanilleschote de Tahiti
400 ml Sahne | 2 EL Zucker

1 Die Gelatine 5 Minuten in kaltem Wasser einweichen.

TIPP Gelatine ist reines Protein, enthält keine Kohlenhydrate, kein Fett, kein allergenes Potenzial. Die Blätter lassen sich leicht dosieren.

2 Die Vanilleschote längs halbieren und das Mark mit dem Messerrücken herauskratzen.

TIPP Vanilleschoten aus Tahiti sind besonders aromatisch und von bester Qualität. Je weicher die Schoten sind, desto mehr Vanillemark enthalten sie.

3 Sahne, Vanillemark und ausgekratzte Schote in einen Topf geben.

4 Zucker zufügen und aufkochen. Bei milder Hitze 5 Minuten köcheln lassen.

5 Vanillesahne durch ein feines Sieb in eine Schüssel gießen.

TIPP Die Vanilleschote können Sie abspülen, trocken tupfen und mit Zucker in ein Gefäß geben. So entsteht aromatischer Vanillezucker.

6 Gelatine aus dem Wasser nehmen und gut ausdrücken. In der heißen Vanillesahne auflösen.

7 Vor dem Einfüllen die Sahnemischung auf Eiswasser unter Rühren abkühlen, bis sie leicht dicklich wird. So verhindert man, dass sich z. B. das Vanillemark am Boden absetzt. Die Mischung in vier kalt ausgespülte Portionsförmchen füllen und für 3–4 Stunden kalt stellen.

8 Zum Stürzen die Förmchen einige Sekunden in heißes Wasser tauchen.

9 Die Ränder mit einem dünnen Messer vorsichtig lösen und die Panna cotta auf Teller stürzen.

»Bei diesem Dessert steht und fällt alles mit der Cremigkeit.
Damit es kein Gummireifen wird,
sondern der pure Genuss auf der Zunge.«

Schokoladen-Mokka-Panna-cotta

Erdbeer-Panna-cotta

Aprikosen-Passionsfrucht-Panna-cotta

Schokoladen-Mokka-Panna-cotta

Für 4 Portionen: 3 Blatt weiße Gelatine | 400 ml Sahne Mark von 1 Vanilleschote de Tahiti | 2–3 EL Zucker 2 EL lösliches Mokkapulver | 50 g Zartbitter-Schokolade

1 Die Gelatine 5 Minuten in kaltem Wasser einweichen. Sahne mit Vanillemark, Zucker und Mokkapulver etwa 5 Minuten bei schwacher Hitze leise kochen lassen. Die Gelatine ausdrücken und in der heißen Mokkasahne auflösen.
2 Die Schokolade klein hacken und nach und nach unterrühren. Die Schokoladensahne in vier kalt ausgespülte Portionsförmchen füllen und 3–4 Stunden kalt stellen.
3 Zum Stürzen die Förmchen einige Sekunden in heißes Wasser tauchen. Die Ränder mit einem dünnen Messer vorsichtig lösen und die Panna cotta auf Teller stürzen. Nach Belieben mit Spänen von weißer Schokolade bestreut servieren.

Erdbeer-Panna-cotta

Für 4 Portionen: 3 Blatt weiße Gelatine | 200 g reife Erdbeeren | 300 ml Sahne | 2–3 EL Zucker

1 Gelatine 5 Minuten in kaltem Wasser einweichen. Erdbeeren waschen, putzen und in Stücke schneiden. Mit Sahne und Zucker in einen Topf geben und bei mittlerer Hitze 5 Minuten leise kochen lassen.
2 Die Erdbeeren mit der heißen Sahne in einem Mixer fein pürieren. Die Gelatine ausdrücken und darin auflösen. Erdbeersahne in Portionsförmchen füllen und 3–4 Stunden in den Kühlschrank stellen.
3 Zum Stürzen die Förmchen einige Sekunden in heißes Wasser tauchen. Die Ränder mit einem dünnen Messer vorsichtig lösen und die Panna cotta auf Teller stürzen. Nach Belieben mit Balsamico-Sirup beträufelt servieren.

Aprikosen-Passionsfrucht-Panna-cotta

Für 4 Portionen: 3 Blatt weiße Gelatine | 200 g reife Aprikosen | 300 ml Sahne | 100 ml Passionsfruchtsaft 2–3 EL Zucker

1 Die Gelatine 5 Minuten in kaltem Wasser einweichen. Die Aprikosen waschen, halbieren und entsteinen. Dann in Stücke schneiden und mit Sahne, Passionsfruchtsaft und Zucker in einen Topf geben. Bei mittlerer Hitze etwa 10 Minuten leise kochen lassen.
2 Die Aprikosen mit der heißen Sahne in einem Mixer fein pürieren. Die Gelatine ausdrücken und in der Sahne auflösen. Durch ein Sieb gießen. Aprikosen-Passionsfrucht-Sahne in vier kalt ausgespülte Portionsförmchen füllen und 3–4 Stunden in den Kühlschrank stellen.
3 Zum Stürzen die Förmchen einige Sekunden in heißes Wasser tauchen. Die Ränder mit einem dünnen Messer vorsichtig lösen und die Panna cotta auf Teller stürzen. Nach Belieben mit Karamellsauce servieren.

TIPP Karamellsauce selbst zubereiten: Dafür 150 g Zucker in einem Topf hellbraun karamellisieren. 150 ml heiße Sahne dazugießen und bei milder Hitze so lange kochen, bis sich der Zucker wieder gelöst hat. Die Sauce erkalten lassen.

Kokos-Zitronengras-Panna-cotta

Für 4 Portionen: 2 Stängel Zitronengras | 1 Bio-Limette 400 ml Kokosmilch | 2 EL Zucker | 3 Blatt weiße Gelatine 2–3 EL Kokoslikör (Batida de Coco)

1 Die Zitronengrasstängel etwas flach klopfen und in grobe Stücke schneiden. Die Limette in Scheiben schneiden. Kokosmilch mit Zitronengras, Limette und Zucker aufkochen. Bei milder Hitze 5 Minuten leise kochen lassen. Dann 30 Minuten ziehen lassen.
2 Die Gelatine ca. 5 Minuten in kaltem Wasser einweichen. Die Kokos-Zitronengras-Milch durch ein Sieb in einen Topf gießen und nochmals kurz erwärmen. Die Gelatine gut ausdrücken und in der Milch auflösen. Kokoslikör unterrühren. In vier kalt ausgespülte Portionsförmchen füllen und 3–4 Stunden kalt stellen.
3 Zum Stürzen die Förmchen einige Sekunden in heißes Wasser tauchen. Die Ränder mit einem dünnen Messer vorsichtig lösen und die Panna cotta auf Teller stürzen. Nach Belieben mit gerösteten Kokosspänen bestreut servieren.

Kokos-Zitronengras-Panna-cotta

Parfait

Parfait bedeutet perfekt – und wie perfekte
Parfaits aussehen, zeigen die nächsten Seiten.
Dabei läuft es Kennern vor Wonne
kalt und eiskalt über den Rücken.

Vanille-Parfait

Für 1000 ml: ½ Vanilleschote | 3 frische Eier (Größe M) | 75 g Puderzucker
250 ml Sahne | 1 Prise Salz
Außerdem: Terrinenform (500 ml Inhalt) | Frischhaltefolie | 1 TL Öl für die Form

1 Die Vanilleschote längs aufschlitzen, das Mark mit dem Messerrücken herauskratzen. Die Eier trennen. Die Eiweiße kalt stellen. Die Eigelbe mit Puderzucker, Vanillemark und 1 EL heißem Wasser in einer großen Schlagschüssel über einem heißen Wasserbad dick-schaumig aufschlagen.

TIPP Der Boden der Schlagschüssel darf mit dem heißen Wasser nicht in Berührung kommen, sonst gerinnt die Masse.

2 Die Schüssel vom Wasserbad nehmen und in eine mit Eiswasser gefüllte Schüssel stellen. Die Masse mit dem Schneebesen schlagen, bis sie ganz abgekühlt ist und eine cremige Konsistenz hat.

3 Die Sahne mit den Quirlen des Handmixers steif schlagen.

4 Geschlagene Sahne mit einem Schneebesen oder Teigschaber unter die kalte Eimasse heben.

5 Die Eiweiße und 1 Prise Salz mit den Quirlen des Handmixers steif schlagen.

TIPP Die Quirle müssen ganz sauber und fettfrei sein. Sonst wird der Eischnee nicht steif.

6 Den Eischnee in die Schlagschüssel zur Eiersahne geben.

7 Mit einem Teigschaber oder Schneebesen vorsichtig und vollständig unter die Eiersahne heben.

TIPP Wenn Sie es fruchtig lieben, können Sie jetzt zusätzlich frische Beeren unter die Parfaitmasse heben.

8 Eine Terrinenform mit etwas Öl einstreichen, damit die Folie gut in der Form haftet. Die Form mit Frischhaltefolie auslegen. Das Folienstück sollte so groß sein, dass es ein ganzes Stück über den Rand hinaushängt.

9 Die Masse einfüllen, glatt streichen und mindestens 6–8 Stunden gefrieren.

10 Die Form kurz in heißes Wasser tauchen. Das Parfait mit der Folie aus der Form stürzen. Die Folie abziehen und das Parfait in Scheiben schneiden.

TIPP Das kurze heiße Wasserbad sorgt dafür, dass sich die Form etwas erwärmt und sich das Parfait leichter aus der Form löst.

»Der Eistraum aus Tiefkühlfach oder Tiefkühltruhe. Ganz einfach, doch groß der Effekt. Zum Beispiel, wenn Gäste kommen.«

Safran-Schokoladen-Parfait auf Orangenragout

Süßes Wasabi-Kürbiskern-Parfait

Safran-Schokoladen-Parfait auf Orangenragout

Für 1000 ml: 150 g weiße Schokolade | 50 ml Milch 0,5 g Safranfäden | 3 frische Eier (Größe M) | 75 g Puderzucker | 3 cl Crème de Cacao | 250 ml Schlagsahne | Salz
Ragout: 4 Bio- Orangen | 50 g Zucker | 1 TL Speisestärke 3 cl Orangenlikör (z. B. Grand Marnier)
Außerdem: 1 TL Öl für die Form | Frischhaltefolie

1 50 g weiße Schokolade ins Gefriergerät legen. Milch mit Safran aufkochen und 10 Minuten ziehen lassen. 100 g Schokolade hacken und über heißem Wasserbad schmelzen. Eier trennen. Eiweiße kalt stellen. Eigelbe mit Puderzucker und Safranmilch über heißem Wasserbad dick-schaumig aufschlagen. Vom Wasserbad nehmen, die geschmolzene Schokolade und Crème de Cacao nach und nach einrühren. Die Masse weiter zubereiten und gefrieren, wie im Grundrezept in Step 3–9 (siehe Seite 240/241) beschrieben.
2 2 Orangen heiß abspülen, trocken reiben, die Schale dünn abschälen, den Saft auspressen. Die Schale in feine Streifen schneiden. 2 Orangen so schälen, dass die gesamte weiße Haut entfernt ist. Die Filets heraustrennen, den Saft dabei auffangen. Orangensaft, -schale und Zucker bei milder Hitze 5 Minuten köcheln. Speisestärke in 2 EL Wasser anrühren, mit dem Orangensud aufkochen. Grand Marnier und Orangenfilets dazugeben. Das Parfait aus der Form stürzen, Folie abziehen, Parfait in Scheiben schneiden. Diese diagonal halbieren und auf Orangenragout anrichten. Die Schokolade in feinen Spänen auf das Parfait hobeln.

Süßes Wasabi-Kürbiskern-Parfait

Für 1000 ml: 100 g Zucker | 150 g Kürbiskerne | 4 Eier (Größe M) | 100 g Puderzucker | 2–3 Tl Wasabi-Paste (Tube) 3 EL Kürbiskernöl | 250 ml Sahne
Außerdem: 1 Terrinenform, Frischhaltefolie

1 Den Zucker in einer Pfanne schmelzen und goldbraun karamellisieren lassen. 100 g Kürbiskerne zügig untermischen. Karamellisierte Kürbiskerne auf einen Bogen Backpapier gießen und auskühlen lassen. Den erkalteten Kürbiskern-Krokant zuerst in Stücke brechen, dann in einer Küchenmaschine fein hacken. Die Eier trennen. Die Eiweiße kalt stellen. Eigelbe mit 2 EL Wasser und 50 g Puderzucker in einer Schüssel über einem heißen Wasserbad dick-schaumig aufschlagen. Die Schüssel vom Wasserbad nehmen und die Masse kalt schlagen.
2 Wasabi-Paste, Kürbiskernöl und fein gehackten Kürbis-Krokant untermischen. Eiweiße steif schlagen, dabei nach und nach 50 g Puderzucker dazusieben. Die Sahne steif schlagen. Zuerst die Sahne, dann den Eischnee behutsam unterheben. Parfaitmasse in eine mit Frischhaltefolie ausgelegte Terrinenform füllen und ca. 8 Stunden in das Gefrierfach stellen. Terrinenform bis zum Rand kurz in heißes Wasser tauchen, Parfait auf ein Brett stürzen und die Folie abziehen. Mit 50 g gehackten Kürbiskernen bestreuen und in 2-3 cm dicke Scheiben schneiden. Dazu passen gemischte Beeren.

Ingwer-Parfait auf Rhabarberragout

Für 1000 ml: 20 g frischer Ingwer | 50 g kandierter Ingwer | 3 frische Eier (Größe M) | 75 g Puderzucker 50 ml Pflaumenwein | 250 ml Schlagsahne | Salz
Ragout: 400 g Rhabarber | 3 EL Akazienhonig | 2 Sternanis 1 Zimtstange | 150 ml trockener Weißwein | 3 EL Grenadine-Sirup | 1 TL Speisestärke | 50 g Sesamsaat | 100 g Kokosraspel
Außerdem: 1 Terrinenform | 1 TL Öl für die Form, Frischhaltefolie

1 Frischen Ingwer schälen und fein reiben. Kandierten Ingwer klein würfeln. Die Eier trennen, Eiweiße kalt stellen. Eigelbe mit Puderzucker, beiden Ingwersorten und dem Pflaumenwein in einer großen Schlagschüssel über einem heißen Wasserbad dick-schaumig aufschlagen. Schüssel vom Wasserbad nehmen und auf Eiswasser stellen. Die Masse kalt schlagen. Die Sahne steif schlagen und unter die kalte Eimasse heben. Eiweiße mit 1 Prise Salz steif schlagen und unter die Parfaitmasse heben. Die Terrinenform mit etwas Öl einstreichen, mit Frischhaltefolie auslegen. Die Masse einfüllen, glatt streichen und mindestens 6–8 Stunden gefrieren.
2 Rhabarber schälen und die Enden abschneiden. Die Stangen schräg in 3 cm lange Stücke schneiden. Den Honig in einer Pfanne schmelzen, Rhabarberstücke und Gewürze darin andünsten, mit Weißwein und Grenadine ablöschen. 3 Minuten bei milder Hitze köcheln lassen. Die Gewürze entfernen. Rhabarberstücke mit einer Schaumkelle herausheben, in eine flache Form geben. Sud mit in kaltem Wasser angerührter Speisestärke binden, nochmals aufkochen und über den Rhabarberstücken verteilen. Auskühlen lassen.
3 Sesamsaat und Kokosflocken in einer Pfanne ohne Fett rösten, auf einem Teller auskühlen lassen. Zum Stürzen die Terrinenform kurz in heißes Wasser tauchen. Das Parfait mit der Folie aus der Form stürzen. Folie abziehen, das Parfait in Scheiben schneiden und in der Sesam-Kokos-Mischung wenden. Die Scheiben auf dem Rhabarberragout anrichten.

Ingwerparfait auf Rhabarberragout

Pesto

Alles, was auf dem Bild oben zu sehen ist, gehört in das Bild rechts rein:
bester Parmesan, frisches Basilikum, feinstes Olivenöl
und das Aroma von Knoblauch und gerösteten Pinienkernen.
Dann wird daraus das peste Besto oder beste Pesto.
Versprochen …

Basilikumpesto

Für 500 g: 3 Knoblauchzehen | 100 g Pinienkerne | 150 g frisches Basilikum 200 ml mildes Olivenöl | 50 g Parmesan | Meersalz | Pfeffer aus der Mühle

1 Die Knoblauchzehen schälen.

TIPP Die feinen Hüllen lösen sich leichter, wenn Sie die Zehen mit der flachen Messerklinge leicht anquetschen.

2 Die Knoblauchzehen in grobe Würfel schneiden.

3 Pinienkerne in einer Pfanne ohne Fett goldbraun rösten, dabei öfter umrühren, da sie leicht anbrennen. Anschließend abkühlen lassen.

4 Basilikum abbrausen, trocken schütteln und die Blätter von den Stielen zupfen.

TIPP Je aromatischer das Basilikum, desto aromatischer schmeckt auch das Pesto!

5 Die Basilikumblätter grob hacken.

TIPP Nehmen Sie ein großes Brett – dann geht es viel leichter.

»Pesto selber machen lohnt sich.
Weil man weiß, was man hat.
Fertig-Pesto aus dem Glas wirkt oft so blass,
als wäre es beim Mixen zu Tode erschrocken.«

6 Das Olivenöl abmessen. Alle Zutaten bereitstellen.

TIPP Ein mildes naturbelassenes Olivenöl garantiert für den guten Geschmack.

7 Knoblauch, Pinienkerne, Basilikum, Olivenöl in einen Standmixer füllen.

8 Alle Zutaten zu einer cremigen, nicht zu feinen Masse verarbeiten.

9 Parmesan auf der feinen Seite der Haushaltsreibe fein reiben.

TIPP Parmesan ist schon salzig – deshalb zum Schluss vorsichtig mit Salz abschmecken.

10 Den geriebenen Parmesan untermischen und mit Salz und Pfeffer abschmecken.

TIPPS Wenn Sie etwas Vitamin-C-Pulver unter das Pesto mischen, behält es seine frische grüne Farbe. Außerdem sollten Sie es möglichst in dunkle Gläser füllen. Wenn das Glas angebrochen ist, bedecken Sie den Rest mit einem dünnen Ölfilm.

Rucolapesto

Für 500 g: 3 Knoblauchzehen | 100 g blanchierte Mandeln 100 g Rucola | 50 g krause Petersilie | 200 ml mildes Olivenöl | 50 g Parmesan | Meersalz | Pfeffer aus der Mühle

1 Knoblauchzehen schälen und grob würfeln. Mandeln in einer Pfanne ohne Fett goldbraun rösten, dabei öfter umrühren, da sie schnell anbrennen. Dann abkühlen lassen. Rucola und Petersilie waschen, trocken schleudern, harte Stiele entfernen, Blätter grob hacken.
2 Knoblauch, Mandeln, Rucola, Petersilie und Olivenöl in einem Standmixer zu einer cremigen, nicht zu feinen Masse verarbeiten. Den Parmesan fein reiben, untermischen und das fertige Pesto mit Salz und Pfeffer abschmecken.

Korianderpesto

Für 450 g: 3 Knoblauchzehen | 100 g geschälte, ungesalzene Erdnüsse, nicht geröstet | 150 g Koriandergrün 150 ml Erdnussöl | 50 ml Sesamöl | Meersalz | Pfeffer aus der Mühle

1 Knoblauchzehen schälen und grob würfeln. Erdnüsse in einer Pfanne ohne Fett goldbraun rösten, dabei öfter umrühren, da sie schnell anbrennen. Dann abkühlen lassen. Koriander abbrausen, trocken schleudern, Blättchen abzupfen.
2 Knoblauch, Erdnüsse, Koriander und das Öl in einem Standmixer zu einer cremigen, nicht zu feinen Masse verarbeiten. Das fertige Pesto mit Salz und Pfeffer abschmecken.

Petersilienpesto

Für 500 g: 3 Knoblauchzehen | 100 g Haselnusskerne 150 g glatte Petersilie | 100 ml Haselnussöl | 100 g neutrales Rapsöl | 50 g Parmesan | Meersalz | Pfeffer aus der Mühle

1 Knoblauchzehen schälen und grob würfeln. Haselnusskerne in einer Pfanne ohne Fett rösten, bis sie anfangen zu duften. Dabei öfter umrühren, da sie schnell anbrennen. Dann auf ein Küchentuch schütten und die braunen Häute soweit es geht abrubbeln. Petersilie waschen, trocken schleudern, Blätter abzupfen und grob hacken.
2 Knoblauch, Haselnüsse, Petersilie und das Öl in einem Standmixer zu einer cremigen, nicht zu feinen Masse verarbeiten. Den Parmesan fein reiben, untermischen und das fertige Pesto mit Salz und Pfeffer abschmecken.

Bärlauchpesto

Für 500 g: 100 g Pinienkerne | 150 g Bärlauchblätter 200 ml kaltgepresstes Rapsöl | 50 g alter, gereifter Bergkäse | Meersalz | Pfeffer aus der Mühle

1 Pinienkerne in einer Pfanne ohne Fett goldbraun rösten, dabei öfter umrühren, da sie schnell anbrennen. Dann abkühlen lassen. Bärlauch waschen, trocken schleudern, harte Stiele entfernen, Blätter in Streifen schneiden.
2 Pinienkerne, Bärlauch und Rapsöl in einem Standmixer zu einer cremigen, nicht zu feinen Masse verarbeiten. Den Bergkäse fein reiben, untermischen und das fertige Pesto mit Salz und Pfeffer abschmecken.

Tomatenpesto

Für 500 g: 3 Knoblauchzehen | 100 g Pinienkerne 150 g getrocknete Tomaten (in Öl) | 1 EL Tomatenmark 150 ml mildes natives Olivenöl | 50 ml abgetropftes Öl von den Tomaten | 50 g Pecorino | Salz | Pfeffer aus der Mühle

1 Die Knoblauchzehen schälen und grob würfeln. Pinienkerne in einer Pfanne ohne Fett goldbraun rösten, dabei öfter umrühren, da sie leicht anbrennen. Dann abkühlen lassen. Die getrockneten Tomaten abtropfen lassen, grob hacken.
2 Knoblauch, Pinienkerne, Tomaten, Tomatenmark, Olivenöl und Tomatenöl in einem Standmixer zu einer cremigen, nicht zu feinen Masse verarbeiten. Den Pecorino fein reiben, untermischen und das fertige Pesto mit Salz und Pfeffer abschmecken.

Spargelpesto

Für 500 g: 250 g grüner Spargel | Salz | 50 g Walnusskerne 150 ml Sonnenblumenöl | 50 g Parmesan | Pfeffer aus der Mühle

1 Das untere Drittel der Spargelstangen schälen, die holzigen Enden abschneiden. Spargel in Stücke schneiden und 5 Minuten in kochendem Salzwasser garen. Abgießen und in Eiswasser abschrecken.
2 Spargel, Walnusskerne und Sonnenblumenöl in einem Standmixer zu einer cremigen, nicht zu feinen Masse verarbeiten. Den Parmesan fein reiben, untermischen und das fertige Pesto mit Salz und Pfeffer abschmecken.

Kürbispesto

Für 500 g: 250 g Hokkaido-Kürbis | 2 EL Öl | 1 Knoblauchzehe | 50 g Kürbiskerne | 150 ml Sonnenblumenöl 50 g Parmesan | Salz | Pfeffer aus der Mühle

1 Den Kürbis waschen, halbieren, die Kerne mit einem Löffel herauskratzen. Das Fruchtfleisch mit Schale würfeln. Öl in einer großen Pfanne erhitzen und den Kürbis darin 5 Minuten andünsten. Knoblauchzehe schälen. Kürbiskerne in einer Pfanne ohne Fett rösten und abkühlen lassen.
2 Kürbiswürfel, Knoblauch, Kürbiskerne und Sonnenblumenöl in einem Standmixer zu einer cremigen, nicht zu feinen Masse verarbeiten. Den Parmesan fein reiben, untermischen und das fertige Pesto mit Salz und Pfeffer abschmecken.

Pizza

Auch Pizzabäcker Luigi hat sich dieses Buch gekauft,
weil das Geschäft in letzter Zeit nicht mehr so lief.
Nun stehen wieder alle Schlange
und er hat keinen Ruhetag mehr.
Denn seit er knetet wie sein Vorbild Lafer,
stimmt die Knete bei ihm.

Pizza Margherita

Für 4 Stück: ½ Würfel frische Hefe (21 g) | 400 g Mehl | ½ TL Salz
1 EL Olivenöl | Mehl zum Bearbeiten
Für den Belag: 4 Fleischtomaten | 2 Schalotten | 2 Knoblauchzehen
2 EL Olivenöl | 1 TL Zucker | 50 g Tomatenmark | Salz | weißer Pfeffer aus der Mühle | 200 g Büffelmozzarella | 2 EL Olivenöl | 1 Topf Basilikum

1 Die Hefe zerbröckeln und in einer großen Knetschüssel mit 250 ml lauwarmem Wasser verrühren.

2 Mehl, Salz und Olivenöl zur Hefe geben und mit den Knethaken des Handmixers (oder in der Küchenmaschine) verkneten. Den Teig mindestens 10 Minuten kräftig durchkneten.

3 Den Teig in 4 gleich große Stücke teilen, zu Kugeln formen, mit Mehl bestäuben und zugedeckt an einem warmen Ort 30 Minuten gehen lassen. Den Backofen auf 275° vorheizen (Umluft 250°).

4 Für den Belag die Tomaten auf der runden Seite kreuzweise einritzen und den Stielansatz entfernen. Tomaten kurz in kochendes Wasser tauchen, in Eiswasser abschrecken, häuten, vierteln und entkernen. Die Tomatenfilets grob würfeln.

5 Schalotten und Knoblauch schälen und fein würfeln. Das Olivenöl erhitzen, Schalotten und Knoblauch darin andünsten. Zucker und Tomatenmark dazugeben und unterrühren.

6 Die Tomatenwürfel zufügen, mit Salz und Pfeffer würzen. Die Sauce 10 Minuten leise köcheln, dann abkühlen lassen.

7 Die Teigkugeln auf einer bemehlten Arbeitsfläche auf jeweils 20 cm Durchmesser ausrollen.

8 Einen etwas dickeren Rand formen. Nochmals 10 Minuten gehen lassen.

9 Den Mozzarella in Scheiben schneiden. Die Böden mit der Tomatensauce bestreichen und gleichmäßig mit den Mozzarellascheiben belegen, dabei rundherum einen Rand von 2 cm frei lassen.

10 Die Pizzen mit einem dünnen Blech von der Arbeitsfläche heben und im vorgeheizten Ofen 10–12 Minuten backen. Zuletzt mit Olivenöl beträufeln, mit Salz und Pfeffer würzen und die frischen Basilikumblätter darüberstreuen.

»Ich bin kein Dosenkoch. Aber Tomaten haben nicht immer Saison. Deshalb sind Tomaten aus der Dose in diesem Fall für mich eine passable Lösung.«

Spargelpizza grün-weiß

Für 4 Pizzen: **1 Grundrezept Pizzateig** (siehe Seite 256/257) zubereiten. Je **500 g weißen und grünen Spargel** schälen, holzige Enden abschneiden. Stangen in schräge Stücke schneiden, 3–5 Minuten in Salzwasser garen, abgießen. **100 g gemischte Kräuter** abbrausen, trocken schütteln, die Blätter von den Stielen zupfen. **200 g Frischkäse** mit den Kräutern fein pürieren, mit **Salz** und **Pfeffer** abschmecken. Vier Pizzaböden ausrollen, mit Kräutercreme bestreichen, Spargel und **200 g Räucherlachs** darauf verteilen. Wie im Grundrezept angegeben backen.

Kürbispizza mit Chorizo

Für 4 Pizzen: **1 Grundrezept Pizzateig** (siehe Seite 256/257) zubereiten. **300 g Muskatkürbis** schälen, entkernen und grob würfeln. In **30 g Butter** andünsten, mit **100 ml Geflügelfond** ablöschen, zugedeckt weich garen. Kürbis fein pürieren, salzen, pfeffern, die Blättchen von **1 Zweig Oregano** unterrühren. **200 g Chorizo** (scharfe, spanische Paprikawurst) in Scheiben schneiden, **1 Bund Rucola** waschen, trocken schleudern und grob hacken. Pizzaböden ausrollen, mit Kürbispüree bestreichen, mit Chorizo belegen. Mit **150 g geraspeltem Gruyère** bestreuen. Wie im Grundrezept angegeben backen. Mit Rucola bestreuen.

Pizza mit Feta und Kirschtomaten

Für 4 Pizzen: **1 Grundrezept Pizzateig** (siehe Seite 256/257) zubereiten. **300 g Kirschtomaten** waschen und halbieren. **200 g Feta** grob würfeln. **150 g schwarze Oliven** (entsteint) vierteln. **4 Zweige Oregano** abbrausen, trocken schütteln, die Blätter von den Stielen zupfen. **4 Pizzaböden** ausrollen, mit den vorbereiteten Zutaten bestreuen. Mit **Salz** und **Pfeffer** würzen, wie im Grundrezept angegeben backen.

Ratatouille-Pizza

Für 4 Pizzen: **1 Grundrezept Pizzateig** und Tomatensauce zubereiten (siehe Seite 256/257). **50 g Pinienkerne** in einer Pfanne ohne Fett goldbraun rösten, auskühlen lassen. **1 Zucchino** waschen, halbieren und entkernen, je **2 rote und gelbe Paprikaschoten** putzen und schälen. **2 rote Zwiebeln** schälen. Alles fein würfeln. Blätter von **1 Topf Basilikum** abzupfen, in feine Streifen schneiden. Pizzaböden ausrollen, mit Tomatensauce bestreichen, mit Gemüse belegen, salzen und pfeffern. **100 g gehobelten Parmesan** und Pinienkerne darauf verteilen. Wie im Grundrezept angegeben backen. Mit Basilikum bestreuen.

Lauchpizza mit Trüffel

Für 4 Pizzen: **1 Grundrezept Pizzateig** (siehe Seite 256/257) zubereiten. **2 Stangen Lauch** längs aufschneiden, waschen, in Streifen schneiden. In Salzwasser 2 Min. kochen, abgießen und in Eiswasser abschrecken. **200 g Crème fraîche** mit **Salz** und **Pfeffer** würzen. Auf die ausgerollten Pizzaböden streichen. Lauch darüberstreuen. Mit **30 ml Trüffelöl** beträufeln, salzen und pfeffern. Wie im Grundrezept angegeben backen. Mit **20 g fein gehobelten schwarzen Trüffeln** belegen.

Pizza mit Pilzen

Für 4 Pizzen: **1 Grundrezept Pizzateig** (siehe Seite 256/257) zubereiten. **200 g gemischte Pilze** (z. B. Pfifferlinge, Steinpilze, Austernpilze, Champignons) mit einem Tuch putzen. Je nach Größe vierteln oder in Scheiben schneiden. **50 g Butter** in einer Pfanne erhitzen und die Pilze darin anbraten. Mit **Salz** und **Pfeffer** würzen. Blättchen von **5 Zweigen Thymian** abzupfen und dazugeben. Alles gut durchschwenken und auf die ausgerollten Pizzaböden verteilen. Wie im Grundrezept angegeben backen.

Kartoffelpizza mit Speck

Für 4 Pizzen: **1 Grundrezept Pizzateig** (siehe Seite 256/257) zubereiten. **400 g kleine festkochende Kartoffeln** schälen, waschen und fein hobeln. In einer Schüssel mit **50 ml Olivenöl** und abgezupften Nadeln von **4 Zweigen Rosmarin** mischen. Mit **Salz** und **Pfeffer** würzen. **100 g durchwachsenen Speck** in Streifen schneiden und in einer Pfanne 3–5 Minuten anschwenken. Mit den Kartoffelscheiben auf den ausgerollten Pizzaböden verteilen. **150 g fein geriebenen Bergkäse** darüberstreuen. Wie im Grundrezept angegeben backen.

TIPP Neue Kartoffeln können Sie auch mit Schale verarbeiten.

Gorgonzola-Pizza mit Feigen und Parmaschinken

Für 4 Pizzen: **1 Grundrezept Pizzateig** (siehe Seite 256/257) zubereiten. **200 g cremigen Gorgonzola** mit einer Gabel in kleine Stücke teilen und auf den ausgerollten Pizzaböden verteilen. **12 frische Feigen** waschen und vierteln. **100 g Walnusskerne** grob hacken. Feigen, Walnusskerne und **16 Scheiben Parmaschinken** auf dem Gorgonzola verteilen. Mit **Salz** und **Pfeffer** würzen. Wie im Grundrezept angegeben backen.

Pizza mit Mango und Entenbrust

Für 4 Pizzen: **1 Grundrezept Pizzateig** (siehe Seite 256/257) zubereiten. **1 reife Mango** schälen, das Fruchtfleisch vom Stein lösen und grob würfeln. **20 g frischen Ingwer** schälen und fein reiben. **1 kleine rote Chilischote** halbieren, entkernen und fein würfeln. Mango mit Chili und Ingwer in einem Topf unter Rühren einkochen, **salzen, pfeffern** und auf die ausgerollten Pizzaböden streichen. **2 Entenbrüste** (à 180 g) häuten, in dünne Scheiben schneiden. **4 Frühlingszwiebeln** putzen, waschen und in Ringe schneiden. Auf den Pizzen verteilen, salzen, pfeffern und wie im Grundrezept angegeben backen.

Püree

Das Ungewöhnliche an Püree sind die Tischgespräche:
keinen stört's, dass alle um den heißen Brei herumreden.
Die Familie, wenn es Kartoffelpüree gibt
und immer einer laut um Nachschlag bittet.
Und Gäste, weil sie sich mit Komplimenten überbieten,
wenn Erbsen-, Kürbis- und Meerrettichpüree
dampfend aufgetragen werden.

Kartoffelpüree

Für 4 Portionen: 600 g mehligkochende Kartoffeln | 100 ml Milch
150 ml Sahne | Salz | Pfeffer aus der Mühle | Muskatnuss | 50 g kalte Butter

1 Die Kartoffeln waschen und mit einem Sparschäler schälen.

TIPP Für Püree mehligkochende Sorten verwenden. Sie enthalten mehr Stärke als festkochende und sorgen für eine cremige Konsistenz.

2 Die geschälten Kartoffeln mit einem scharfen Messer je nach Größe in Viertel oder Achtel schneiden.

3 Die Kartoffelstücke in einen Dämpfeinsatz geben. Den Deckel schließen und die Kartoffeln über dem kochenden Wasserbad in 15–20 Minuten weich dämpfen.

TIPP Gedämpfte Kartoffeln laugen nicht aus und saugen auch weniger Flüssigkeit auf als in Wasser gekochte.

4 Die gegarten Kartoffeln durch eine Presse in eine Schüssel drücken.

5 Für ein glattes Püree die Masse nochmals durch eine Presse in einen Topf drücken.

»Für mich persönlich ist Kartoffelpüree ein Highlight. Die Kombination aus guten Kartoffeln und reichlich Butter, zusammen mit dem Aroma der Muskatnuss, macht es zur kulinarischen Verführung.«

6 Milch und 100 ml Sahne in einen Topf geben und aufkochen.

7 Die heiße Milchsahne mit Salz, Pfeffer und frisch geriebener Muskatnuss würzen. Sie sollte etwas kräftiger als das fertige Püree schmecken.

8 Die Butter in Würfel schneiden und unter das heiße Püree mischen, bis sie vollständig aufgenommen ist.

9 Die heiße Milchsahne dazugeben und mit einem Rührlöffel untermischen.

TIPP Butter und Milchsahne nie mit dem Pürierstab unterheben, das Püree wird sonst zäh und klebrig. Immer einen Rührlöffel oder Schneebesen verwenden.

10 50 ml Sahne halbsteif schlagen und kurz vor dem Servieren unterheben.

Kürbispüree mit Maispoulardenbrust

Meerrettichpüree auf Roten Beten

Quiche

»Quiche bringt Herbst in die Küch ...« sagt der Hesse.
Und er sagt es nicht nur, weil alles Gute hineinkommt,
was die Natur im Herbst zu bieten hat.
Ein bisschen sagt er's auch, weil es sich reimt.
»Herbstlich willkommen!« heißt Sie der Herr der »Stromburg«
im benachbarten Rheinland-Pfalz, wenn er Ihnen serviert,
wozu die Nahe-Winzer ihm Wein und Federweißen liefern:
»Quiche aus der Sterneküch ...«, wie der Hesse sagen würde.

Quiche

Für 1 Tarteform von 28 cm Durchmesser: 250 g Mehl | 120 g Magerquark
120 g zimmerwarme Butter | 1 Ei (Größe M) | ½ TL Salz | Butter und Mehl
für die Form | Mehl zum Ausrollen
Füllung: 100 g durchwachsener Speck | 4 Zwiebeln | 2 Stangen Lauch
30 g Butterschmalz | Salz | Pfeffer aus der Mühle
Eiersahne: 3 Eier (Größe M) | 150 ml Sahne | Salz | Muskatnuss
50 g geriebener Emmentaler
Außerdem: Frischhaltefolie | Alufolie

1 Mehl, Magerquark, weiche Butter, Ei und Salz in einer Küchenmaschine oder mit den Händen zu einem glatten, geschmeidigen Teig verkneten.

2 Den Teig in Frischhaltefolie wickeln und 1 Stunde im Kühlschrank ruhen lassen.

3 Speck fein würfeln. Zwiebeln schälen und in Streifen schneiden. Lauch putzen, waschen und nur den weißen und hellgrünen Teil in dünne Ringe schneiden. Butterschmalz in einer Pfanne erhitzen. Speckwürfel darin goldbraun anbraten. Zwiebeln und Lauch dazugeben und glasig dünsten. Mit Salz und Pfeffer würzen. Abkühlen lassen.

4 Eine Tarteform ausfetten und mit Mehl bestäuben.

TIPP Die Quiche lässt sich ohne Probleme aus der Form lösen, wenn Sie eine mit herausnehmbarem Boden verwenden.

5 Den Teig auf einer bemehlten Arbeitsfläche etwas größer als die Form ausrollen.

TIPP Den Teig auch auf der oberen Seite dünn mit Mehl bestäuben. Dann bleibt er nicht an der Teigrolle hängen.

6 Den Teig in die Form legen. Teig fest auf den Boden und an den Formrand drücken. Überstehenden Teig mit einem Messer direkt am Formrand abschneiden. Den Backofen auf 200° vorheizen (Umluft 175°).

7 Eier, Sahne, Salz und 1 Prise frisch geriebene Muskatnuss in einen hohen Mixbecher geben und fein mixen.

TIPPS Damit die Quiche schön würzig wird, die Eiersahne kräftig mit Salz und Muskat abschmecken. Mit dem Pürierstab aufgemixt wird sie schön luftig.

8 Die Zwiebel-Speck-Mischung auf dem Teig verteilen und die Eiersahne darübergießen.

9 Die Quiche mit dem geriebenen Käse bestreuen.

10 Dann im vorgeheizten Backofen auf der mittleren Schiene 20 Minuten backen. Die Temperatur auf 175° (Umluft 150°) herunterschalten und die Quiche weitere 10–15 Minuten backen. Falls die Oberfläche schon vor Ende der Backzeit goldbraun ist, die Quiche mit Alufolie abdecken.

»Im Geiste sehe ich mich bei Quiche immer als Gast in einem gemütlichen Elsässer Lokal sitzen, mit einem Glas Federweißen vor mir. Falls Sie auch mal dorthin wollen: Im Herbst, nach der Weinlese, schmeckt's am besten.«

Kürbis-Speck-Quiche | Erbsen-Minze-Quiche

Tomaten-Zucchini-Quiche

Kürbis-Speck-Quiche

Für 1 Muffinblech mit 12 Vertiefungen: 1 Rezept Quicheteig (siehe Seite 270/271)
Füllung 1 Zwiebel | 50 g durchwachsener Speck | 250 g Hokkaido-Kürbis | 50 g Butter | Salz | Pfeffer aus der Mühle
Eiersahne: 3 Eier (Größe M) | 150 ml Sahne | Salz | Muskatnuss | 50 g geriebener Emmentaler
Außerdem: Frischhaltefolie | Alufolie

1 Den Teig wie im Grundrezept beschrieben zubereiten und ausrollen. 12 Kreise von 8 cm Durchmesser ausstechen und in die gefetteten und bemehlten Vertiefungen des Muffinblechs legen. An den Rändern gut andrücken. Zwiebel schälen und klein würfeln. Speck ebenfalls klein würfeln. Kürbis entkernen und fein raspeln. Den Backofen auf 180° vorheizen (Umluft 160°).
2 Die Butter in einer Pfanne erhitzen. Speck darin goldbraun anbraten, Zwiebel und Kürbis zugeben und 5 Minuten andünsten. Mit Salz und Pfeffer würzen. Abkühlen lassen. Die Eier mit Sahne, Salz und 1 Prise frisch geriebener Muskatnuss in einem hohen Mixbecher fein mixen. Die Kürbis-Speck-Mischung auf dem Teig verteilen, die Eiersahne darübergießen und mit dem Käse bestreuen. Die Quiche im vorgeheizten Backofen auf der mittleren Schiene 15–20 Minuten backen. Falls die Oberfläche schon vor Ende der Backzeit goldbraun ist, die Quiche mit Alufolie abdecken.

Erbsen-Minze-Quiche

Für 1 Muffinblech mit 12 Vertiefungen: 1 Rezept Quicheteig (siehe Seite 270/271)
Füllung: 1 Zwiebel | 1 Knoblauchzehe | 50 g Butter 200 g TK-Erbsen (aufgetaut) | Salz | Pfeffer aus der Mühle 3 Stängel Minze
Eiersahne: 3 Eier (Größe M) | 150 ml Sahne | Salz | Muskatnuss | 50 g geriebener Emmentaler
Außerdem: Frischhaltefolie | Alufolie

1 Den Teig wie im Grundrezept beschrieben zubereiten und ausrollen. 12 Kreise von 8 cm Durchmesser ausstechen und in die gefetteten und bemehlten Vertiefungen des Muffinblechs legen. An den Rändern gut andrücken. Zwiebel und Knoblauch schälen und klein würfeln. Butter in einer Pfanne erhitzen. Zwiebel, Knoblauch und Erbsen darin 5 Minuten andünsten. Mit Salz und Pfeffer würzen. Abkühlen lassen. Die Minze abbrausen, trocken schütteln und die Blätter klein hacken. Unter die Erbsen mischen. Den Backofen auf 180° vorheizen (Umluft 160°).
2 Die Eier, Sahne, Salz und 1 Prise frisch geriebene Muskatnuss in einem hohen Mixbecher fein mixen. Die Erbsen-Minze-Mischung auf dem Teig verteilen, die Eiersahne darübergießen und mit dem Käse bestreuen. Die Quiche im vorgeheizten Backofen auf der mittleren Schiene 15–20 Minuten backen. Falls die Oberfläche schon vor Ende der Backzeit goldbraun ist, die Quiche mit Alufolie abdecken.
Tipp: Verwenden Sie zum Ausstechen der Teigkreise einen gewellten Ausstecher, so sehen die Quiches besonders hübsch aus.

Tomaten-Zucchini-Quiche

Für 1 Tarteform von 28 cm Durchmesser: 1 Rezept Quicheteig (siehe Seite 270/271)
Füllung: je 1 gelber und grüner Zucchino | 6 Tomaten
Eiersahne: 3 Eier (Größe M) | 150 ml Sahne | 50 g frisch geriebener Parmesan | Salz | Muskatnuss | 2 Zweige Thymian
Außerdem: Frischhaltefolie | Alufolie

1 Den Teig wie im Grundrezept beschrieben zubereiten, ausrollen und in die gefettete und bemehlte Tarteform legen. Zucchini und Tomaten waschen und in dünne Scheiben schneiden. Eier, Sahne, Parmesan, Salz und 1 Prise frisch geriebene Muskatnuss in einem hohen Mixbecher fein mixen. Den Backofen auf 200° vorheizen (Umluft 175°).
2 Die Zucchini und Tomaten rosettenförmig auf dem Teig verteilen und die Eiersahne darübergießen. Thymianblättchen abzupfen, die Quiche damit bestreuen. Im vorgeheizten Backofen auf der mittleren Schiene 20 Minuten backen, dann die Temperatur auf 175° herunterschalten und die Quiche weitere 10–15 Minuten backen (Umluft 150°). Falls die Oberfläche schon vor Ende der Backzeit goldbraun ist, die Quiche mit Alufolie abdecken.

Spargel-Quiche

Für 1 Auflaufform von 15 × 25 cm: 1 Rezept Quicheteig (siehe Seite 270/271)
Füllung: 10 Stangen weißer Spargel | 10 Stangen grüner Spargel | Salz
Eiersahne: 3 Eier | 150 ml Sahne | Salz | Muskatnuss 50 g geriebener Emmentaler | Pfeffer aus der Mühle
Außerdem: Frischhaltefolie | Alufolie

1 Den Teig wie im Grundrezept beschrieben zubereiten, ausrollen und in die gefettete und bemehlte Form legen. Weißen Spargel ganz, grünen Spargel im unteren Drittel schälen, die Enden 2 cm abschneiden. Weißen Spargel 5 Minuten in kochendem Salzwasser garen. Grünen Spargel zugeben und weitere 3 Minuten mitgaren. Abgießen und in Eiswasser abschrecken. Eier, Sahne, Salz und 1 Prise frisch geriebene Muskatnuss in einem hohen Mixbecher fein mixen. Den Backofen auf 200° vorheizen (Umluft 175°).
2 Den Spargel nebeneinander auf dem Teig verteilen und die Eiersahne darübergießen. Die Quiche mit dem Emmentaler bestreuen und mit Pfeffer würzen. Im vorgeheizten Backofen auf der mittleren Schiene 20 Minuten backen, dann die Temperatur auf 175° herunterschalten und die Quiche weitere 10–15 Minuten backen (Umluft 150°). Falls die Oberfläche schon vor Ende der Backzeit goldbraun ist, die Quiche mit Alufolie abdecken.

Spargelquiche

Räuchern

»Davon lass ich lieber die Flossen!«,
sagen viele und verpassen gerade bei Fisch was:
den kräuterwürzigen Geschmack von Rauch,
den vollmundigen Biss von zartem Fleisch,
den lauwarmen Genuss sanfter Frische.
Schauen Sie sich das Forellen-Duett links an:
Wer davon einen Bissen zwischen die Kiemen kriegt,
kann die Flossen nicht mehr bei sich behalten.

Geräucherte Forellen

Für 4 Portionen: 2 frische Forellen (küchenfertig) | 6 Zweige Thymian
5 Zweige Rosmarin | 1 Bio-Zitrone | 2 EL Sonnenblumenöl | Salz
Pfeffer aus der Mühle | 5 angedrückte Wacholderbeeren
Außerdem: Alufolie | 100–150 g Räuchermehl (Buchenspäne)

1 Die Forellen innen und außen waschen und trocken tupfen.

2 Den Thymian und 3 Zweige Rosmarin abbrausen und grob zerteilen. Die Zitrone in Scheiben schneiden.

3 Die Kräuter und die Zitronenscheiben in den Bauch der Forellen legen.

4 Die Haut der Forellen mit dem Öl bestreichen.

5 Die Fische innen und außen großzügig mit Salz und Pfeffer würzen.

»Räuchern ist längst keine komplizierte Sache mehr. Mittlerweile gibt es eine große Auswahl an praktischen Geräten für zuhause. Geräuchertes hält länger als frischer Fisch oder frisches Fleisch. Ich persönlich mag es am liebsten noch lauwarm.«

6 Den Boden eines großen Bräters oder Topfes zum Schutz mit einer doppelten Lage Alufolie auslegen und mit Räuchermehl bedecken. Den Topf auf den Herd stellen und erhitzen.

TIPP Zum Räuchern eignet sich ein großer Bräter oder ein breiter Topf mit Dämpfeinsatz und dicht schließendem Deckel. Spezielles Räucherzubehör und -öfen finden Sie in Läden für Anglerbedarf.

7 Nadeln von 2 Rosmarinzweigen und angedrückte Wacholderbeeren zum Räuchermehl geben.

8 Die Forellen in den Dämpfeinsatz oder auf das entsprechende Gitter legen und in den Topf setzen.

9 Sobald das Räuchermehl zu rauchen beginnt, mit dem Deckel verschließen und die Forellen 10 Minuten im Rauch garen. Das Öffnen des Deckels sollte im Freien geschehen, da sonst der Rauch sehr lange in den Räumen hängt.

TIPP Mit einer transportablen Herdplatte lässt sich auch an einem gut gelüfteten Ort oder im Freien räuchern.

Geräucherte Entenbrust

Geräucherte Garnelen

Geräucherte Entenbrust

Für 4 Portionen: 2 Entenbrüste (à ca. 180 g) | 100 ml Sesamöl | Salz | Pfeffer aus der Mühle | 1 TL angedrückte Korianderkörner | 2 Zweige Rosmarin | 12 runde Wan-Tan-Blätter | 1 Eiweiß | 1 EL gemischte weiße und schwarze Sesamsaat | 1 Thai-Mango | 4 Frühlingszwiebeln 3 EL Sweet-Chili-Sauce | Saft von 1 Limette Außerdem: Alufolie | 100–150 g Räuchermehl

1 Die Haut der Entenbrüste mit einem scharfen Messer einschneiden, mit 2 EL Sesamöl bestreichen und mit Salz und Pfeffer würzen. Den Topfboden mit einer doppelten Lage Alufolie auslegen. Das Räuchermehl, Koriander und Rosmarin im Räuchertopf verteilen und wie im Grundrezept (siehe Seite 278/279) beschrieben 20 Minuten räuchern. Lauwarm abkühlen lassen und in dünne Scheiben schneiden.
2 Die Wan-Tan-Blätter mit Eiweiß bestreichen und mit dem Sesam bestreuen. Im restlichen heißen Sesamöl goldbraun ausbacken. Die Mango schälen, Fruchtfleisch erst vom Stein, dann in dünne Scheiben schneiden. Frühlingszwiebeln putzen, waschen und in dünne Streifen schneiden.
3 Wan-Tan-Blätter, Entenbrustscheiben, Mango und Frühlingszwiebeln so aufeinanderschichten, dass vier Türmchen entstehen. Dabei jede Schicht mit etwas Sweet-Chili-Sauce und Limettensaft beträufeln und mit Salz und Pfeffer würzen.

Geräucherte Garnelen

Für 4 Portionen: 12 Riesengarnelen (roh, mit Schale) 2 EL Olivenöl | Salz | Pfeffer aus der Mühle | 1 Limette 2 Zweige Rosmarin Außerdem: Alufolie | 100–150 g Räuchermehl

1 Die Garnelen bis auf das Schwanzende aus der Schale lösen. Rundherum mit Olivenöl bestreichen, mit Salz und Pfeffer würzen. Limette vierteln. Garnelen mit Limettenvierteln und Rosmarinzweigen auf den Einsatz legen und wie im Grundrezept (siehe Seite 278/279) beschrieben räuchern.
2 Servieren Sie die Garnelen z. B. mit Curry-Mango-Mayonnaise (siehe Seite 222), zu einem sommerlichen Blattsalat mit Balsamico-Honig-Vinaigrette (siehe Seite 462) oder zum Kürbispüree (siehe Seite 266).

Räucherforelle auf Kräutercreme

Für 4 Portionen: 2 geräucherte Forellen (siehe Grundrezept Seite 278/279) | 2 große festkochende Kartoffeln 50 g Butterschmalz | Salz | Pfeffer aus der Mühle ½ Rezept Kräutermayonnaise (siehe Seite 222) 100 g Creme fraîche | Schale von ½ unbehandelten Zitrone 50 g Forellenkaviar | 4 Kerbelblättchen

1 Die Haut der Forellen abziehen und die Filets von den Gräten lösen. Kartoffeln waschen, trocken tupfen und in 2–3 mm dünne Scheiben hobeln. Butterschmalz in einer Pfanne erhitzen, die Kartoffelscheiben darin goldbraun ausbacken. Auf Küchenpapier abtropfen lassen und mit Salz und Pfeffer würzen.
2 Die Kräutermayonnaise mit der Creme fraîche mischen und mit Zitronenschale abschmecken. Kräutercreme auf Tellern verteilen und die Kartoffelscheiben und Forellenstücke darauf schichten. Mit Forellenkaviar und Kerbel garnieren.

Räucherforelle auf Kräutercreme

Ravioli

Satt- und Glücklichmacher, die was in der Tasche haben.
In der gehobenen Pasta-Szene stets willkommen,
machen sie mit feinen Saucen Pikantschaft
und sorgen in Pink, Schwarz, Grün und Orange durch
buntes Aussehen für Aufsehen.

Ravioli mit Hackfleischfüllung

Für 4 Portionen: 150 g Mehl | 150 g Hartweizengrieß | 1 gestr. TL Salz
3 Eier (Größe M) | 1 EL Öl | Mehl zum Ausrollen | 1 Eigelb zum Bestreichen
Füllung: 3 Schalotten | 2 Knoblauchzehen | 1 rote Chilischote | 2 Zweige Thymian | 1 Zweig Rosmarin | 50 ml Olivenöl | 350 g Rinderhackfleisch
2 EL Tomatenmark | Salz | Pfeffer aus der Mühle | 50 g Butter | 2 Zweige glatte Petersilie

1 Mehl, Grieß und Salz in einer großen Knetschüssel mischen und in die Mitte eine Mulde drücken. Eier und Öl in die Mulde geben. Alle Zutaten von der Mitte aus mischen, dabei das Mehl nach und nach unterkneten. Den Teig mindestens 10 Minuten mit den Händen kräftig kneten (oder 5 Minuten in der Küchenmaschine).

2 Den Teig in Frischhaltefolie wickeln und 2 Stunden im Kühlschrank ruhen lassen. Schalotten und Knoblauch schälen und fein würfeln. Chilischote halbieren, entkernen, waschen und trocken tupfen. Schote fein würfeln. Thymian und Rosmarin waschen und trocken schütteln. Die Blättchen bzw. Nadeln abzupfen und fein hacken.

3 Das Olivenöl in einer Pfanne erhitzen. Chili, Schalotten und Knoblauch darin andünsten. Das Hackfleisch dazugeben und anbraten.

4 Das Tomatenmark unterrühren, mit Salz und Pfeffer würzen. Die Masse abkühlen lassen.

5 Den Nudelteig mit einer Nudelmaschine oder einem Rollholz dünn zu langen Bahnen ausrollen.

6 Die Hälfte der Bahnen auf einer bemehlten Arbeitsfläche auslegen und die Hackmasse in kleinen Häufchen im Abstand von 5 cm darauf verteilen.

TIPP Die Füllung versetzt auf der Teigbahn verteilen, damit Sie die Bahn optimal ausnutzen können.

7 Die Zwischenräume mit dem Eigelb bestreichen, damit die Ravioli später beim Garen nicht aufgehen.

8 Jeweils eine zweite Nudelbahn darauflegen. Die Zwischenräume andrücken, damit keine Luftblasen entstehen.

9 Die Ravioli mit Hilfe eines Teigrädchens oder Ravioli-Ausstechers ausschneiden.
Etwas fürs Auge: Benutzen Sie gewellte Ausstecher.

10 Reichlich Salzwasser zum Kochen bringen und die Ravioli darin 3–5 Minuten bei leicht siedendem Wasser offen ziehen lassen. Mit einer Schaumkelle herausheben und in einer Pfanne mit zerlassener Butter schwenken. Mit Salz und Pfeffer würzen. Mit der gehackten Petersilie bestreuen.

TIPP Die Ravioli portionsweise ins Salzwasser geben, damit sie gleichmäßig gar werden.

»Auf die inneren Werte kommt es an. Damit meine ich nicht, eine Dose öffnen und die Füllung beobachten.«

Gelber Nudelteig

Für 4 Portionen: 0,5 g Safranfäden | 150 g Mehl
150 g Hartweizengrieß | 1 gestr. TL Salz | 3 Eier (Größe M)
1 EL Öl

1 Die Safranfäden in 2–3 EL Wasser aufkochen, vom Herd nehmen und abkühlen lassen.
2 Mehl, Grieß und Salz in einer großen Knetschüssel mischen und in die Mitte eine Mulde drücken.
3 Die Eier trennen und die Eigelbe mit dem Safran verquirlen. Eigelbe, Eiweiße und Öl in die Mulde geben. Alle Zutaten von der Mitte aus mischen, dabei das Mehl nach und nach unterkneten. Den Teig mindestens 10 Minuten mit den Händen kräftig kneten (oder 5 Minuten in der Küchenmaschine).

Roter Nudelteig

Für 4 Portionen: 1 Knolle Rote Bete | 150 g Mehl
150 g Hartweizengrieß | 1 gestr. TL Salz | 3 Eier (Größe M)
1 EL Öl

1 Die Rote Bete waschen und grob raspeln. (Achtung, der Saft färbt stark, evtl. Gummihandschuhe benutzen). Raspel in einem Tuch kräftig auspressen und den Saft auffangen.
2 Mehl, Grieß und Salz in einer großen Knetschüssel mischen und in die Mitte eine Mulde drücken.
3 Die Eier trennen, die Eigelbe mit dem Rote-Bete-Saft verquirlen. Eigelbe, Eiweiße und Öl in die Mulde geben. Alle Zutaten von der Mitte aus mischen, dabei das Mehl nach und nach unterkneten. Den Teig mindestens 10 Minuten mit den Händen kräftig kneten (oder 5 Minuten in der Küchenmaschine).

Schwarzer Nudelteig

Für 4 Portionen: 150 g Mehl | 150 g Hartweizengrieß
1 gestr. TL Salz | 3 Eier (Größe M) | 2 Päckchen Tinte vom Sepia (im Fischgeschäft oder Feinkostgeschäft) | 1 EL Öl

1 Mehl, Grieß und Salz in einer großen Knetschüssel mischen und in die Mitte eine Mulde drücken.
2 Die Eier trennen, die Eigelbe mit der Sepia-Tinte verquirlen. Eigelbe, Eiweiße und Öl in die Mulde geben. Alle Zutaten von der Mitte aus mischen, dabei das Mehl nach und nach unterkneten. Den Teig mindestens 10 Minuten mit den Händen kräftig kneten (oder 5 Minuten in der Küchenmaschine).

Grüner Nudelteig

Für 4 Portionen: 300 g frischen Spinat | 150 g Mehl
150 g Hartweizengrieß | 1 gestr. TL Salz | 3 Eier (Größe M)
1 EL Öl

1 Den frischen Spinat putzen, waschen und mit 750 ml Wasser in einem Mixer sehr fein pürieren. Spinatsaft vollständig durch ein Tuch in einen Topf pressen. Auf den Herd stellen. Sobald die Flüssigkeit zu kochen beginnt, gerinnt das Blattgrün und setzt sich als Schaum auf der Oberfläche ab. Mit einer Schaumkelle abheben und abtropfen lassen.
2 Mehl, Grieß und Salz in einer großen Knetschüssel mischen und in die Mitte eine Mulde drücken.
3 Die Eier trennen, die Eigelbe mit dem Spinatschaum verquirlen. Eigelbe, Eiweiße und Öl in die Mulde geben. Alle Zutaten von der Mitte aus mischen, dabei das Mehl nach und nach unterkneten. Den Teig mindestens 10 Minuten mit den Händen kräftig kneten (oder 5 Minuten in der Küchenmaschine).

Rote-Bete-Ravioli in Walnussbutter

Muscheltortellini in Schnittlauch-Butter

Entenravioli in Orangen-Thymian-Butter

Rote-Bete-Ravioli in Walnussbutter

Für 4 Portionen: 1 Rezept roter Nudelteig (siehe Seite 288) | Mehl zum Ausrollen | 1 Eigelb zum Bestreichen
Füllung: 3 Schalotten | 2 Knoblauchzehen | 1 rote Chilischote | 1 Bio-Zitrone | ¼ Bund Schnittlauch | 50 ml Olivenöl | 300 g Ricotta | 2 EL Semmelbrösel | 2 Eigelbe (Größe M) | Salz | Pfeffer aus der Mühle | 50 g durchwachsener Speck | 50 g Butter | 2 EL Walnussöl | 50 g Walnusskerne | 2 Zweige glatte Petersilie

1 Den Nudelteig zubereiten und kühl stellen.
2 Schalotten und Knoblauch schälen und fein würfeln. Die Chilischote halbieren, entkernen, Schote fein würfeln. Zitrone heiß abspülen und trocken reiben. Die Schale fein abreiben, den Saft auspressen. Schnittlauch in Röllchen schneiden.
3 Das Olivenöl in einer Pfanne erhitzen. Chili, Schalotten und Knoblauch darin andünsten, etwas abkühlen lassen. Mit dem Ricotta, Semmelbröseln, Eigelben, Schnittlauch, Zitronensaft und -schale in einer Schüssel verrühren, mit Salz und Pfeffer würzen.
4 Den Nudelteig ausrollen, füllen und die Ravioli garen, wie im Grundrezept (Seite 287) beschrieben.
5 Den Speck klein würfeln, in Butter anbraten. Walnussöl und gehackte Walnusskerne dazugeben und die Ravioli darin schwenken. Mit Salz und Pfeffer würzen. Mit Petersilie bestreuen.

Entenravioli in Orangen-Thymian-Butter

Für 4 Portionen: 1 Rezept grüner Nudelteig (siehe Seite 288) | Mehl zum Ausrollen | 1 Eigelb zum Bestreichen
Füllung: 2 rote Zwiebeln | 1 rote Chilischote | 2 EL Olivenöl | 1 TL Zucker | 150 ml Rotwein | Salz | Pfeffer aus der Mühle | 2 Entenbrüste (à 160 g) | 1 Bio-Orange | 2 Zweige Thymian und Thymian zum Garnieren | 50 g Butter

1 Den Nudelteig zubereiten und kühl stellen.
2 Die Zwiebeln schälen und fein würfeln. Chilischote halbieren, entkernen, waschen und trocken tupfen. Schote fein würfeln. Chili- und Zwiebelwürfel in Olivenöl andünsten. Zucker darüberstreuen und karamellisieren lassen. Rotwein dazugießen, salzen und pfeffern. Den Sud sirupartig einkochen und abkühlen lassen.
3 Die Haut der Entenbrüste entfernen. Fleisch unter fließendem Wasser abspülen, trocken tupfen, sehr fein würfeln oder durch die grobe Scheibe des Fleischwolfs drehen. Entenfleisch und eingekochte Zwiebeln mischen und mit Salz und Pfeffer kräftig abschmecken.
4 Den Nudelteig ausrollen, füllen und die Ravioli garen, wie im Grundrezept (Seite 287) beschrieben.
5 Die Orange heiß abspülen und abtrocknen. Die Schale sehr dünn abschälen, in feine Streifen schneiden. Den Saft auspressen. Thymian abbrausen, trocken schütteln und die Blättchen abzupfen. Butter in einer Pfanne erhitzen, Orangensaft, -schale und Thymianblättchen dazugeben, sämig einkochen. Die Ravioli darin schwenken, salzen und pfeffern. Mit Thymianblättchen bestreuen.

Muscheltortellini in Schnittlauchbutter

Für 4 Portionen: 1 Rezept schwarzer Nudelteig (siehe Seite 288) | Mehl zum Ausrollen | 1 Eigelb zum Bestreichen
Füllung: 1 kg Miesmuscheln | 30 ml Olivenöl | 250 ml trockener Weißwein | Salz | 50 g kalte Butter | Pfeffer aus der Mühle | ½ Bund Schnittlauch | 30 g Parmesan (gehobelt)

1 Den Nudelteig zubereiten und kühl stellen.
2 Die Muscheln waschen, abtropfen lassen und, wenn nötig, putzen. Geöffnete Muscheln aussortieren. Muscheln in einem großen Topf im heißen Olivenöl andünsten. Mit Weißwein ablöschen und bei geschlossenem Deckel 5 Minuten köcheln lassen. Geschlossene Muscheln aussortieren. Muschelfleisch aus den Schalen lösen, den Sud durch einen Kaffeefilter gießen und auffangen.
3 Den Nudelteig ausrollen, mit den ausgelösten Muscheln füllen wie im Grundrezept (Seite 287) beschrieben. Mit Hilfe eines Teigrädchens Dreiecke ausschneiden, Ecken zusammenlegen und nach hinten hochschlagen. In reichlich leicht siedendem Salzwasser 3–5 Minuten offen ziehen lassen. Dann abgießen und abtropfen lassen.
4 Den Muschelsud in einer Pfanne aufkochen, die kalte Butter stückweise einrühren und die Sauce damit binden, salzen und pfeffern. Schnittlauch in Röllchen schneiden. Tortellini und Schnittlauch in die Sauce geben und durchschwenken. Mit Parmesanhobeln bestreuen.

Forellenravioli in Tomaten-Estragon-Butter

Für 4 Portionen: 1 Rezept gelber Nudelteig (siehe Seite 288) | Mehl zum Ausrollen | 1 Eigelb zum Bestreichen
Füllung: 4 frische Forellenfilets (à 100 g) | 1 Limette | 2 EL Semmelbrösel | 1 EL Mascarpone | Salz | Pfeffer aus der Mühle | 4 Tomaten | 50 g Butter | 2 Zweige Estragon

1 Den Nudelteig zubereiten und kühl stellen.
2 Die Forellenfilets häuten, Gräten entfernen. Die Filets sehr fein würfeln. Limette heiß abspülen und abtrocknen. Die Schale fein abreiben und den Saft auspressen. Forelle, Limettensaft, -schale, Semmelbrösel und Mascarpone in einer Schüssel verrühren. Mit Salz und Pfeffer würzen.
3 Den Nudelteig ausrollen, wie im Grundrezept (Seite 287) beschrieben. Mit einem Ausstecher (8 cm Durchmesser) Kreise ausstechen. Die Füllung daraufsetzen, die Ränder mit Eigelb bestreichen und die Teigkreise zur Hälfte zusammenklappen und die Ränder gut zusammendrücken. In reichlich leicht siedendem Salzwasser 3–5 Minuten offen ziehen lassen, abgießen und abtropfen lassen.
4 Die Tomaten auf der runden Seite kreuzweise einschneiden, mit kochendem Wasser überbrühen, in Eiswasser abschrecken. Dann häuten, entkernen und würfeln. Butter in einer Pfanne aufschäumen, Tomatenwürfel dazugeben, salzen und pfeffern. Ravioli unterschwenken und mit Estragonblättchen bestreuen.

Forellenravioli in Tomaten-Estragon-Butter

Risotto

Die sanfteste Verführung seit es Reis gibt,
konnte natürlich nur in einem so gefühlvollen Land
wie Italien erfunden werden.
Wo Männer unter sanfter Schale
den richtigen Biss in der Liebe zeigen
und rührselige Frauen
dasselbe bei Risotto in der Küche tun.

Risotto

Für 4 Portionen: 2 Schalotten | 2 Knoblauchzehen | 700 ml Geflügelfond (Glas)
50 g Parmesan | 50 ml Olivenöl | 250 g Risottoreis | 150 ml Weißwein | Salz
Pfeffer aus der Mühle | 50 g kalte Butter

1 Schalotten und Knoblauch schälen und fein würfeln. Den Geflügelfond aufkochen.

2 Parmesan auf der Haushaltsreibe fein reiben.

3 Das Olivenöl in einem großen Topf erhitzen, Schalotten und Knoblauch darin andünsten.

TIPP Für das klassische Risotto milanese (siehe Bild Seite 294) geben Sie an dieser Stelle 0,5 g Safranfäden mit in den Topf.

4 Den Reis zufügen und unter Rühren glasig dünsten.

TIPP Für Risotto brauchen Sie eine spezielle Reissorte. Sie finden Risottoreis unter den Namen Arborio, Carnaroli und Vialone im Handel.

5 Den Weißwein dazugießen und bei milder Hitze unter Rühren einkochen lassen.

»Durch das ständige Rühren reibt sich die Stärke vom Reis ab und verbindet sich mit der Flüssigkeit. Und je gehaltvoller die Brühe ist, umso geschmackvoller ist am Ende der sämige Risotto.«

6 Ein Viertel des heißen Geflügelfonds dazugießen und den Reis unter häufigem Rühren so lange garen, bis die Körner die Flüssigkeit fast vollständig aufgesogen haben.

TIPP Ohne ständiges Rühren kein guter Risotto: Das Rühren bewirkt, dass sich die Stärke aus dem Reiskorn löst und den Risotto cremig macht.

7 Diesen Vorgang noch drei Mal wiederholen, bis der Fond aufgebraucht ist. Das dauert je nach Reissorte 18–25 Minuten.

TIPP Den Fond immer heiß dazugeben, damit der Risotto nicht abkühlt und die Reiskörner gleichmäßig garen. Der Risotto ist perfekt, wenn das Reiskorn außen weich und innen noch leicht bissfest ist.

8 Den Risotto herzhaft mit Salz und Pfeffer abschmecken.

9 Dann den Topf vom Herd nehmen und die gewürfelte kalte Butter untermischen.

10 Zuletzt den fein geriebenen Parmesan unterrühren, damit der Risotto eine cremige Konsistenz bekommt.

LAFERS TIPP Geben Sie kurz vor dem Servieren 2 EL geschlagene Sahne unter den Risotto. Das gibt ihm noch eine besondere Cremigkeit.

Scharfer Risotto mit Chorizo

Für 4 Portionen: 1 rote Chilischote | 200 g Chorizo (scharfe, spanische Paprikawurst) | 700 ml Geflügelfond (Glas) 2 Schalotten | 2 Knoblauchzehen | 80 g Parmesan 50 ml Olivenöl | 250 g Risottoreis | 150 ml Weißwein | Salz Pfeffer aus der Mühle | 50 g kalte Butter | 4 Stängel glatte Petersilie

1 Die Chilischote halbieren, entkernen, waschen und trocken tupfen. Die Schote fein würfeln. Die Chorizo pellen und in 1 cm große Würfel schneiden. Den Geflügelfond aufkochen. Schalotten und Knoblauch schälen und fein würfeln. 30 g Parmesan mit dem Sparschäler fein hobeln, 50 g Parmesan fein reiben.
2 Schalotten, Knoblauch und Chili in Olivenöl andünsten. Den Reis zufügen und unter Rühren glasig dünsten. Den Weißwein dazugießen und unter Rühren einkochen lassen. Chorizowürfel zufügen. Ein Viertel des heißen Fonds dazugießen und den Reis unter Rühren so lange garen, bis die Körner die Flüssigkeit fast vollständig aufgesogen haben. Diesen Vorgang wiederholen, bis der Fond aufgebraucht ist (je nach Reissorte 18–25 Minuten). Den Risotto mit Salz und Pfeffer würzen.
3 Den Topf vom Herd nehmen und die gewürfelte Butter untermischen. Den geriebenen Parmesan unterrühren. Petersilie abbrausen, trockenschütteln, die Blätter fein hacken und untermischen. Den gehobelten Parmesan darüberstreuen.

Basilikumrisotto

Für 4 Portionen: 1 Topf Basilikum | 50 ml Olivenöl 50 g Pinienkerne | 700 ml Geflügelfond (Glas) | 2 Schalotten 2 Knoblauchzehen | 80 g Parmesan | 50 ml Olivenöl 250 g Risottoreis | 150 ml Weißwein | Salz | Pfeffer aus der Mühle | 50 g kalte Butter

1 Die Basilikumblätter von den Stielen zupfen und mit dem Olivenöl mit dem Stabmixer fein pürieren. Die Pinienkerne in einer Pfanne ohne Fett goldbraun rösten. Den Geflügelfond aufkochen. Schalotten und Knoblauch schälen und fein würfeln. 30 g Parmesan mit einem Sparschäler fein hobeln, 50 g Parmesan fein reiben.
2 Olivenöl in einem großen Topf erhitzen, Schalotten und Knoblauch darin andünsten. Den Reis zufügen und unter Rühren glasig dünsten. Den Weißwein dazugießen und bei milder Hitze unter Rühren einkochen lassen. Ein Viertel des heißen Fonds dazugießen und den Reis unter häufigem Rühren so lange garen, bis die Körner die Flüssigkeit fast vollständig aufgesogen haben. Diesen Vorgang noch drei Mal wiederholen, bis der Fond aufgebraucht ist (das dauert je nach Reissorte 18–25 Minuten).
3 Den Risotto salzen und pfeffern, vom Herd nehmen und die gewürfelte kalte Butter untermischen und geriebenen Parmesan unterrühren. Basilikumöl und Pinienkerne untermischen. Den gehobelten Parmesan zuletzt darüberstreuen.

Waldpilzrisotto

Für 4 Portionen: 700 ml Geflügelfond (Glas) | 2 Schalotten 2 Knoblauchzehen | 80 g Parmesan | 50 ml Olivenöl 250 g Risottoreis | 150 ml Weißwein | 400 g frische gemischte Waldpilze (z. B. Steinpilze, Pfifferlinge, Herbsttrompeten) | 100 g Butter (davon 50 g kalt) | Salz Pfeffer aus der Mühle | ½ Bund Schnittlauch

1 Den Geflügelfond aufkochen. Schalotten und Knoblauch schälen und fein würfeln. 50 g Parmesan fein reiben, 30 g Parmesan mit einem Sparschäler fein hobeln. Olivenöl in einem großen Topf erhitzen, Schalotten und Knoblauch darin andünsten. Den Reis zufügen und unter Rühren glasig dünsten.
2 Den Weißwein dazugießen und bei milder Hitze unter Rühren einkochen lassen. Ein Viertel des heißen Fonds dazugießen und den Reis unter häufigem Rühren so lange garen, bis die Körner die Flüssigkeit fast vollständig aufgesogen haben. Diesen Vorgang noch drei Mal wiederholen, bis der Fond aufgebraucht ist (das dauert je nach Reissorte 18–25 Minuten).
3 Die Pilze putzen, mit einem Pinsel oder Küchenpapier säubern und je nach Größe halbieren oder vierteln. 50 g weiche Butter in einer Pfanne erhitzen und die Pilze darin anbraten. Mit Salz und Pfeffer würzen. Schnittlauch in feine Röllchen schneiden.
4 Den Risotto salzen und pfeffern, 50 g kalte Butterwürfel untermischen. Geriebenen Parmesan und die Pilze unterrühren und mit Schnittlauch und gehobeltem Parmesan bestreuen.

Roastbeef

Ein Thermometer, um die Kerntemperatur zu messen,
ist bei Roastbeef das »A und O«.
Dann darf man sich auf rosa Zeiten bei Tisch und die
»Ahhs« und »Ohhs« seiner Gäste freuen.
Die haben den Braten übrigens längst gerochen
und schon mal Platz genommen.

Roastbeef

Für 4 Portionen: 1 kg Roastbeef | 3 Zweige Thymian | 2 Zweige Rosmarin
5 Knoblauchzehen | 1 TL schwarze Pfefferkörner | 50 ml Olivenöl | Salz
50 g Butterschmalz | Fleur de sel
Außerdem: 1 Gefrierbeutel | Alufolie | Fleischthermometer

1 Das Roastbeef von allen Sehnen befreien. Ein Drittel der dicken Fettschicht entfernen.

TIPP Ein Teil der Fettschicht soll am Fleisch bleiben, damit es schön saftig bleibt.

2 Das verbliebene Fett rautenförmig einschneiden, dabei nicht in das Fleisch schneiden.

3 Thymian und Rosmarin abbrausen und gut trocken schütteln. Die Blätter bzw. Nadeln abzupfen und grob hacken. Die Knoblauchzehen ungeschält halbieren. Die Pfefferkörner im Mörser grob zerstoßen.

4 Das Fleisch mit den Kräutern, Knoblauch, Pfeffer und Olivenöl in einen Gefrierbeutel geben. Fest verschließen und mindestens 2 Stunden an einem kühlen Ort marinieren.

TIPP In einem Gefrierbeutel ist das Fleisch rundherum geschützt und man braucht weniger Marinade als in einer Schale.

5 Das Fleisch aus dem Beutel nehmen und die Marinade beiseitestellen. Das Roastbeef rundherum mit Salz würzen.

6 Das Butterschmalz in einer entsprechend großen gusseisernen Pfanne oder einem Bräter erhitzen. Das Roastbeef darin von allen Seiten goldbraun und knusprig anbraten (das dauert pro Seite 2–3 Minuten).

7 Den Backofen auf 100° vorheizen (Umluft 80°). Ein Backblech mit zwei Lagen Alufolie auslegen. Das Fleisch darauflegen und mit der Marinade und den Kräutern bedecken. Das Fleischthermometer hineinstecken.

8 Im vorgeheizten Backofen auf der mittleren Schiene 1–1½ Stunden garen.

9 Bei einer Kerntemperatur von 54–56° ist das Roastbeef medium gebraten. Nach der Garzeit das Roastbeef noch weitere 10 Minuten ruhen lassen, damit der Fleischsaft sich gleichmäßig verteilt. Zum Servieren das Roastbeef quer zur Faser in Scheiben schneiden und mit etwas Fleur de sel bestreuen.

»Das Thermometer ist wichtig, damit Sie keine Überraschung erleben, und das Fleisch auf den Punkt gegart aus dem Ofen kommt. Ich esse zu Roastbeef am liebsten eine Remouladensauce.«

Roastbeef-Kartoffel-Burger

Roastbeef-Röschen

Roastbeef-Kartoffel-Burger

Für 4 Portionen: 4 große festkochende Kartoffeln 3 EL Butterschmalz | Salz | schwarzer Pfeffer aus der Mühle 1 fertig gegartes Roastbeef (siehe Grundrezept Seite 302/303) 2 rote Zwiebeln | 8 Gewürzgurken | 1 Rezept Kräuter-Mayonnaise (siehe Seite 222)

1 Die Kartoffeln schälen, waschen und mit einem Gemüseschneider in lange dünne Fäden schneiden. In 12 gleiche Teile aufteilen. Butterschmalz in einer beschichteten Pfanne erhitzen und portionsweise 12 Kartoffelküchlein (etwa 8 cm Durchmesser) backen. Dafür die Häufchen portionsweise in die Pfanne geben, leicht flach drücken und goldbraun braten. Wenden und auf der zweiten Seite ebenfalls goldbraun braten. Auf Küchenpapier abtropfen lassen und mit Salz und Pfeffer würzen. Die restlichen Küchlein ebenso backen.
2 Vom gegarten Roastbeef 12 etwa ½ cm dicke Scheiben abschneiden. Die Zwiebeln schälen und in feine Scheiben schneiden. Die Gewürzgurken in Scheiben schneiden. Abwechselnd Kartoffelküchlein und Roastbeef mit den Gurken und Zwiebeln zu einem Burger aufschichten, dabei mit Salz und Pfeffer würzen. Mit der Kräutermayonnaise anrichten.

Roastbeef-Röschen

Zutaten für 4 Portionen: ca. 200 g rosa gegartes Roastbeef (siehe Seite 302/303) | Salz | Pfeffer aus der Mühle 12 Scheiben Toastbrot | 50 g Butterschmalz | 6 Wachteleier 12 kleine Salatblätter, (z. B. Spinat-, Romana- oder Kopfsalat) | 100 g Mayonnaise (siehe Seite 220/221)

1 Das Roastbeef in 6 dünne Scheiben schneiden, die Scheiben der Länge nach halbieren und zu Rosen aufrollen. Diese mit etwas Salz und Pfeffer würzen. Aus den Toastbrotscheiben Kreise von etwa 5 cm Durchmesser ausstechen. Butterschmalz in einer Pfanne erhitzen, die Kreise darin von beiden Seiten goldbraun braten. Auf Küchenpapier entfetten.
2 Die Wachteleier in kochendem Wasser 3 Minuten garen. Anschließend kalt abschrecken, pellen und halbieren. Salat waschen, putzen und trocken schleudern. Die Brotscheiben mit Mayonnaise bestreichen, mit je einem Salatblatt und einer Roastbeef-Rose belegen. Auf jedes Roastbeef-Röschen 1 halbes Wachtelei legen und servieren.

Roastbeefsalat mit Thaigemüse

Für 4 Portionen: 400 g fertig gegartes Roastbeef (siehe Grundrezept auf Seite 302/303) | 100 g Mini-Maiskolben 50 g Zuckerschoten | 50 g Thai-Spargel | 1 rote Paprikaschote | 1 gelbe Paprikaschote | 2 Frühlingszwiebeln 2 EL Sesamöl | 50 ml Sojasauce | 2 EL Sweet-Chili-Sauce (Asienladen) | Salz | Pfeffer aus der Mühle | 1 EL weiße Sesamsaat | ½ Bund Koriandergrün

1 Das Roastbeef in ½ cm dicke Streifen schneiden und in eine Schüssel geben. Alle Gemüse putzen, waschen und je nach Größe halbieren oder in Streifen schneiden.
2 Sesamöl in einer Pfanne erhitzen, das Gemüse darin scharf anbraten, mit Sojasauce und Sweet-Chili-Sauce ablöschen. Das Gemüse zum Roastbeef geben und mit Salz und Pfeffer würzen. Sesam darüberstreuen und mit Korianderblättchen garnieren.

Roastbeefsalat mit Thaigemüse

Rösti

Dazu will Alex, in der ganzen Stadt als Schürzenjäger bekannt,
die neue Flamme in seine Junggesellenwohnung einladen.
»Rösti kann ich perfekt«, verspricht er,
»die krieg ich richtig schön mit goldgelber Kruste hin.«
»Ich weiß, dass du nie was anbrennen lässt«,
antwortet sie und sagt freudig zu.

Berner Rösti

Für 4 Portionen: 1 kg festkochende Kartoffeln | Salz | 1 TL Kümmel
2 EL Butterschmalz | 2 EL Butter | Pfeffer aus der Mühle

1 Die Kartoffeln gründlich in reichlich Wasser waschen.

TIPP Für Rösti eine festkochende Kartoffelsorte verwenden. Sie behält beim Raspeln und Braten ihre feste Struktur.

2 Die Kartoffeln in einen großen Topf geben und knapp mit Wasser bedecken. 1 TL Salz und Kümmel dazugeben. Die Kartoffeln nicht zu weich garen. Abgießen, ausdämpfen und über Nacht auskühlen lassen.

3 Am nächsten Tag die Kartoffeln pellen und auf der groben Seite der Vierkantreibe raspeln, mit 1 Prise Salz mischen und in 4 Portionen teilen.

4 ½ EL Butterschmalz in einer beschichteten Pfanne erhitzen. Eine Portion der Kartoffelraspel hineingeben und unter Rühren braten, bis sie leicht gebräunt sind.

5 Dann die Kartoffelmasse mit einem Pfannenwender zu einem Kuchen zusammenschieben.

»Viele kennen Rösti nur als Fertigprodukt und wissen richtige gar nicht mehr zu schätzen. Und wahrscheinlich haben Sie sich genauso oft darüber geärgert, wie Sie sie gegessen haben. Ich biete die Lösung an – damit Rösti aus der Tüte nicht mehr in die Tüte kommt.«

6 Mit einem entsprechend großen Teller beschweren. Die Rösti bei mittlerer Hitze auf der Unterseite goldbraun braten.

7 Dann die Rösti samt Teller stürzen

TIPP Benutzen Sie dazu ein Küchentuch, da der Teller sehr heiß wird.

8 Mit der hellen Seite wieder in die Pfanne gleiten lassen.

9 Die zweite Seite ebenfalls goldbraun braten, dabei am Rand ½ EL Butter in Flöckchen dazugeben. Die fertigen Rösti mit Salz und Pfeffer würzen und im Backofen bei 60° warm halten (Umluft nicht geeignet). Aus der übrigen Kartoffelmasse drei weitere Rösti zubereiten. Die Rösti als Beilage zu Geschnetzeltem servieren (siehe Seite 142/143).

TIPP Noch schneller geht's so: Rohe geschälte Kartoffeln mit einem Spiralschneider zu langen Fäden schneiden. Butterschmalz in einer Pfanne erhitzen, die Kartoffelfäden hineingeben, andrücken und auf der Unterseite goldbraun braten. Die Rösti wenden, Butterflocken dazugeben und bei mittlerer Hitze goldbraun braten. Mit Salz und Pfeffer würzen.

Kürbisrösti

Kürbisrösti

Für 4 Portionen: 500 g festkochende Kartoffeln | Salz 1 TL Kümmel | 500 g Kürbis (z. B. Muskat oder Hokkaido) 2 EL Butterschmalz | 2 EL Butter | Pfeffer aus der Mühle 150 g Feldsalat | 2 EL Weißweinessig | Zucker | 3 EL Walnussöl | 8 Scheiben roher Schinken (z. B. Parma oder Schwarzwälder)

1 Die Kartoffeln gründlich waschen. In einen großen Topf geben und knapp mit Wasser bedecken. 1 TL Salz und den Kümmel dazugeben. Kartoffeln nicht zu weich garen. Abgießen, ausdämpfen und über Nacht auskühlen lassen. Am nächsten Tag die Kartoffeln pellen und auf der groben Seite der Vierkantreibe raspeln. Kürbis waschen, entkernen, ebenfalls grob raspeln (Hokkaido-Kürbis können Sie mit Schale verwenden, Muskat-Kürbis müssen Sie schälen!) Kürbis und Kartoffeln mit 1 Prise Salz mischen und in vier Portionen teilen.
2 ½ EL Butterschmalz in einer beschichteten Pfanne erhitzen. Eine Portion der Kartoffelmischung hineingeben und unter Rühren braten, bis die Raspel leicht gebräunt sind. Dann die Masse mit einem Pfannenwender zu einem Kuchen zusammenschieben. Mit einem entsprechend großen Teller beschweren. Die Rösti bei mittlerer Hitze auf der Unterseite goldbraun braten.
3 Dann die Rösti samt Teller stürzen (Küchentuch benutzen, der Teller ist heiß) und mit der hellen Seite wieder in die Pfanne gleiten lassen. Die zweite Seite ebenfalls goldbraun braten, dabei am Rand ½ EL Butter in Flöckchen dazugeben. Die fertigen Rösti mit Salz und Pfeffer würzen und im Backofen bei 60° warm halten (Umluft nicht geeignet). Aus der übrigen Kartoffelmasse drei weitere Rösti backen.
4 Den Feldsalat putzen, waschen, trocken schleudern. In einer Schüssel mit einer Vinaigrette aus Weißweinessig, Salz, Pfeffer, 1 Prise Zucker und Walnussöl mischen. Den Feldsalat und den Schinken auf den Rösti anrichten.

Spargelrösti mit Lachs

Für 4 Portionen: 500 g festkochende Kartoffeln | Salz 1 TL Kümmel | 250 g weißer Spargel | 250 g grüner Spargel 1 EL Speisestärke | 2 EL Butterschmalz | 2 EL Butter Pfeffer aus der Mühle | 1 EL milder Senf | 2 EL Honig 2 EL Crème fraîche | 1 EL fein geschnittener Dill 200 g Räucherlachs (in dünnen Scheiben)

1 Die Kartoffeln gründlich waschen. In einen großen Topf geben und knapp mit Wasser bedecken. 1 TL Salz und den Kümmel dazugeben. Die Kartoffeln nicht zu weich garen. Abgießen, ausdämpfen und über Nacht auskühlen lassen. Am nächsten Tag die Kartoffeln pellen und auf der groben Seite der Vierkantreibe raspeln. Weißen Spargel ganz, grünen Spargel nur im unteren Drittel schälen. Die Enden 2 cm kürzen. Spargel ebenfalls grob raspeln. Spargel und Kartoffeln mit 1 Prise Salz und Speisestärke mischen und in vier Portionen teilen.
2 ½ EL Butterschmalz in einer beschichteten Pfanne erhitzen. Eine Portion der Kartoffelmischung hineingeben und unter Rühren braten, bis sie leicht gebräunt sind. Dann die Raspel mit einem Pfannenwender zu einem Kuchen zusammenschieben. Mit einem entsprechend großen Teller beschweren. Die Rösti bei mittlerer Hitze auf der Unterseite goldbraun braten.
3 Dann die Rösti samt Teller stürzen (Küchentuch benutzen, der Teller ist heiß) und mit der hellen Seite wieder in die Pfanne gleiten lassen. Die zweite Seite ebenfalls goldbraun braten, dabei am Rand ½ EL Butter in Flöckchen dazugeben. Die fertigen Rösti mit Salz und Pfeffer würzen und im Backofen bei 60° warm halten. (Umluft nicht geeignet). Aus der übrigen Kartoffelmasse drei weitere Rösti backen.
4 Den Senf mit Honig und Crème fraîche mischen, mit Salz und Pfeffer abschmecken und den Dill unterrühren. Rösti mit den Lachsscheiben und der Honig-Senf Sauce servieren.

Spargelrösti mit Lachs

Rote Grütze

Rot! Wenn Wege sich kreuzen,
ist es bei romantischen Begegnungen die Farbe der Liebe
und bei Ampeln höchste Zeit, auf die Bremse zu treten.
Auf das Rot Roter Grütze dagegen fahren alle ab.
Und es kann sich auch garantiert niemand bremsen,
wenn die süße Ampel von Rot auf Gelb und Grün wechselt.
Wie bei Lafers Grütze-Specials auf Seite 320.

Rote Grütze

Für 4 Portionen: 1 Vanilleschote | 1 Bio-Zitrone | 75 g Zucker | 200 ml Kirschsaft
1 Zimtstange | 2 Sternanis | 1 EL Speisestärke | 300 g gemischte Beeren
(z. B. Brombeeren, Himbeeren, Johannisbeeren, Erdbeeren, Blaubeeren)

1 Die Vanilleschote längs aufschneiden und das Mark mit dem Messerrücken herauskratzen.

2 Die Zitrone heiß abspülen und abtrocknen. Die Schale mit einem Sparschäler dünn abschälen und den Saft auspressen.

TIPP Die Zitrone so dünn schälen, dass die weiße Haut komplett an der Frucht bleibt. Die ist nämlich bitter.

3 Zucker in einem Topf bei milder Hitze goldbraun karamellisieren.

4 Den Karamell mit dem Kirschsaft und Zitronensaft ablöschen.

TIPP Wenn die kalte Flüssigkeit dazu kommt, kristallisiert der Zucker und wird fest. Durch das Kochen löst sich der Zucker wieder.

5 Zitronenschale, Zimt, Vanillemark und ausgekratzte Schote sowie Sternanis dazugeben. Bei milder Hitze 5–8 Minuten köcheln lassen.

6 Die Speisestärke mit etwas kaltem Wasser verrühren, bis sie sich vollständig aufgelöst hat.

7 Dann unter ständigem Rühren zum Sud geben. Der Sud sollte eine leicht dickliche Konsistenz haben.

TIPP Ein Schuss Holundersaft gibt dem Sud eine intensivere rote Farbe.

8 Die Beeren verlesen bzw. putzen, evtl. ganz kurz abbrausen und auf Küchenpapier gut abtropfen lassen. Die Erdbeeren je nach Größe vierteln oder halbieren.

TIPP Wenn Sie tiefgekühlte Beeren nehmen: Auftauen, den Saft auffangen und statt des Kirschsaftes verwenden.

9 Den Sud durch ein Sieb über die Beeren gießen.

10 Die Beeren mit dem Sud mischen und die Grütze erkalten lassen.

»Rote Grütze ist eine Hamburger Spezialität. Und auch wer die Hamburger sonst für kühl hält, wird sich für das Rezept erwärmen.«

Gelbe Grütze

Für 4 Portionen: 5 Orangen | 2 reife Pfirsiche | 4 reife Aprikosen | 1 Baby-Ananas | 150 g Physalis (Kapstachelbeeren) | 75 g Zucker | 1 Zimtstange | 2 Sternanis 1 EL Speisestärke

1 2 Orangen so schälen, dass die weiße Haut vollständig entfernt ist. Die Filets mit einem scharfen Messer zwischen den Trennhäuten herausschneiden. Von 3 Orangen den Saft auspressen und 200 ml abmessen.
2 Pfirsiche und Aprikosen waschen, entsteinen und in Würfel schneiden. Ananas schälen, den Strunk entfernen und das Fruchtfleisch in Würfel schneiden. Physalis aus der Hülle lösen, waschen und halbieren. Die Früchte in einer flachen Form verteilen.
3 Zucker in einem Topf goldbraun karamellisieren und mit dem Orangensaft ablöschen. Gewürze zugeben und bei milder Hitze 5–8 Minuten köcheln lassen. Die Speisestärke mit etwas kaltem Wasser anrühren. Unter Rühren nach und nach zum Sud geben, bis er eine leicht dickliche Konsistenz hat. Den Sud durch ein Sieb über die Früchte gießen, alles gut mischen und erkalten lassen.

Grüne Grütze

Für 4 Portionen: 150 g grüne kernlose Weintrauben 2 Kiwis | 2 Äpfel (Granny Smith) | 75 g Zucker | 200 ml heller Traubensaft | 1 EL Speisestärke

1 Trauben waschen, von den Stielen zupfen, abtropfen lassen und halbieren. Kiwis schälen, vierteln und in Scheiben schneiden. Äpfel waschen, schälen, vierteln und das Kerngehäuse entfernen. Die Äpfel würfeln. Die Früchte in einer flachen Form verteilen.
2 Den Zucker in einem Topf goldbraun karamellisieren und mit dem Traubensaft ablöschen. Bei milder Hitze 5–8 Minuten köcheln lassen. Die Speisestärke mit etwas kaltem Wasser anrühren. Unter Rühren nach und nach zum Sud geben, bis er eine leicht dickliche Konsistenz hat. Den Sud durch ein Sieb über die Früchte gießen, alles gut mischen und erkalten lassen.

Rotkohl

Manche sprechen mit Pflanzen.
Wir hören Obst und Gemüse zu,
die in Johann Lafers Küche auf ihren Einsatz warten.
»Schon lange da?«, fragen Apfel und Birne den Rotkohl.
»Gerade angekommen.«
»Vom Supermarkt?«
» Nein, vom Bauern aus der Gegend...«
» Dann müssten wir uns eigentlich kennen.«
»Wieso?«
»Da kommen wir auch her.«
Zeit, Freundschaft zu schließen, bleibt keine mehr:
Bei Lafer wird alles sofort verwertet.

Apfelrotkohl

Für 4 Portionen: 1 kg Rotkohl | 1 Zimtstange | 2 Gewürznelken | 1 Lorbeerblatt
2 Wacholderbeeren | 10 weiße Pfefferkörner | 100 g Apfelmus | 2 EL flüssiger
Honig | 50 ml Weißweinessig | 200 ml Rotwein | 2 Zwiebeln | 250 g Äpfel
(z. B. Boskop) | 50 g Gänseschmalz (ersatzweise Butterschmalz) | Salz
Pfeffer aus der Mühle
Außerdem: 1 Papier-Teefilter, Küchengarn

1 Den Rotkohl vierteln, die äußeren Blätter und den Strunk entfernen. Den Rotkohl in feine Streifen hobeln oder schneiden.

TIPPS Je gleichmäßiger Sie den Kohl schneiden, desto gleichmäßiger wird er gar. Wenn Sie größere Mengen verarbeiten, ist die Küchenmaschine eine praktische Alternative zur Handarbeit mit dem Messer.

2 Zimt, Nelken, Lorbeer, Wacholder und Pfeffer in einen Teefilter oder ein Mulltuch geben und mit Küchengarn zubinden.

3 Rotkohl mit Apfelmus, Honig, Essig und Rotwein mischen und den Gewürzbeutel dazugeben. Den Rotkohl abgedeckt über Nacht im Kühlschrank ziehen lassen.

4 Den Rotkohl in einem Sieb abtropfen lassen. Den Sud dabei auffangen.

5 Die Zwiebeln schälen und fein würfeln. Die Äpfel waschen, schälen und das Fruchtfleisch grob würfeln.

6 Das Schmalz in einem großen Topf erhitzen und die Zwiebelwürfel darin andünsten.

7 Rotkohl zu den Zwiebeln geben und andünsten. Die gewürfelten Äpfel dazugeben und gut mit dem Rotkohl mischen.

8 Mit dem Sud aufgießen und mit 1 TL Salz würzen.

9 Den Rotkohl einmal aufkochen lassen und zugedeckt bei milder Hitze 30 Minuten schmoren. Dann offen 15 Minuten weitergaren, damit der Sud einkocht.

TIPP Für eine leichte Bindung reiben Sie eine kleine mehligkochende Kartoffel in den Kohl und garen sie 5 Minuten mit.

10 Den Gewürzbeutel entfernen und den Rotkohl mit Salz und Pfeffer abschmecken.

TIPP Der Rotkohl bekommt eine fruchtige Ncte, wenn Sie ihn mit Johannisbeer- oder Holunderbeersaft oder mit Preiselbeeren aus dem Glas verfeinern.

»Zunächst einmal: Guten Rotkohl kochen ist keine Hexerei – es gehört allerdings zu den Highlights der klassischen Kochkunst. Nach diesem Geschmackserlebnis kommt bestimmt kein vorgefertigter Kohl mehr in den Topf.«

Gratinierte Rotkohlschnecken

Für 4 Portionen: 1 Rezept Apfel-Rotkohl (abgekühlt, siehe Seite 324/325) | 150 g Mehl | 300 ml Milch | 1 EL flüssige Butter | 2 Eier (Größe M) | Salz | 1 EL Butterschmalz zum Ausbacken | 1 Büffelmozzarella | Pfeffer aus der Mühle 2 EL Schnittlauchröllchen

1 Rotkraut in ein feines Sieb geben und 1 Stunde abtropfen lassen.
2 Aus Mehl, Milch, Butter, Eiern und 1 Prise Salz einen glatten Crêpeteig herstellen. Durch ein Sieb gießen und 30 Minuten ruhen lassen. Eine flache Pfanne mit Butterschmalz einpinseln, nacheinander 8 dünne Crêpes (à 24 cm Durchmesser) backen. Den Backofen auf 200° vorheizen (Umluft 180°).
3 Jeden Crêpe mit Rotkohl füllen und aufrollen. In etwa 5 cm lange Stücke schneiden und in eine Auflaufform stellen. Den Mozzarella in Stücke schneiden und die Röllchen damit belegen. Mit Salz und Pfeffer würzen und im vorgeheizten Backofen 10–12 Minuten goldbraun gratinieren. Mit Schnittlauchröllchen bestreuen.

Gebackene Rotkohlknödel

Für 4 Portionen: 1 Rezept Apfel-Rotkohl (abgekühlt, siehe Seite 324/325) | 2 EL Speisestärke | 2 Eier (Größe M) 50 ml Sahne | 100 g Mehl | 200 g Semmelbrösel | Salz Pfeffer aus der Mühle
Außerdem: 1 l Öl zum Ausbacken

1 Das Rotkraut mit der Stärke mischen, mit 2 Esslöffeln kleine Knödel formen und auf ein Tablett setzen. Etwa 1 Stunde in das Gefrierfach geben.
2 Die Eier mit der Sahne verquirlen. Angefrorene Knödel zuerst im Mehl wenden, dann durch die Eiersahne ziehen und in den Semmelbröseln wenden. Dann noch einmal durch die Eiersahne ziehen und in den Semmelbröseln wenden.
3 Das Öl in einem hohen Topf erhitzen. Nehmen Sie einen nicht zu großen, hohen Topf (ca. 20 cm Durchmesser) – das Öl sollte etwa 5–8 cm hoch darin stehen – oder eine Fritteuse. Die Knödel portionsweise schwimmend im heißen Öl goldbraun ausbacken. Auf Küchenpapier abtropfen lassen und im 100° heißen Backofen bis zum Servieren warm halten.
Die Knödel sind die perfekte Beilage zu allen geschmorten Fleisch-, vor allem aber Wildgerichten.

Würzvarianten zum Apfelrotkohl

Statt mit Apfelmus und Äpfeln lässt sich der Rotkohl wie folgt verfeinern:

- Mit 100 ml Birnensaft und 250 g Birnen, dann nach Geschmack den Honig weglassen
- Mit 100 ml Orangensaft und den Fruchtfilets von 2 Orangen oder 100 g Orangenmarmelade
- Mit 100 g Preiselbeeren aus dem Glas, evtl. noch 100 g frische Preiselbeeren mitgaren
- Mit 100 g Feigenmarmelade und 250 g frischen Feigen. Zum Schluss 50 g Walnusskerne untermischen

Gratinierte Rotkohlschnecken

Gebackene Rotkohlknödel

Rouladen

Es war ihr erster Hochzeitstag,
und beide hatten sich was gewünscht.
Sie sich einen Kurs beim Sternekoch,
und er sich Rouladen zum Jubiläum.
Die Klassischen, saftig, zart und mit viel Sauce.
»Hallo Schatz«, rief er, als er von der Arbeit nach Hause kam,
sie in der Küche jedoch nicht vorfand, »wo steckst du?«
»Ich bin noch auf Seite 333, bei Johann!
Aber du kannst schon mal den Tisch decken.«
»Für zwei oder drei?«
»Für zwei natürlich, Liebling!«
Es wäre wohl ihr erster Ehekrach gewesen.
So aber wurde es ein Festmahl mit viel Sauce.

Rinderrouladen

Für 4 Portionen: 1 EL Pflanzenöl | 4 Scheiben Rindfleisch (à 200 g, z. B. aus der Keule)
4 Zwiebeln | 4 Cornichons | 2 EL scharfer Senf | Salz | Pfeffer aus der Mühle
8 Scheiben durchwachsener Speck | 1 Stange Lauch | 2 Möhren | ¼ Sellerieknolle
2 EL Butterschmalz | 1 EL Tomatenmark | ½ l kräftiger Rotwein | ½ l Rinderfond (Glas)
1 Lorbeerblatt | 1 Zweig Thymian | 2 Pimentkörner | 4 schwarze Pfefferkörner
Außerdem: Frischhaltefolie | Küchengarn

1 Frischhaltefolie auf der Arbeitsfläche auslegen, mit Öl bestreichen und das Fleisch darauflegen. Mit einer zweiten leicht geölten Folie bedecken. Die Fleischscheiben mit einem Plattiereisen dünn klopfen.

TIPPS Die meisten Metzger bieten schon dünn geschnittene Rindfleischscheiben für Rouladen an. Wenn Sie kein Plattiereisen haben, nehmen Sie die flache Klinge eines Hackbeils oder eine schwere Pfanne zum Plattieren.

2 2 Zwiebeln schälen und in dünne Streifen schneiden. Cornichons in Streifen schneiden. Das Fleisch auf einer Seite mit dem Senf bestreichen, mit Salz und Pfeffer würzen. 2 Speckscheiben längs auf jede Fleischscheibe legen und je ein Viertel der Gemüsestreifen darauf verteilen.

3 Die Fleischscheiben an den beiden Längsseiten einklappen und aufrollen.

TIPP Das Einklappen an den Längsseiten ist wichtig. Dann kann die Füllung nicht austreten.

4 Die Rouladen wie ein Paket mit Küchengarn binden. Lauch, Möhren, Sellerie und 2 Zwiebeln putzen bzw. schälen, wenn nötig, waschen und in walnussgroße Stücke schneiden.

TIPP Küchengarn wurde extra für den Gebrauch in der Küche entwickelt. Es ist reißfest, hitzebeständig und hygienisch einwandfrei.

5 1 EL Butterschmalz in einem großen Bräter erhitzen und die Rouladen darin von allen Seiten scharf anbraten. Dann herausnehmen und beiseitestellen.

6 1 EL Butterschmalz und das Gemüse in den Bräter geben und ebenfalls anrösten. Das Tomatenmark zufügen und unter Rühren anrösten, bis es am Topfboden leicht ansetzt und braun wird.

TIPP Keine Angst davor, das Gemüse kräftig anzurösten. Das gibt der Sauce den kräftigen Geschmack.

7 Mit ¼ l Rotwein ablöschen und einkochen lassen, bis sich wieder Röststoffe am Topfboden bilden. Durch das Rösten verliert das Tomatenmark seine rote Farbe, und es entsteht die typische dunkelbraune Farbe einer Bratensauce.

8 ¼ l Rotwein und Rinderfond dazugießen. Rouladen, Kräuter und Gewürze in den Sud geben und die Rouladen zugedeckt bei mittlerer Hitze 1½–2 Stunden schmoren.

TIPP Die Rouladen sind gar, wenn Sie mit einer Fleischgabel hineinstechen und die Rouladen wieder leicht von der Gabel gleiten.

9 Die Rouladen aus dem Bräter nehmen. Küchengarn entfernen und die Rouladen im Backofen bei 60° warm halten. Den Schmorfond durch ein Sieb gießen und auf die Hälfte einkochen lassen. Wenn sie sämig wird, hat sie die richtige Konsistenz. Haben Sie etwas Geduld.

10 Die Sauce mit Salz und Pfeffer abschmecken, und die Rouladen in der Sauce wieder erwärmen.

»Ein bisschen Zeit nimmt diese wunderbare Hausmannskost schon in Anspruch. Und vielleicht ist es für Sie ganz praktisch, mehr zu kochen und zwei Tage später mit Hingabe zu genießen, was übrig bleibt.«

Rouladen mit Oliven und Paprika

Für 4 Portionen: 1 EL Pflanzenöl | 4 Scheiben Rindfleisch (à 200 g, z. B. aus der Keule) | 1 rote Paprikaschote 1 grüne Paprikaschote | 1 gelbe Paprikaschote 100 g schwarze Tapenade (Olivenpaste) | Salz | Pfeffer aus der Mühle | 1 Stange Lauch | 2 Möhren | ¼ Knollensellerie 2 Zwiebeln | 2 EL Butterschmalz | 1 EL Tomatenmark ½ l kräftiger Rotwein | ½ l Rinderfond (Glas) | 2 Zweige Oregano | 2 Zweige Thymian | 1 Knoblauchzehe
Außerdem: Frischhaltefolie | Küchengarn

1 Frischhaltefolie auf der Arbeitsfläche auslegen, mit Öl bestreichen und das Fleisch darauflegen. Mit einer zweiten leicht geölten Folie bedecken. Die Fleischscheiben mit einem Plattiereisen dünn klopfen. Die Paprikaschoten putzen, waschen und in feine Streifen schneiden.
2 Das Fleisch mit der Tapenade bestreichen, salzen, pfeffern und je ein Viertel der Paprikastreifen darauf verteilen. Die Fleischscheiben an den beiden Längsseiten einklappen, aufrollen und mit Küchengarn binden. Lauch, Möhren, Sellerie und Zwiebeln putzen bzw. schälen, wenn nötig waschen und in walnussgroße Stücke schneiden.
3 Das Butterschmalz in einem großen Bräter erhitzen und die Rouladen darin von allen Seiten scharf anbraten, herausnehmen und beiseitestellen. Das Gemüse im Bräter anrösten. Das Tomatenmark zufügen und unter Rühren anrösten, bis es am Topfboden leicht ansetzt und braun wird. Mit ¼ l Rotwein ablöschen und einkochen lassen, bis sich wieder Röststoffe am Topfboden bilden. ¼ l Rotwein und Rinderfond dazugießen. Rouladen, Kräuter und Gewürze in den Sud geben, und die Rouladen zugedeckt bei mittlerer Hitze 1½–2 Stunden schmoren, dann heraus nehmen.
4 Küchengarn entfernen und die Rouladen im Backofen bei 60° warm halten. Den Schmorfond durch ein Sieb gießen und auf die Hälfte einkochen lassen, mit Salz und Pfeffer abschmecken. Die Rouladen in der Sauce wieder erwärmen.

Rouladen mit Meerrettich und Roter Bete

Für 4 Portionen: 1 EL Pflanzenöl | 4 Scheiben Rindfleisch (à 200 g, z. B. aus der Keule) | 2 Rote Bete (vorgegart, im Vakuum) | 3 Frühlingszwiebeln | 100 g geriebener Meerrettich (Glas) | Salz | Pfeffer aus der Mühle | 1 Stange Lauch 2 Möhren | ¼ Knollensellerie | 2 Zwiebeln | 2 EL Butterschmalz | 1 EL Tomatenmark | ¼ l trockener Weißwein ½ l Rinderfond (Glas) | 250 ml Sahne | 1 Lorbeerblatt 4 schwarze Pfefferkörner | abgeriebene Schale von 1 Bio-Zitrone
Außerdem: Frischhaltefolie | Küchengarn

1 Frischhaltefolie auf der Arbeitsfläche auslegen, mit Öl bestreichen und das Fleisch darauflegen. Mit einer zweiten leicht geölten Folie bedecken. Die Fleischscheiben mit einem Plattiereisen dünn klopfen. Rote Bete in Streifen schneiden. Frühlingszwiebeln putzen, waschen, in dünne Scheiben schneiden.
2 Das Fleisch auf einer Seite mit der Meerrettichpaste bestreichen, mit Salz und Pfeffer würzen. Je ein Viertel der Roten Bete und der Frühlingszwiebeln darauf verteilen. Die Fleischscheiben an den beiden Längsseiten einklappen, aufrollen und wie ein Paket mit Küchengarn binden. Lauch, Möhren, Sellerie und Zwiebeln putzen bzw. schälen, wenn nötig, waschen und in walnussgroße Stücke schneiden.
3 Das Butterschmalz in einem großen Bräter erhitzen und die Rouladen darin von allen Seiten scharf anbraten. Dann herausnehmen und beiseitestellen. Das Gemüse in den Bräter geben und anrösten. Das Tomatenmark zufügen und unter Rühren anrösten, bis es am Topfboden leicht ansetzt und braun wird. Mit Weißwein ablöschen und einkochen lassen, bis sich wieder Röststoffe am Topfboden bilden. Durch das Rösten verliert das Tomatenmark seine rote Farbe und es entsteht die typische dunkelbraune Farbe einer Bratensauce. Rinderfond und Sahne dazugießen. Rouladen, Kräuter und Gewürze und abgeriebene Zitronenschale in den Sud geben und die Rouladen zugedeckt bei mittlerer Hitze 1½–2 Stunden schmoren, dann aus dem Bräter nehmen.
4 Das Küchengarn entfernen und die Rouladen im Backofen bei 60° warm halten. Den Schmorfond durch ein Sieb gießen und auf die Hälfte einkochen lassen. Die Sauce mit Salz und Pfeffer abschmecken. Die Rouladen in der Sauce wieder erwärmen.

Rouladen mit Basilikumpesto und Feta

Für 4 Portionen: 1 EL Pflanzenöl | 4 Scheiben Rindfleisch (à 200 g, z. B. aus der Keule) | 100 g getrocknete Tomaten (in Öl) | 200 g Feta | 150 g Basilikumpesto (Rezept Seite 248/249) | Salz | Pfeffer aus der Mühle | 1 Stange Lauch 2 Möhren, ¼ Knollensellerie | 2 Zwiebeln | 2 EL Butterschmalz | 1 EL Tomatenmark | ½ l kräftiger Rotwein ½ l Rinderfond (Glas) | 1 Lorbeerblatt | 1 Zweig Thymian 2 Pimentkörner | 4 schwarze Pfefferkörner
Außerdem: Frischhaltefolie | Küchengarn

1 Frischhaltefolie auf der Arbeitsfläche auslegen, mit Öl bestreichen und das Fleisch darauflegen. Mit einer zweiten leicht geölten Folie bedecken. Die Fleischscheiben mit einem Plattiereisen dünn klopfen. Tomaten in feine Streifen schneiden. Feta in kleine Stücke brechen.
2 Das Fleisch auf einer Seite mit dem Pesto bestreichen, mit Salz und Pfeffer würzen. Je ein Viertel der Tomatenstreifen und der Fetastücke darauf verteilen. Die Fleischscheiben an den beiden Längsseiten einklappen, aufrollen und wie ein Paket mit Küchengarn binden. Lauch, Möhren, Sellerie und Zwiebeln putzen bzw. schälen, wenn nötig, waschen und in walnussgroße Stücke schneiden.
3 Das Butterschmalz in einem großen Bräter erhitzen und die Rouladen darin von allen Seiten scharf anbraten. Dann herausnehmen und beiseitestellen. Das Gemüse in den Bräter geben und ebenfalls anrösten. Das Tomatenmark zufügen und unter Rühren anrösten, bis es am Topfboden leicht ansetzt und braun wird. Mit ¼ l Rotwein ablöschen und einkochen lassen, bis sich wieder Röststoffe am Topfboden bilden. ¼ l Rotwein und Rinderfond dazugießen. Rouladen, Kräuter und Gewürze in den Sud geben und die Rouladen zugedeckt bei mittlerer Hitze 1½–2 Stunden schmoren.
4 Die Rouladen aus dem Bräter nehmen. Küchengarn entfernen und die Rouladen im Backofen bei 60° warm halten. Den Schmorfond durch ein Sieb gießen und auf die Hälfte einkochen lassen. Die Sauce mit Salz und Pfeffer abschmecken, die Rouladen kurz in der Sauce ziehen lassen.

Rouladen mit Sellerie und Trüffel

Für 4 Portionen: 1 EL Pflanzenöl | 4 Scheiben Rindfleisch (à 200 g, z. B. aus der Keule) | 2 Stangen Staudensellerie 50 g schwarzer Trüffel | 100 g Trüffelcreme (Delikatessengeschäft) | Salz | Pfeffer aus der Mühle | 1 Stange Lauch 2 Möhren | ¼ Knollensellerie | 2 Zwiebeln | 2 EL Butterschmalz | 1 EL Tomatenmark | ¼ l trockener Weißwein ½ l Rinderfond (Glas) | 250 ml Sahne | 1 Lorbeerblatt 1 Zweig Thymian | 2 Pimentkörner | 4 schwarze Pfefferkörner
Außerdem: Frischhaltefolie | Küchengarn

1 Frischhaltefolie auf der Arbeitsfläche auslegen, mit Öl bestreichen und das Fleisch darauflegen. Mit einer zweiten leicht geölten Folie bedecken. Die Fleischscheiben mit einem Plattiereisen dünn klopfen. Staudensellerie waschen, schälen und in Streifen schneiden. Den Trüffel hauchdünn hobeln.
2 Das Fleisch auf einer Seite mit der Trüffelcreme bestreichen, mit Salz und Pfeffer würzen. Je ¼ der Selleriestreifen und Trüffelscheiben darauf verteilen. Die Fleischscheiben an den beiden Längsseiten einklappen, aufrollen und wie ein Paket mit Küchengarn binden. Lauch, Möhren, Knollensellerie und Zwiebeln putzen bzw. schälen, wenn nötig, waschen und in walnussgroße Stücke schneiden.
3 Das Butterschmalz in einem großen Bräter erhitzen und die Rouladen darin von allen Seiten scharf anbraten. Dann herausnehmen und beiseitestellen. Das Gemüse in den Bräter geben und anrösten. Das Tomatenmark zufügen und unter Rühren anrösten, bis es am Topfboden leicht ansetzt und braun wird. Mit Weißwein ablöschen und einkochen lassen, bis sich wieder Röststoffe am Topfboden bilden. Durch das Rösten verliert das Tomatenmark seine rote Farbe und es entsteht die typische dunkelbraune Farbe einer Bratensauce. Rinderfond und Sahne dazugießen. Rouladen, Kräuter und Gewürze in den Sud geben und die Rouladen zugedeckt bei mittlerer Hitze 1½–2 Stunden schmoren.
4 Die Rouladen aus dem Bräter nehmen. Küchengarn entfernen und die Rouladen im Backofen bei 60° warm halten. Den Schmorfond durch ein Sieb gießen und auf die Hälfte einkochen lassen. Die Sauce mit Salz und Pfeffer abschmecken und die Rouladen kurz in der Sauce ziehen lassen.

TIPP Die Sauce kann noch mit 1 EL Trüffelöl verfeinert werden.

Sauerbraten

Kein Wunder, dass so heißt,
wer die letzten Nächte mit Fräulein Essig verbracht hat.
Doch wenn derart Zartes dabei herauskommt,
übermannt jeden die Fleischeslust.

Sauerbraten

Für 4–6 Portionen: 1 große Möhre | 1 Stange Lauch | ¼ Knollensellerie | 2 Zwiebeln
750 ml Rotwein | 250 ml Rotweinessig | 1 EL Wacholderbeeren (angedrückt)
3 Nelken | 1 EL schwarze Pfefferkörner (zerstoßen) | 3 Lorbeerblätter
100 g Zucker | 1,2–1,5 kg Rinderschulter | 3 EL Butterschmalz | Salz | Pfeffer aus der Mühle | 2 EL Tomatenmark | 2 EL Zuckerrübensirup

1 Das Gemüse und Zwiebeln schälen bzw. putzen, waschen und in walnussgroße Stücke schneiden. Alle übrigen Zutaten abmessen und bereitstellen.

2 Rotwein, Rotweinessig, 250 ml Wasser, Gewürze, Gemüse und Zucker in einen Topf geben und einmal aufkochen. Den Sud abkühlen lassen.

3 Das Fleisch abbrausen, trocken tupfen und in die erkaltete Marinade legen. Das Fleisch soll von der Marinade bedeckt sein.

TIPP Zum Einlegen des Fleisches eignet sich auch gut ein Gefrierbeutel mit Zip-Verschluss.

4 Das Fleisch im Kühlschrank 2–3 Tage marinieren, dabei 2–3 Mal wenden. Das Fleisch herausnehmen und gut abtropfen lassen. Die Marinade durch ein Sieb gießen und den Sud auffangen.

5 Das Fleisch in einem entsprechend großen Bräter im heißen Butterschmalz von allen Seiten braun anbraten. Mit Salz und Pfeffer würzen. Dann herausnehmen und beiseitelegen. Den Backofen auf 180° vorheizen.

6 Das Gemüse in den Bräter geben und 8–10 Minuten anrösten. Tomatenmark zufügen und unter Rühren ebenfalls anrösten.

7 Den aufgefangenen Sud dazugießen.

8 Das Fleisch auf das Gemüse legen und zugedeckt im vorgeheizten Backofen 3–4 Stunden schmoren (Umluft nicht geeignet).

9 Das Fleisch herausnehmen und in der Restwärme des ausgeschalteten Backofens warm halten. Den Schmorsaft durch ein Sieb in einen Topf gießen.

10 Die Sauce 5–8 Minuten einkochen lassen und mit Zuckerrübensirup, Salz und Pfeffer abschmecken.

»Ein wunderbarer Sonntagsbraten, fast ist er in Vergessenheit geraten. Wie wir uns als Kinder immer darauf freuten, wenn wir aus dem Gottesdienst kamen. Es war ein schöner Familienbrauch.«

Rahmsauerbraten vom Kalb

Für 4–6 Portionen: 1 große Möhre | 1 Stange Lauch ¼ Knollensellerie | 2 Zwiebeln | 750 ml Weißwein 250 ml Weißweinessig | 1 EL Wacholderbeeren (angedrückt) 3 Pimentkörner | 1 EL schwarze Pfefferkörner (zerstoßen) 3 Zweige Thymian | 2 Knoblauchzehen (angedrückt) 100 g Zucker | 1,2–1,5 kg Kalbfleisch (aus der Schulter oder Keule) | 3 EL Butterschmalz | Salz | Pfeffer aus der Mühle 2 EL Tomatenmark | 200 ml Sahne

1 Gemüse schälen bzw. putzen, waschen und in walnussgroße Stücke schneiden. Wein, Essig, 250 ml Wasser, Gewürze, Gemüse und Zucker in einem Topf einmal aufkochen. Abkühlen lassen. Fleisch abbrausen, trocken tupfen und in die erkaltete Marinade legen. Im Kühlschrank 2–3 Tage marinieren, dabei 2–3 Mal wenden.
2 Fleisch herausnehmen und gut abtropfen lassen. Marinade durch ein Sieb gießen und den Sud auffangen. Das Fleisch in einem entsprechend großen Bräter im heißen Butterschmalz von allen Seiten braun anbraten, mit Salz und Pfeffer würzen. Dann herausnehmen und beiseitestellen. Den Backofen auf 180° vorheizen.
3 Gemüse in den Bräter geben und 8–10 Minuten anrösten. Tomatenmark zufügen und unter Rühren ebenfalls anrösten. Den aufgefangenen Sud dazugießen, das Fleisch auf das Gemüse legen. Zugedeckt im vorgeheizten Backofen 3–4 Stunden schmoren (Umluft nicht geeignet). Fleisch herausnehmen und in der Restwärme des ausgeschalteten Backofens warm halten. Den Schmorsaft durch ein Sieb in einen Topf gießen. Sahne dazugeben, 10–12 Minuten einkochen lassen, mit Salz und Pfeffer abschmecken. Fleisch in Scheiben schneiden und mit der Sauce servieren.
Dazu passen Kräuter-Kartoffel-Püree und karamellisierte Möhren.

Kräuter-Kartoffel-Püree
600 g mehlig kochende Kartoffeln schälen, waschen und in Stücke schneiden. In einem Dämpfeinsatz über dem heißen Wasserbad weich garen. 100 g gemischte frische Kräuter waschen, trocken schütteln, Blätter von den Stielen zupfen.100 ml Milch und 100 ml Sahne aufkochen, mit Salz und frisch geriebener Muskatnuss würzen und mit den Kräutern mit einem Stabmixer fein pürieren. Die Kartoffeln zweimal durch eine Presse in einen großen Topf drücken. Die heiße Kräuter-Sahne und 50 g Butter in Stücken untermischen.

Karamellisierte Möhren
300 g Möhren waschen, schälen und in Scheiben hobeln. 50 g Butter in einer Pfanne aufschäumen, die Karotten darin 5 Minuten andünsten. Mit 2 TL Zucker goldgelb karamellisieren lassen. Mit 100 ml Gemüsefond (Glas) ablöschen und ca. 5 Minuten köcheln lassen. Mit Salz und Pfeffer würzen.

Wildsauerbraten

Für 4–6 Portionen: 1 große Möhre | 1 Stange Lauch ¼ Knollensellerieknolle | 2 Zwiebeln | 750 ml Rotwein 250 ml Rotweinessig | 1 EL Wacholderbeeren (angedrückt) 1 EL schwarze Pfefferkörner (zerstoßen | 2 Zweige Rosmarin | 3 Lorbeerblätter | 2 Knoblauchzehen | Schale von 1 Bio-Orange | 100 g Zucker | 1,2–1,5 kg Rehkeule 3 EL Butterschmalz | Salz | Pfeffer aus der Mühle 2 EL Tomatenmark | 2 EL Preiselbeeren (Glas)

1 Möhre, Lauch, Knollensellerie und Zwiebeln schälen bzw. putzen, waschen und in walnussgroße Stücke schneiden. Den Wein, Essig, 250 ml Wasser, alle Gewürze, das Gemüse, Kräuter, Knoblauch, Orangenschale und Zucker in einem Topf einmal aufkochen. Abkühlen lassen. Fleisch abbrausen, trocken tupfen und in die erkaltete Marinade legen. Im Kühlschrank 2–3 Tage marinieren, dabei 2–3 Mal wenden.
2 Das Fleisch herausnehmen und gut abtropfen lassen. Marinade durch ein Sieb gießen und den Sud auffangen. Das Fleisch in einem großen Bräter im heißen Butterschmalz von allen Seiten braun anbraten, salzen und pfeffern. Dann herausnehmen und beiseitestellen. Den Backofen auf 180° vorheizen.
3 Gemüse in den Bräter geben und 8–10 Minuten anrösten. Tomatenmark zufügen und unter Rühren ebenfalls anrösten. Den Sud dazugießen, das Fleisch auf das Gemüse legen. Zugedeckt im vorgeheizten Backofen 3–4 Stunden schmoren (Umluft nicht geeignet). Fleisch herausnehmen und im ausgeschalteten Backofen warm halten. Schmorsaft durch ein Sieb in einen Topf gießen, 5–8 Minuten einkochen lassen, mit den Preiselbeeren verfeinern und mit Salz und Pfeffer abschmecken.
Dazu passen Kartoffelklöße (siehe Seite 190/191) und Rosenkohl

Zartes Rosenkohlgemüse
400 g Rosenkohl putzen. Die Blätter von den Röschen ablösen und 2 Minuten in Salzwasser blanchieren. In Eiswasser abschrecken und gut abtropfen lassen. 50 g Butter in einer Pfanne aufschäumen und den Rosenkohl darin anschwitzen. Mit Salz, Pfeffer und frisch geriebener Muskatnuss würzen.

Rheinischer Sauerbraten

Für 4–6 Portionen: 1 Rezept Sauerbraten (siehe Seite 340/341) | 100 g Rosinen | 3 cl brauner Rum | 250 g Bandnudeln | Salz | 50 g Butter | 1 Rezept Rotkohl (siehe Seite 324/325)

1 Den Sauerbraten zubereiten wie im Grundrezept beschrieben. Die Rosinen 10 Minuten in Rum einlegen und die Sauce des Sauerbratens zum Schluss damit verfeinern.
2 Die Bandnudeln in reichlich kochendem Salzwasser garen, abgießen und mit der Butter mischen. Bandnudeln und Sauerbraten mit der Sauce anrichten und Rotkohl dazu servieren.

Rheinischer Sauerbraten

Rahmsauerbraten vom Kalb

Wildsauerbraten

Schmarrn

Bei den Sülzen (ab Seite 410) herumzusülzen,
wäre Schmarrn gewesen.
Aber beim Schmarrn kommen wir nicht drum herum:
lockerer geht's nicht, süßer nicht,
und auch Herzhaftes legen wir Ihnen ans Herz.

Kaiserschmarrn

Für 4 Portionen: 2 EL Rosinen | 3 cl brauner Rum (ersatzweise 30 ml heißer schwarzer Tee | 4 Eier (Größe M) | 125 ml Milch | 120 g Mehl | 50 g Zucker
1 EL saure Sahne | Salz | 50 g Butterschmalz | 50 g Butter | 50 g Zucker
Puderzucker zum Bestreuen

1 Alle Zutaten abwiegen bzw. abmessen und bereitstellen. Die Rosinen in Rum einweichen.

2 Die Eier trennen. Eigelbe in eine große Schüssel geben. Eiweiße bis zur Verwendung kalt stellen.

3 Die Milch zu den Eigelben gießen und mit dem Schneebesen verquirlen.

4 Dann Mehl, Zucker und saure Sahne dazugeben und alles zu einem glatten Teig verrühren.

5 Die Eiweiße mit 1 Prise Salz mit den Quirlen des Handmixers steif schlagen.

*»So holt man sich Hüttenzauber auf den Tisch.
Nicht nur beim Skifahren, sondern das ganze Jahr über.«*

6 Den Eischnee mit einem Schneebesen vorsichtig unter den Teig heben.

7 Das Butterschmalz in einer ofenfesten beschichteten Pfanne erhitzen und den Teig hineingießen. Den Backofen auf 180° vorheizen (Umluft 160°).

TIPP Die Pfanne muss einen ofenfesten Griff haben, weil der Schmarrn im Ofen fertig gebacken wird. Wenn Sie sich nicht sicher sind: den Griff mit Alufolie umwickeln.

8 Die eingeweichten Rosinen darauf streuen. Den Schmarrn bei mittlerer Hitze backen, bis die Unterseite goldbraun ist.

9 Dann die Pfanne auf der mittleren Schiene in den vorgeheizten Backofen schieben und den Schmarrn 10–15 Minuten fertig backen. Den Kaiserschmarrn mit 2 Pfannenwendern in Stücke teilen. Butterflocken und Zucker darüber verteilen und den Schmarrn darin karamellisieren. Zum Schluss mit Puderzucker bestreuen.

Zitronenschmarrn mit Mango

Mohnschmarrn mit Heidelbeeren

Zitronenschmarrn mit Mango

Für 4 Portionen: 2 Stängel Zitronengras | 125 ml Milch 1 reife Mango | 4 Eier (Größe M) | 120 g Mehl 100 g Zucker | 1 EL saure Sahne | Saft von 1 Limette | Salz 50 g Butterschmalz | 50 g Butter | 2 EL Puderzucker zum Bestreuen | 1 EL mildes Currypulver

1 Das Zitronengras in grobe Stücke schneiden, in der Milch einmal aufkochen und 30 Minuten ziehen lassen. Mango schälen, Fruchtfleisch vom Stein schneiden und würfeln. Eier trennen. Eigelbe in eine große Schüssel geben, Eiweiße kalt stellen. Die Milch durch ein Sieb zu den Eigelben gießen und mit dem Schneebesen verquirlen. Mehl, 50 g Zucker, saure Sahne und Limettensaft dazugeben und alles zu einem glatten Teig verrühren. Eiweiße mit 1 Prise Salz steif schlagen und vorsichtig unter den Teig heben. Den Backofen auf 180° vorheizen (Umluft 160°).
2 Butterschmalz in einer ofenfesten, beschichteten Pfanne erhitzen, den Teig hineingießen. Die Mangowürfel daraufstreuen. Bei mittlerer Hitze backen, bis die Unterseite goldbraun ist. Die Pfanne auf der mittleren Schiene in den vorgeheizten Backofen schieben und den Schmarrn in 10–15 Minuten fertig backen. Mit zwei Pfannenwendern in Stücke teilen. Butterflocken und 50 g Zucker darüber verteilen und den Schmarrn darin karamellisieren. Puderzucker und Currypulver mischen und zum Schluss über den Schmarrn streuen.

Mohnschmarrn mit Heidelbeeren

Für 4 Portionen: 50 g gemahlener Mohn | Saft von 1 Orange (etwa 50 ml) | 3 cl weißer Rum | 4 Eier (Größe M) | 125 ml Milch | 120 g Mehl | 100 g Zucker | 1 EL saure Sahne | Salz 50 g Butterschmalz | 2 EL flüssiger Honig | 300 g frische Heidelbeeren (ersatzweise tiefgekühlte aufgetaut) 100 ml Holunder- oder Heidelbeersaft | Mark von 1 Vanilleschote | 1 Zimtstange | 1 TL Speisestärke | 50 g Butter Puderzucker zum Bestreuen

1 Den Mohn in Orangensaft mit Rum 30 Minuten einweichen. Den Teig wie im Grundrezept (siehe Seite 348/349) beschrieben zubereiten. Den Mohn unterheben. Eiweiße und 1 Prise Salz steif schlagen und vorsichtig unter den Teig heben. Den Backofen auf 180° vorheizen (Umluft 160°).
2 Butterschmalz in einer ofenfesten, beschichteten Pfanne erhitzen, den Teig darin bei mittlerer Hitze backen, bis die Unterseite goldbraun ist. Die Pfanne auf der mittleren Schiene in den Backofen schieben und den Schmarrn in 10–15 Minuten fertig backen. Honig in einer Pfanne erhitzen. Die Heidelbeeren dazugeben, mit Holundersaft, Vanillemark und Zimtstange aufkochen. 2–3 Minuten köcheln lassen und mit in etwas kaltem Wasser angerührter Speisestärke binden.
3 Den Mohnschmarrn mit 2 Pfannenwendern in Stücke teilen. Butterflocken und 50 g Zucker darüber verteilen und den Schmarrn darin karamellisieren. Mit Puderzucker bestreuen und mit Heidelbeeren servieren.

Kartoffel-Speck-Schmarrn

Für 4 Portionen: 200 g festkochende Kartoffeln 100 g durchwachsener Speck | 1 Stange Lauch 80 g Butter | 4 Eier (Größe M) | 125 ml Milch | 120 g Mehl 1 EL saure Sahne | Salz | Pfeffer aus der Mühle | Muskatnuss | 50 g Butterschmalz | ½ Bund Schnittlauch Zitronensahne: 1 unbehandelte Zitrone | 150 g saure Sahne 2 TL Meerrettich (Glas) | Salz | Pfeffer aus der Mühle

1 Die Kartoffeln am Vortag als Pellkartoffeln kochen und in der Schale auskühlen lassen. Dann schälen und grob raspeln. Speck fein würfeln. Den Lauch putzen, waschen, dann längs in Streifen schneiden, diese fein würfeln. 30 g Butter in einer Pfanne erhitzen, Lauch- und Speckwürfel darin goldbraun anbraten und herausnehmen.
2 Die Eier trennen. Eigelbe in eine große Schüssel geben. Eiweiße bis zur Verwendung kalt stellen. Milch und Eigelbe mit dem Schneebesen verquirlen. Mehl und saure Sahne dazugeben, mit Salz, Pfeffer und frisch geriebener Muskatnuss würzen und alles mit dem Schneebesen zu einem glatten Teig verrühren. Eiweiße und 1 Prise Salz mit den Quirlen des Handmixers steif schlagen und mit einem Schneebesen vorsichtig unter den Teig heben. Den Backofen auf 180° vorheizen (Umluft 160°).
3 Butterschmalz in einer ofenfesten, beschichteten Pfanne erhitzen und den Teig hineingießen. Kartoffelraspel und Speckmischung darüber verteilen und bei mittlerer Hitze backen, bis die Unterseite goldbraun ist. Dann die Pfanne auf der mittleren Schiene in den vorgeheizten Backofen schieben und den Schmarrn in 10–15 Minuten fertig backen. Mit 2 Pfannenwendern in Stücke teilen. 50 g Butterflocken darüber verteilen und den Schmarrn darin schwenken. Schnittlauch in feine Röllchen schneiden und den Schmarrn damit bestreuen. Die Schale der Zitrone fein abreiben und den Saft auspressen. Mit der sauren Sahne, Meerrettich, Salz und Pfeffer verrühren und zum Schmarrn servieren.

Kartoffel-Speck-Schmarrn

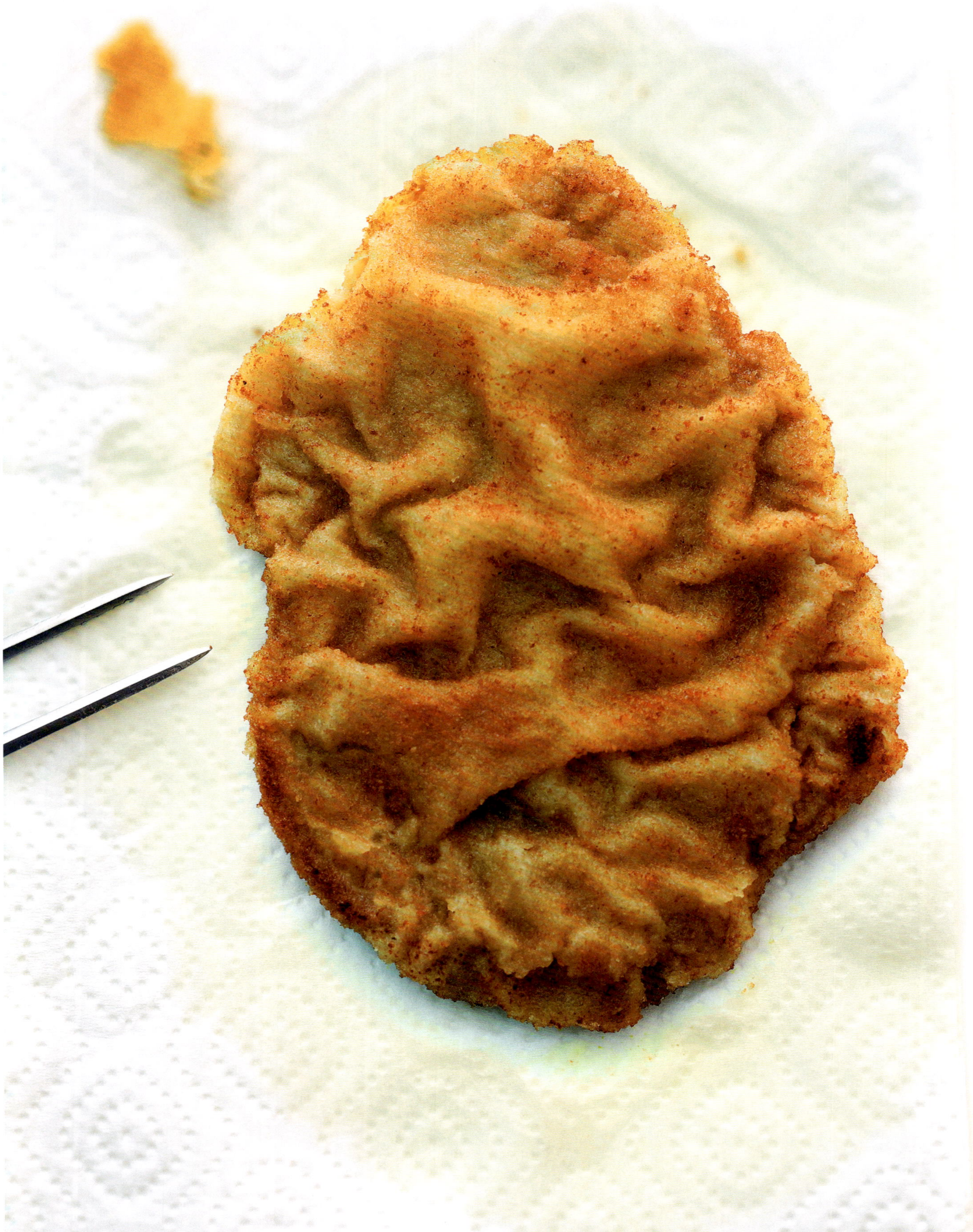

Schnitzel

Immer noch auf Schnitzeljagd?
Blättern Sie um,
und die Jagd ist zu Ende.
Dort finden Sie
das perfekte Schnitzel,
und das Ergebnis
schlägt Wellen.
Bei Ihren Freunden
werden es Wellen
der Begeisterung sein.

Wiener Schnitzel

Für 4 Portionen: 1 EL Öl | 4 Kalbsschnitzel (à 160 g, aus der Kalbsoberschale geschnitten) | Salz | Pfeffer aus der Mühle | 50 g Mehl | 50 ml Sahne
2 Eier (Größe M) | 150 g Semmelbrösel | 200 g Butterschmalz
Garnitur: 4 Zitronenscheiben | 4 Sardellen | 1 EL Kapern | 4 Blättchen glatte Petersilie
Außerdem: Frischhaltefolie

1 Frischhaltefolie auf der Arbeitsfläche ausbreiten und dünn mit Öl bestreichen.

2 Die Kalbsschnitzel nacheinander auf die Folie legen und damit bedecken.

3 Das Fleisch vorsichtig mit einem Plattiereisen dünn, etwa 3-5 mm, klopfen.

TIPP Wenn Sie kein Plattiereisen haben, klopfen Sie das Fleisch mit der flachen Klinge eines Hackbeils oder mit einer schweren Pfanne flach.

4 Die Kalbsschnitzel auf beiden Seiten mit Salz und Pfeffer würzen.

5 Das Mehl sieben, damit es sich locker um das Fleisch legen kann. Das Fleisch in dem Mehl wenden.

»Das echte Schnitzel ist ein Wiener Schnitzel. Es ist aus Kalbfleisch, und die Panade muss beim Braten die typischen Wellen entwickeln. Soufflieren nennen wir Profiköche das. Es soll immer noch Leute geben, die ein gebackenes Schnitzel mit Sauce essen. Das ist für mich ein Frevel.«

6 Das überschüssige Mehl mit den Händen vorsichtig abklopfen.

7 Die Sahne halb steif schlagen. Eier und Sahne in einer flachen Form mit einer Gabel verquirlen.

TIPP Die Eiersahne macht die Panade saftiger.

8 Die melierten Schnitzel durch das verquirlte Ei ziehen und gut abtropfen lassen.

9 Das Fleisch in den Semmelbröseln wenden.

TIPPS Die Panierung nicht andrücken, da sie sonst durchweicht und sich nicht locker und wellig um das Fleisch legt.

10 Das Butterschmalz in einer Pfanne auf 160–170° (Frittier-Thermometer) erhitzen. Die Schnitzel darin schwimmend ausbacken. Damit die Panierung locker und wellig aufgeht: die Pfanne vorsichtig schwenken oder das Fleisch mit dem heißen Fett begießen. Sobald die Unterseite goldgelb gebacken ist, das Schnitzel wenden und auf der zweiten Seite fertig backen. Die goldbraun gebackenen Schnitzel auf Küchenpapier abtropfen lassen.

Garnitur: Auf jede Zitronenscheibe 1 aufgerollte Sardelle, ein paar Kapern und 1 Petersilienblatt geben. Auf die Schnitzel setzen.

9 × anders paniert

Bei den Panaden können Sie Ihrer Fantasie freien Lauf lassen. Als Alternativen zu Semmelbröseln empfehle ich:

Nusspanade

100 g Haselnüsse | Walnüsse oder Macadamianüsse
100 g Semmelbrösel

Die Nüsse in einer Pfanne ohne Öl unter Rühren rösten, bis sie duften. Etwas abkühlen lassen und fein hacken. Mit den Semmelbröseln mischen.

Sesampanade

100 g weiße und schwarze Sesamsaat

Die Sesamsaat können Sie geröstet oder ungeröstet verwenden. Achtung, beim Rösten nicht zu heiß werden lassen, sonst springen sie aus der Pfanne.

Cornflakes-Panade

50 g Cornflakes

Die Cornflakes in einen Gefrierbeutel füllen und mit einem Teigroller im Beutel nicht zu fein zerbröseln. Die Panade ist besonders knusprig und vor allem bei Kindern beliebt.

Kartoffelpanade

50 g Kartoffelflocken für Kartoffelpüree

Die Flocken können pur verwendet oder mit gemahlenen Gewürzen, sehr fein gehackten Kräutern, geriebenem Käse oder gemahlenen Nüssen gemischt werden.

Kräuterbrösel

4-6 Scheiben entrindetes Toastbrot würfeln. Mit Kräuterblättchen (z.B. Petersilie, Salbei, Thymian, Rosmarin) im Standmixer zu feinen Bröseln mixen.

Panko

Panko ist ein grobes asiatisches Paniermehl für eine sehr knusprige Panade. Sie bekommen Panko im Asienladen. Panko lässt sich nach Geschmack mit den unterschiedlichsten Gewürzen mischen.

Haferflockenpanade

100 g zarte Haferflocken

Die Haferflocken können mit allen Lieblingsgewürzen und Kräutern gemischt werden. Sie werden beim Ausbacken schön knusprig und schmecken leicht nussig.

Kokospanade

75 g Kokosraspel

Sie gibt dem Schnitzel einen asiatischen Touch. Kann man auch gut mit Semmelbröseln mischen. Zum Würzen des Schnitzels evtl. statt Pfeffer Curry oder Chilipulver verwenden.

Kürbiskernpanade

150 g Kürbiskerne

Die Kürbiskerne in einer Pfanne ohne Öl unter Rühren rösten, bis sie sich etwas aufblasen. Abkühlen lassen und fein hacken.

Tomatenspaghetti zum Schnitzel alla Italia

Für 4 Portionen: 250 g Spaghetti | Salz | 1 Rezept Tomatensauce (siehe Seite 256) | 10 Basilikumblätter

Die Spaghetti in reichlich Salzwasser bissfest kochen, abgießen und mit der Tomatensauce mischen. Mit Basilikumblättern bestreuen.

Bunter Bohnensalat zum Kräuterschnitzel

Für 4 Portionen: 300 g gelbe und grüne Bohnen | Salz
150 g gelbe und rote Kirschtomaten | 1 rote Zwiebel
4 EL Olivenöl | 2 EL Weißweinessig | Pfeffer aus der Mühle
3 Zweige Bohnenkraut

Bohnen putzen, waschen und längs halbieren. In reichlich Salzwasser 5–8 Minuten garen. In Eiswasser abschrecken und gut abtropfen lassen. Kirschtomaten waschen und halbieren. Zwiebel schälen und fein würfeln. Zwiebel und Kirschtomaten in Olivenöl andünsten, mit Weißweinessig ablöschen. Zu den Bohnen in eine Schüssel geben, mit Salz und Pfeffer würzen und das fein gehackte Bohnenkraut zugeben.

Kartoffel-Rahmwirsing zum Wildschnitzel

Für 4 Portionen: 300 g mehlig kochende Kartoffeln
½ Wirsing (ca. 500 g) | 50 g Butter | 150 ml Geflügelfond (Glas) | 150 ml Sahne | Salz | Pfeffer aus der Mühle | frisch geriebene Muskatnuss | 2 EL Trüffelöl | 20 g frischer Trüffel

Kartoffeln schälen, waschen und grob raspeln. Wirsing putzen und in Streifen schneiden. Die Butter in einem Topf erhitzen und beides darin 2–3 Minuten andünsten. Geflügelfond und Sahne zugeben und das Gemüse bei mittlerer Hitze zugedeckt 15 Minuten köcheln lassen. Dabei gelegentlich umrühren. Mit Salz, Pfeffer und Muskat abschmecken und mit dem Trüffelöl verfeinern. Fein gehobelte Trüffelscheiben darüberstreuen.

Asiatisches Gemüse zum Asia-Schnitzel

Für 4 Portionen: ½ kleiner Spitzkohl- oder Weißkohlkopf
3 EL Sonnenblumenöl | 2 EL Sesamöl | 2–3 EL Reisessig
Salz | Pfeffer aus der Mühle | Zucker | 100 g Glasnudeln
1 Baby-Ananas | 1 EL Sweet-Chili-Sauce | 1–2 EL Sojasauce | 3 Stängel Koriandergrün

Den Kohlkopf durchschneiden, Strunk entfernen. Viertel in feine Streifen hobeln. In einer Schüssel mit Öl, Essig, Salz, Pfeffer und 1 Prise Zucker mischen. Das Kraut kräftig durchkneten.Glasnudeln in einer Schüssel mit kochendem Salzwasser übergießen. Etwa 5 Minuten darin ziehen lassen, dann abgießen und kalt abschrecken. Ananas schälen, vierteln, Strunk entfernen. Ananas klein würfeln. Glasnudeln und Ananaswürfel zum Kraut geben und mit Sweet-Chili-Sauce und Sojasauce untermischen. Koriander abbrausen, trocken schütteln, Blätter abzupfen und unter das Kraut heben. Salat eventuell mit Salz und Pfeffer nochmals abschmecken und 30 Minuten ziehen lassen.

Nussige Wildschnitzel

Schnitzel alla Italia

Asiaschnitzel

Nussige Wildschnitzel

Für 4 Portionen: 100 g gemischte Nüsse | 100 g Semmelbrösel | 1 EL Öl | 4 Wildschnitzel (à 160 g, z. B. aus der Rehkeule oder Nuss geschnitten) | Salz | Pfeffer aus der Mühle | 50 g Mehl | 50 ml Sahne | 2 Eier (Größe M) 200 g Butterschmalz | 3 EL Nussöl
Außerdem: Frischhaltefolie

1 Die Nüsse in einer Küchenmaschine fein mahlen und mit den Semmelbröseln mischen. Die Wildschnitzel wie auf Seite 356/357 beschrieben dünn klopfen, auf beiden Seiten mit Salz und Pfeffer würzen. Das Fleisch im Mehl wenden und das überschüssige Mehl vorsichtig abklopfen. Sahne halb steif schlagen und mit den Eiern in einer flachen Form mit einer Gabel verquirlen. Die melierten Schnitzel durch das verquirlte Ei ziehen, gut abtropfen lassen und in den Nuss-Bröseln wenden.
2 Das Butterschmalz in einer Pfanne erhitzen. Die Schnitzel in dem heißen Butterschmalz schwimmend ausbacken, dabei das Fleisch mit dem heißen Fett begießen. Sobald die Unterseite goldgelb ist, das Schnitzel wenden und fertig backen. Das Nussöl zufügen und die Schnitzel damit übergießen. Die goldbraun gebackenen Schnitzel auf Küchenpapier abtropfen lassen.
Dazu passt: Rahmwirsing (siehe Seite 358)

Asiaschnitzel

Für 4 Portionen: 2 cm frische Ingwerwurzel | 1 kleine rote Chilischote | Koriandersaat aus der Mühle | abgeriebene Schale von 1 Bio-Limette | ½ TL Kurkuma | 100 g Panko (asiatisches Paniermehl) | 1 EL Öl | 4 Kalbsschnitzel (à 160 g, aus der Kalbsoberschale geschnitten) | Salz Pfeffer aus der Mühle | 50 g Mehl | 50 ml Sahne | 2 Eier 1 EL Wasabipaste (Tube) | 200 g Butterschmalz 3 EL Sesamöl
Außerdem: Frischhaltefolie

1 Ingwer schälen und fein reiben. Chilischote halbieren, entkernen, waschen und fein würfeln. Ingwer, Chili, 1 Prise Koriander, Limettenschale und Kurkuma unter die Pankobrösel mischen.
2 Die Kalbsschnitzel wie auf Seite 356/357 beschrieben dünn klopfen, salzen und pfeffern und mit Mehl bestäuben. Die Sahne halb steif schlagen, mit Eiern und Wasabi in einer flachen Form verquirlen. Die melierten Schnitzel durch das verquirlte Ei ziehen, gut abtropfen lassen und in den Pankobröseln wenden.
3 Das Butterschmalz in einer Pfanne erhitzen. Die Schnitzel in dem heißen Butterschmalz schwimmend ausbacken, dabei das Fleisch mit dem heißen Fett begießen. Sobald die Unterseite goldgelb gebacken ist, das Schnitzel wenden und fertig backen. Das Sesamöl zufügen und die Schnitzel damit übergießen. Die goldbraun gebackenen Schnitzel auf Küchenpapier abtropfen lassen.
Dazu passt: Asiatisches Gemüse (siehe Seite 358)

Schnitzel alla Italia

Für 4 Portionen: 30 g getrocknete Tomaten (ohne Öl) 50 g Pinienkerne | 50 g Parmesan | 1 TL frische Oreganoblättchen | 1 altbackenes Ciabatta | 1 EL Öl | 4 Kalbsschnitzel (à 160 g, aus der Kalbsoberschale geschnitten) Salz | Pfeffer aus der Mühle | 50 g Mehl | 50 ml Sahne 2 Eier (Größe M) | 200 g Butterschmalz
Außerdem: Frischhaltefolie

1 Tomaten sehr fein hacken. Pinienkerne ohne Öl in der Pfanne goldbraun rösten. Abkühlen lassen und fein hacken. Parmesan fein reiben. Oregano hacken. Ciabatta grob würfeln und in einer Küchenmaschine zu feinen Bröseln mahlen. Brösel sieben und mit den vorbereiteten Zutaten mischen.
2 Kalbsschnitzel wie auf Seite 356/357 beschrieben dünn klopfen, mit Salz und Pfeffer würzen. Im Mehl wenden, das überschüssige Mehl abklopfen. Die Sahne halb steif schlagen und mit den Eiern in einer flachen Form mit einer Gabel verquirlen. Die melierten Schnitzel durch das verquirlte Ei ziehen, abtropfen lassen und in den Ciabatta-Bröseln wenden.
3 Das Butterschmalz in einer Pfanne erhitzen. Die Schnitzel in dem heißen Butterschmalz schwimmend ausbacken, dabei das Fleisch mit dem heißen Fett begießen. Sobald die Unterseite goldgelb gebacken ist, das Schnitzel wenden und fertig backen. Auf Küchenpapier abtropfen lassen.
Dazu passen: Spaghetti mit Tomatensauce (siehe Seite 358)

Kräuterschnitzel

Für 4 Portionen: 10 Stängel glatte Zweige Petersilie 3 Zweige Thymian | 1 Zweig Rosmarin | 250 g Weizentoastbrot | 1 EL Öl | 4 Lammschnitzel (à 160 g, aus Lammlachsen geschnitten) | Salz | Pfeffer aus der Mühle | 50 g Mehl 50 ml Sahne | 2 Eier (Größe M) | 200 g Butterschmalz
Außerdem: Frischhaltefolie

1 Petersilie abbrausen, trocken schütteln. Thymianblättchen und Rosmarinnadeln abzupfen, alle Kräuter grob hacken. Toastscheiben entrinden, das Brot grob würfeln. Die Kräuter mit dem Toastbrot in einer Küchenmaschine fein mahlen, die Brösel werden intensiv grün.
2 Die Lammschnitzel wie auf Seite 356/357 beschrieben dünn klopfen, auf beiden Seiten salzen und pfeffern. Das Fleisch in Mehl wenden, überschüssiges Mehl vorsichtig abklopfen. Sahne halb steif schlagen, mit den Eiern in einer flachen Form verquirlen. Die melierten Schnitzel durch das Ei ziehen, gut abtropfen lassen und in den Kräuter-Bröseln wenden.
3 Das Butterschmalz in einer Pfanne erhitzen. Die Schnitzel in dem heißen Butterschmalz schwimmend ausbacken, dabei das Fleisch mit dem heißen Fett begießen. Sobald die Unterseite goldgelb ist, das Schnitzel wenden, fertig backen und auf Küchenpapier abtropfen lassen.
Dazu passt: Bunter Bohnensalat (siehe Seite 358)

Kräuterschnitzel

Serviettenknödel

Hier können Sie getrost auch das Handtuch werfen.
Das Küchenhandtuch, um den Teig einzuwickeln.
Erstens passt da mehr rein,
was bei den folgenden Rezepten sinnvoll erscheint,
weil keiner mit nur einer Portion zufrieden sein wird;
und zweitens wär's schade um die schöne Stoffserviette:
Die sollte auf dem Tisch lieber für einen gebührenden Empfang
der Sterne-Knödel sorgen.

Serviettenknödel

Für 4 Portionen: 250 g altbackene Brötchen | 1 Zwiebel | 1 Knoblauchzehe
20 g Butter | 200 ml Milch | 2 Eier (Größe M) | Salz | weißer Pfeffer aus der Mühle | Muskatnuss
Außerdem: Geschirrtuch | Küchengarn

1 Die altbackenen Brötchen klein würfeln und in eine Schüssel geben.

2 Die Zwiebel und den Knoblauch schälen und fein würfeln.

3 Die Butter in einer Pfanne erhitzen, Zwiebel- und Knoblauchwürfel darin andünsten.

4 Mit der Milch ablöschen und 2 Minuten köcheln lassen.

5 Die heiße Milchmischung über die Brötchenwürfel gießen.

6 Die Eier zugeben, mit Salz, Pfeffer und frisch geriebener Muskatnuss würzen. Alles gut mischen und 10 Minuten durchziehen lassen.

7 Ein nasses, aber gut ausgewrungenes Geschirrtuch auf der Arbeitsfläche ausbreiten. Die Brötchenmasse darauf geben, dabei etwa 5 cm Rand frei lassen, damit sich die Rolle später gut binden lässt.

TIPP Statt eines Geschirrtuchs können Sie auch eine große Stoffserviette nehmen.

8 Die Masse zu einer Rolle formen und locker in das Tuch wickeln.

9 Die Seiten mit Küchengarn wie ein Bonbon fest zubinden.

10 Einen genügend großen Topf mit reichlich Wasser zum Kochen bringen. Den Knödel hineingeben und in dem leicht siedenden Wasser 30 Minuten ziehen lassen. Dann auswickeln und mit einem dünnen scharfen Messer in Scheiben schneiden.

»Damit werden Sie Familie und Gäste um den Finger wickeln. Versprochen!«

Aprikosenknödel auf Pfifferlingsragout

Räucherlachsknödel auf Gurkennudeln

Brezenknödel mit Radieschen und Weißwurst

Aprikosenknödel auf Pfifferlingsragout

Für 4 Portionen: 250 g altbackene Brötchen | 1 Zwiebel | 2 Knoblauchzehen | 100 g getrocknete Softaprikosen | 20 g Butter | 200 ml Milch | 2 Eier (Größe M) | Salz | Pfeffer aus der Mühle | Muskatnuss | 2 Schalotten | 300 g frische Pfifferlinge (geputzt) | 40 g Butterschmalz | 100 ml Geflügelfond | 200 ml Sahne | 1 TL Speisestärke | ½ Bund glatte Petersilie
Außerdem: Küchengarn

1 Brötchen klein würfeln und in eine Schüssel geben. Zwiebel und 1 Knoblauchzehe schälen und fein würfeln. Aprikosen fein würfeln. Zwiebeln und Knoblauch in der Butter andünsten. Mit Milch ablöschen und 2 Minuten köcheln lassen und über die Brötchenwürfel gießen. Eier und Aprikosenwürfel zugeben, mit Salz, Pfeffer und frisch geriebener Muskatnuss würzen. Alles gut mischen und 10 Minuten durchziehen lassen. Die Masse wie im Grundrezept Seite 366/367 beschrieben in ein Tuch einpacken und garen. Dann in Scheiben schneiden.
2 Die Schalotten und 1 Knoblauchzehe schälen und fein würfeln. Die Pfifferlinge in Butterschmalz anbraten. Schalotten und Knoblauch unterschwenken. Geflügelfond und Sahne dazugießen, 5 Minuten köcheln lassen, salzen und pfeffern. Den Sud mit der in kaltem Wasser angerührten Speisestärke binden. Petersilie abbrausen, trocken schütteln und fein hacken. Unter die Pfifferlinge heben und mit den Knödeln servieren.

Brezenknödel mit Radieschen und Weißwurst

Für 4 Portionen: 250 g altbackene Brezeln | 1 Zwiebel | 1 Knoblauchzehe | 70 g Butter | 200 ml Milch | 2 Eier (Größe M) | Salz | Pfeffer aus der Mühle | Muskatnuss | 1 Bund Radieschen | 4 Weißwürste | 2 TL süßer Senf | 1 EL Weißweinessig | 1 EL Brühe | 4 EL Rapsöl | 2 EL Schnittlauchröllchen | 50 g gewaschener Spinatsalat

1 Brezeln klein würfeln. Zwiebel und Knoblauch schälen und fein würfeln, in 20 g Butter andünsten. Mit Milch ablöschen und 2 Minuten köcheln lassen. Milchmischung über die Brezenwürfel gießen. Eier zugeben, mit Salz, Pfeffer und frisch geriebener Muskatnuss würzen. Alles gut mischen und 10 Minuten durchziehen lassen. Die Masse wie im Grundrezept Seite 366/367 beschrieben in ein Tuch einpacken und garen.
2 Dann auswickeln, abkühlen lassen und in dünne Scheiben schneiden. In 50 g aufgeschäumter Butter von beiden Seiten goldbraun anbraten. Radieschen putzen und waschen, Weißwürste pellen, beides in Scheiben schneiden. Ein Dressing aus Senf, Essig, Brühe, Salz, Pfeffer und Rapsöl rühren und den Schnittlauch zugeben. Brezenscheiben, Weißwurst, Radieschen und Spinatblätter abwechselnd aufeinanderschichten. Jede Schicht mit dem Dressing beträufeln.

Räucherlachsknödel auf Gurkennudeln

Für 4 Portionen: 250 g altbackene Brötchen | 1 Zwiebel | 1 Knoblauchzehe | 150 g Räucherlachs | 20 g Butter | 200 ml Milch | 2 Eier (Größe M) | Salz | Pfeffer aus der Mühle | Muskatnuss | 1 Salatgurke | 4 Stängel Dill | 1 rote Zwiebel | 100 g saure Sahne | Zucker
Außerdem: Küchengarn

1 Die Brötchen klein würfeln. Zwiebel und Knoblauch schälen und fein würfeln. Räucherlachs fein würfeln. Zwiebel und Knoblauch in der Butter andünsten. Mit Milch ablöschen und 2 Minuten köcheln lassen. Die heiße Milchmischung über die Brötchenwürfel gießen. Eier und Räucherlachswürfel zugeben, mit Salz, Pfeffer und frisch geriebener Muskatnuss würzen. Alles gut mischen und 10 Minuten durchziehen lassen. Die Masse wie im Grundrezept Seite 366/367 beschrieben in ein Tuch einpacken und garen. Dann in Scheiben schneiden.
2 Die Gurke schälen und mit Hilfe eines Spiralschneiders in lange dünne Fäden schneiden. Dill abbrausen, trocken schütteln und fein schneiden. Zwiebel schälen und fein würfeln. Gurke, Zwiebel, Dill und saure Sahne in einer Schüssel mischen, mit Salz, Pfeffer und 1 Prise Zucker abschmecken. Die Knödelscheiben auf den Gurkennudeln anrichten.

Lauwarmer Salat von Schinkenknödeln

Für 4 Portionen: 250 g altbackene Brötchen | 1 Zwiebel | 1 Knoblauchzehe | 20 g Butter | 200 ml Milch | 2 Eier (Größe M) | 100 g gewürfelter Parmaschinken | Salz | Pfeffer aus der Mühle | Muskatnuss | 4 Tomaten | 1 rote Zwiebel | 250 g Büffelmozzarella | 30 ml Weißweinessig | Zucker | 30 ml Olivenöl | 1 Bund Basilikum
Außerdem: Küchengarn

1 Brötchen klein würfeln und in eine Schüssel geben. Zwiebel und Knoblauch schälen und fein würfeln, in der Butter andünsten. Mit Milch ablöschen und 2 Minuten köcheln lassen. Die Milchmischung über die Brötchenwürfel gießen. Eier und Schinken dazugeben, mit Salz, Pfeffer und frisch geriebener Muskatnuss würzen. Alles gut mischen und 10 Minuten durchziehen lassen. Die Masse wie im Grundrezept Seite 366/367 beschrieben in ein Tuch einpacken und garen. Auswickeln, 10 Minuten abkühlen lassen und in Scheiben schneiden.
2 Die Tomaten waschen und in Scheiben schneiden, dabei den Stielansatz entfernen. Zwiebel schälen, in Spalten schneiden. Mozzarella in Scheiben schneiden. Essig mit 1 Prise Zucker, Salz und Pfeffer verrühren, Olivenöl unterschlagen. Serviettenknödel, Tomaten, Mozzarella und Zwiebel in einer Schüssel vorsichtig mischen und mit dem Dressing marinieren. Mit Basilikumblättern bestreuen.

Lauwarmer Salat von Schinkenknödeln

Sorbet

Nicht gerade märchenhaft, was die Gebrüder Grimm
in ihrem Deutschen Wörterbuch von 1854 als Sorbet beschrieben,
nämlich ein »…süszes kühlendes getränk,
auch gefroren genossen, in einfachster form
aus einem aufgusz von wasser auf rosinen bestehend
und weiter bereitet aus citronensaft, zucker und ambra.«
Märchenhaft dagegen die Sorbets auf den folgenden Seiten.
Den Gebrüdern Grimm hätten die Worte gefehlt.

Zitronensorbet

Für 750 ml: 3 Bio-Zitronen | 2 Blatt weiße Gelatine | 250 g Zucker
2 sehr frische Eiweiße (Größe M) | Salz

1 Die Zitronen heiß abspülen. Die Schale fein abreiben.

TIPP Nur die gelbe Schale abreiben! Die weißen Schalenteile sind bitter und würden das Sorbet verderben.

2 Gelatine in einer Schüssel in kaltem Wasser einweichen. Den Saft der Zitronen auspressen.

TIPP Wenn Sie die Zitronen vorher mit der flachen Hand auf der Arbeitsfläche ein paar Mal hin- und herrollen, geht das Auspressen leichter und die Zitronen geben mehr Saft ab.

3 Den Zucker in einen Kochtopf geben.

4 250 ml Wasser dazugeben, aufkochen und leise köcheln lassen, bis sich der Zucker vollständig gelöst hat.

TIPP Diesen Zuckersirup nennt man auch Läuterzucker.

5 Die abgeriebene Zitronenschale in den Läuterzucker geben und 3 Minuten leise köcheln lassen.

6 Den Läuterzucker in eine Schüssel geben, mit dem Zitronensaft verrühren und die eingeweichte, gut ausgedrückte Gelatine darin auflösen. Die Flüssigkeit vollständig abkühlen lassen.

7 Eiweiße und 1 Prise Salz mit den Quirlen des Handmixers steif schlagen.

8 Den Eischnee zur abgekühlten Zitronenmischung geben.

TIPP Durch den Eischnee wird das Sorbet besonders luftig.

9 Den Eischnee mit einem Schneebesen vorsichtig unterheben.

10 Die Sorbetmasse in eine Eismaschine füllen und cremig gefrieren lassen.

TIPP Infos zu Eismaschinen finden Sie auch auf Seite 19.

»Ein kühler Genuss zum Dahinschmelzen, mit dem Sie Ihre Gäste auch zwischen den Gängen verwöhnen können.«

Apfelsorbet

Für 500 ml: **2 Blatt weiße Gelatine** in kaltem Wasser einweichen. **250 ml Apfelsaft** mit **250 g Zucker** aufkochen, köcheln lassen, bis sich der Zucker gelöst hat. Ausgedrückte Gelatine darin auflösen, abkühlen lassen. **2 Granny-Smith-Äpfel** schälen, vierteln und das Kerngehäuse entfernen. Das Fruchtfleisch grob würfeln. Mit dem Läuterzucker und dem Saft von **1 Zitrone** 3 Minuten fein pürieren. **2 Eiweiße** mit **1 Prise Salz** steif schlagen und unter das Apfelpüree heben. In der Eismaschine cremig gefrieren.

Birnensorbet

Für 500 ml: **2 Blatt weiße Gelatine** in kaltem Wasser einweichen. **250 ml Birnensaft** mit **250 g Zucker** aufkochen, köcheln lassen, bis sich der Zucker gelöst hat. Die ausgedrückte Gelatine darin auflösen, abkühlen lassen. **3 sehr reife Birnen** schälen, entkernen, das Fruchtfleisch grob würfeln. Mit dem Läuterzucker und **Saft von 1 Zitrone** 3 Minuten fein pürieren. **2 Eiweiße** mit **1 Prise Salz** steif schlagen und unter das Birnenpüree heben. In der Eismaschine cremig gefrieren.

Brombeersorbet

Für 500 ml: **2 Blatt weiße Gelatine** in kaltem Wasser einweichen. **250 ml Wasser** mit **250 g Zucker** aufkochen, köcheln lassen, bis sich der Zucker gelöst hat. Die ausgedrückte Gelatine darin auflösen, abkühlen lassen. **250 g sehr reife Brombeeren** (oder aufgetaute TK -Brombeeren) mit dem Läuterzucker und **Saft von 1 Zitrone** 1 Minute fein pürieren und durch ein feines Sieb streichen. **2 Eiweiße** mit **1 Prise Salz** steif schlagen und unter das Brombeerpüree heben. In der Eismaschine cremig gefrieren.

Pfirsichsorbet

Für 500 ml: **2 Blatt weiße Gelatine** in kaltem Wasser einweichen. **250 ml Maracujasaft** mit **250 g Zucker** aufkochen, köcheln lassen, bis sich der Zucker gelöst hat. Die ausgedrückte Gelatine darin auflösen, abkühlen lassen. **2 sehr reife Pfirsiche** halbieren, entsteinen, das Fruchtfleisch grob würfeln. Mit dem Läuterzucker und **Saft von 1 Zitrone** 3 Minuten fein pürieren und durch ein feines Sieb streichen. **2 Eiweiße** mit **1 Prise Salz** steif schlagen und unter das Pfirsichpüree heben. In der Eismaschine cremig gefrieren.

Himbeersorbet

Für 500 ml: **2 Blatt weiße Gelatine** in kaltem Wasser einweichen. **250 ml Wasser** mit **250 g Zucker** aufkochen, köcheln lassen, bis sich der Zucker gelöst hat. Die ausgedrückte Gelatine darin auflösen, abkühlen lassen. **250 g sehr reife Himbeeren** (oder aufgetaute TK-Himbeeren) mit dem Läuterzucker und **Saft von 1 Zitrone** 1 Minute fein pürieren und durch ein feines Sieb streichen. **2 Eiweiße** mit **1 Prise Salz** steif schlagen und unter das Himbeerpüree heben. In der Eismaschine cremig gefrieren.

Basilikumsorbet

Für 500 ml: **2 Blatt weiße Gelatine** in kaltem Wasser einweichen. **250 ml Wasser** mit **250 g Zucker** aufkochen, köcheln lassen, bis sich der Zucker gelöst hat. Die ausgedrückte Gelatine darin auflösen, abkühlen lassen. Die **Blätter von 2 Töpfen Basilikum** abzupfen. Mit dem Läuterzucker und **Saft von 3 Zitronen** 3 Minuten fein pürieren, durch ein feines Sieb streichen. **2 Eiweiße** mit **1 Prise Salz** steif schlagen und unter das Basilikumpüree heben. In der Eismaschine cremig gefrieren.

Kokossorbet

Für 500 ml: **2 Blatt weiße Gelatine** in kaltem Wasser einweichen. **250 ml Wasser** mit **250 g Zucker** aufkochen, köcheln lassen, bis sich der Zucker gelöst hat. Die ausgedrückte Gelatine darin auflösen, abkühlen lassen. **50 g Instant-Kokospulver** (Asienladen) mit dem Läuterzucker und **Saft von 1 Zitrone** 3 Minuten fein pürieren. **2 Eiweiße** mit **1 Prise Salz** steif schlagen und unter das Kokospüree heben. In der Eismaschine cremig gefrieren.

Orangensorbet

Für 500 ml: **2 Blatt weiße Gelatine** in kaltem Wasser einweichen. **250 ml Orangensaft** mit **250 g Zucker** aufkochen, köcheln lassen, bis sich der Zucker gelöst hat. Ausgedrückte Gelatine darin auflösen, abkühlen lassen. Mit dem Läuterzucker, **Saft von 1 Zitrone** und **0,5 g Safranfäden** 3 Minuten fein pürieren. **2 Eiweiße** mit **1 Prise Salz** steif schlagen und unter das Orangenpüree heben. In der Eismaschine cremig gefrieren.

Zwetschgensorbet

Für 500 ml: **2 Blatt weiße Gelatine** in kaltem Wasser einweichen. **250 ml Wasser** mit **250 g Zucker** aufkochen, köcheln lassen, bis sich der Zucker gelöst hat. Die ausgedrückte Gelatine darin auflösen, abkühlen lassen. **250 g sehr reife Zwetschgen** halbieren und entsteinen. Mit dem Läuterzucker und **Saft von 1 Zitrone** 3 Minuten fein pürieren, durch ein feines Sieb streichen. **2 Eiweiße** mit **1 Prise Salz** steif schlagen und unter das Zwetschgenpüree heben. In der Eismaschine cremig gefrieren.

Soufflé

Wenn die kleinsten aller Aufläufe im Ofen über sich hinauswachsen,
kann es in Feinschmeckerkreisen zu Aufläufen vorm Ofen kommen.
Gehen sie auch richtig auf da drinnen
oder kommt es zum Zusammenbruch?

Am liebsten möchte man den Kleinen durchs Ofenfenster zuwinken
und Mut machen. Aber um Gottes willen die Tür nicht öffnen,
sonst fallen sie in sich zusammen. Mal sehen,
was sich auf den nächsten Seiten hinter verschlossenen Türen tut.

Süßes Soufflé

Für 4 Portionen: 50 g Butter | 50 g Mehl | 1 Vanilleschote | 200 ml Milch
4 Eier (Größe M) | Salz | 80 g Zucker
Außerdem: flüssige Butter und Zucker für die Souffléförmchen

1 Die Souffléförmchen sehr sorgfältig mit flüssiger Butter auspinseln. Zucker hineingeben und die Förmchen so lange wenden, bis sie vollständig damit ausgekleidet sind.

TIPP Die Förmchen sollten innen sehr gut verarbeitet und glatt sein, umso besser geht das Soufflé beim Backen auf.

2 Butter in einem Topf schmelzen. Das Mehl unter Rühren dazugeben und 2 Minuten ohne Farbe anschwitzen. Vanilleschote längs aufschneiden und das Mark herauskratzen. Milch mit Vanillemark einmal aufkochen.

3 Die heiße Vanillemilch unter Rühren zur Mehlschwitze geben und bei mittlerer Hitze so lange abbrennen, bis sich ein weißer Belag am Boden bildet.

4 Die dickflüssige Masse zum Weiterverarbeiten in eine Schüssel umfüllen.

5 Die Eier trennen, die Eiweiße bis zur weiteren Verarbeitung kalt stellen. Den Backofen auf 200° vorheizen (Umluft nicht geeignet).

TIPP Es darf kein Tröpfchen Eigelb in das Eiweiß kommen, sonst lässt sich das Eiweiß nicht zu steifem Schnee schlagen.

6 Die Eigelbe nach und nach unter die Mehlmasse rühren.

7 Die Eiweiße mit 1 Prise Salz steif schlagen. Dabei nach und nach den Zucker einrieseln lassen.

TIPP Die Prise Salz trägt dazu bei, dass der Eischnee schön steif wird.

8 Den Eischnee mit einem Spatel unter die Masse heben.

9 Die vorbereiteten Förmchen bis knapp unter den Rand mit der Soufflémasse füllen und auf ein Backblech stellen.

10 Die Soufflés im vorgeheizten Backofen auf der untersten Einschubleiste 12–15 Minuten garen.

TIPP Die Backofentür während der ganzen Zeit geschlossen halten, sonst geht das Soufflé nicht auf.

»Soufflés sind neben Zabaione die schönste Form, Schaum zu genießen und die größte Herausforderung für einen Koch, das auch richtig hinzukriegen.«

Limetten-Quark-Soufflé

Schokoladen-Zimt-Soufflé

Limetten-Quark-Soufflé

Für 4–6 Portionen: flüssige Butter und Zucker für die Förmchen | 3 Eier (Größe M) | 200 g Magerquark | 2 TL Speisestärke | Saft und fein geriebene Schale von 2 Bio-Limetten Salz | 75 g Zucker | Puderzucker zum Bestäuben

1 Die Soufflèförmchen mit Butter auspinseln und mit Zucker ausstreuen. Den Backofen auf 200° vorheizen. Eier trennen. Eigelbe mit Quark, Speisestärke, Limettenschale und -saft glatt rühren. Eiweiße mit 1 Prise Salz sehr steif schlagen, dabei nach und nach den Zucker einrieseln lassen. Den Eischnee behutsam unter die Quarkmasse heben.
2 Die Förmchen bis knapp unter den Rand mit der Soufflémasse füllen und auf ein Backblech stellen. Im vorgeheizten Backofen auf der untersten Schiene 12–15 Minuten backen (Umluft nicht geeignet). Mit Puderzucker bestäuben und sofort servieren.

Schokoladen-Zimt-Soufflé

Für 4–6 Portionen: flüssige Butter und Zucker für die Förmchen | 100 g Zartbitter-Schokolade (70 %) | 200 ml Milch 1 TL Zimtpulver | 50 g Butter | 50 g Mehl | 2 EL Schokoladenlikör (ersatzweise Baileys) | 4 Eier (Größe M) | Salz 75 g Zucker | Kakaopulver zum Bestäuben

1 Die Souffléförmchen mit flüssiger Butter auspinseln und mit Zucker ausstreuen. Den Backofen auf 200° vorheizen. Schokolade in kleine Stücke hacken. Milch mit Zimt erhitzen. Butter in einem kleinen Topf zerlassen, Mehl dazugeben und anschwitzen. Heiße Zimt-Milch nach und nach zur Mehlschwitze gießen, dabei zügig weiterrühren. 3 Minuten unter Rühren abbrennen, bis sich ein weißer Belag am Topfboden bildet.
2 In eine Schüssel umfüllen, Schokoladen-Likör und gehackte Schokolade zufügen und alles glatt rühren. Die Eier trennen. Eigelbe zur Schokoladenmasse geben und glatt rühren (es sollten möglichst keine Klümpchen vorhanden sein!). Die Eiweiße mit 1 Prise Salz steif schlagen, dabei nach und nach den Zucker einrieseln lassen. Den Eischnee behutsam in zwei bis drei Portionen unterheben.
3 Die Förmchen bis knapp unter den Rand mit der Soufflémasse füllen und auf ein Backblech stellen. Im vorgeheizten Backofen auf der untersten Schiene 12–15 Minuten backen (Umluft nicht geeignet). Soufflés aus dem Ofen nehmen, mit etwas Kakaopulver bestäuben und sofort servieren.

Ziegenkäse-Soufflé

Zutaten für 4–6 Portionen: 3 EL Pinienkerne | 30 g getrocknete Tomaten (in Öl eingelegt) | 30 g schwarze Oliven, entsteint | je 2 Thymian- und Rosmarinzweige 150 g Ziegenfrischkäse | Salz | Pfeffer aus der Mühle 3 Eier (Größe M) | 30 g Mehl | 15 g Zucker | flüssige Butter für die Förmchen

1 Die Pinienkerne in einer Pfanne ohne Fett goldbraun rösten, anschließend klein hacken. Tomaten abtropfen lassen und möglichst klein würfeln. Oliven klein hacken, Kräuter abbrausen, trocken schütteln, die Blätter abzupfen und fein hacken. Alles mit dem Ziegenfrischkäse verrühren und mit Salz, Pfeffer würzen. Den Backofen auf 200° vorheizen.
2 Die Souffléförmchen mit Butter auspinseln. Eier trennen. Eigelbe mit dem Mehl unter die Ziegenkäse-Mischung rühren. Die Eiweiße mit 1 Prise Salz steif schlagen. Dabei den Zucker einrieseln lassen. Eischnee behutsam unter die Ziegenkäse-Mischung heben. Die Förmchen bis knapp unter den Rand mit mit der Soufflémasse füllen und auf ein Backblech stellen. Im vorgeheizten Backofen auf der untersten Schiene 12–15 Minuten backen (Umluft nicht geeignet). Sofort servieren.
Dazu passt sehr gut ein sommerlicher Blattsalat mit Tomaten und Gurken.

Ziegenkäse-Soufflé

Spätzle

Unsere Spätzle sind ein bisschen traurig,
weil es in diesem Kochbuch nach Alphabet geht
und ihr Lieblingspartner Gulasch so weit weg ist.
Bei »G« schmurgelt er ganz vorn vor sich hin.
Und das auch noch in gefährlicher Nähe der Kartoffelklöße,
die genauso heiß auf den feurigen Ungarn sind
und schon bei »K« auf ihn warten.

Spätzle

Für 4 Portionen: 500 g Mehl | 5 Eier (Größe M) | 3 Eigelbe | Salz
150 ml Wasser | Muskatnuss | 50 g Butter

1 Das Mehl in eine Schüssel geben und in die Mitte eine Mulde drücken. Die Eier, Eigelbe, 1 TL Salz und das Wasser in die Mulde geben.

2 Alles von der Mitte aus mit einem Holzlöffel gründlich miteinander vermengen.

3 Den Spätzleteig mit frisch geriebener Muskatnuss würzen.

TIPP Muskatnuss immer frisch reiben! Nur dann entfaltet sie ihr kräftiges würziges Aroma.

4 Anschließend den Teig so lange kräftig schlagen, bis er große Blasen wirft.

5 Der Teig ist optimal, wenn er zäh vom Löffel fällt, ohne zu reißen.

6 Reichlich Wasser in einem großen Topf zum Kochen bringen und gut salzen. Den Teig portionsweise in eine Spätzlepresse füllen.

TIPP Statt der Spätzlepresse können Sie auch einen Spätzlehobel oder ein Spätzlesieb verwenden. Könner schaben die Spätzle direkt vom Brett ins kochende Wasser – aber dazu braucht man Übung.

7 Den Spätzleteig in das kochende Wasser drücken und die Spätzle garen. Sie sind fertig, wenn sie an der Oberfläche schwimmen.

8 Mit einer Schaumkelle herausheben, in Eiswasser abschrecken und gut abtropfen lassen.

TIPP Wenn Sie die Spätzle nicht sofort servieren: Vor Gebrauch kurz mit kaltem Wasser abbrausen, damit sie sich wieder voneinander lösen und dann in der Butter schwenken.

9 Die Butter in einer beschichteten Pfanne erhitzen und die Spätzle darin schwenken.

»Was ich aus meiner Zeit als Kochlehrling kenne und immer hasste, erspare ich Ihnen: das mühsame Spätzleschaben vom Brett. Nehmen Sie Pressen, dann gibt's schneller was zu essen.«

Rote-Bete-Spätzle

1 frische Rote-Bete-Knolle | 500 g Mehl | 5 Eier (Größe M) 3 Eigelbe | Salz | Muskatnuss | 50 g Butter

Rote Bete-Knolle waschen und grob raspeln. Raspel in einem Tuch kräftig auspressen und den Saft auffangen. Den Rote-Bete-Saft mit den Eiern verquirlen und die Spätzle zubereiten, wie im Grundrezept (siehe Seite 388/389) beschrieben.

Kräuterspätzle

1 Bund glatte Petersilie | ½ Bund Kerbel | 2 Zweige Thymian | 2 Zweige Rosmarin | 500 g Mehl | 5 Eier (Größe M) | 3 Eigelbe | Salz | Muskatnuss | 50 g Butter

Die Kräuter abbrausen, trocken schütteln, von den Stielen zupfen und fein hacken. Mit den Eiern verquirlen. Die Spätzle zubereiten, wie im Grundrezept (siehe Seite 388/389) beschrieben.

Curryspätzle

1 EL Currypulver, 1 TL Kurkuma | 500 g Mehl | 5 Eier (Größe M) | 3 Eigelbe | Salz | Muskatnuss | 50 g Butter

Currypulver und Kurkuma mit dem Mehl mischen und die Spätzle zubereiten, wie im Grundrezept (siehe Seite 388/389) beschrieben.

Walnuss-Zimt-Spätzle

100 g sehr fein gemahlene Walnüsse | ½ TL Zimtpulver 400 g Mehl | 5 Eier (Größe M) | 3 Eigelbe | Salz Muskatnuss | 50 g Butter

Walnüsse und Zimtpulver mit dem Mehl mischen und die Spätzle zubereiten, wie im Grundrezept (siehe Seite 388/389) beschrieben.

Rehrücken auf Walnuss-Zimt-Spätzle

Lammkoteletts auf Kräuterspätzle

Zanderfilet auf Rote-Bete-Spätzle

Rehrücken auf Walnuss-Zimt-Spätzle

Für 4 Portionen: 800 g Rehrückenfilet | Salz | Pfeffer aus der Mühle | 2 EL Butterschmalz | 3 Zweige Rosmarin
2 Knoblauchzehen | 3 Wacholderbeeren (angedrückt)
2 EL Preiselbeeren (Glas) | 150 ml Wildfond (Glas)
100 ml Sahne | 4 hellgrüne Wirsingblätter | 50 g Butter
1 Rezept Walnuss-Zimt-Spätzle (siehe Seite 391)

1 Den Backofen auf 120° vorheizen (Umluft 100°). Das Rehrückenfilet von allen Seiten mit Salz und Pfeffer würzen und im heißen Butterschmalz in einer Pfanne rundum anbraten, dabei Rosmarin, Knoblauch und Wacholder in das Bratfett geben. Rehrücken mit den Gewürzen auf ein mit Alufolie ausgelegtes Backblech geben und im vorgeheizten Backofen auf der mittleren Schiene 10-15 Minuten garen. Die Preiselbeeren zum Bratensatz in die Pfanne geben, andünsten und mit Wildfond und Sahne ablöschen. Sämig einkochen lassen und mit Salz und Pfeffer abschmecken. Das Fleisch nach dem Garen 5 Minuten im ausgeschalteten Backofen ruhen lassen.
2 Wirsingblätter vom Strunk befreien und 5 Minuten im kochenden Salzwasser blanchieren, in Eiswasser abschrecken und auf Küchenpapier abtropfen lassen. Fleisch in 4 Stücke schneiden und jedes Stück in ein Wirsingblatt einrollen. Butter in einer Pfanne aufschäumen und die Wirsingrollen darin 2–3 Minuten wenden. Mit Salz und Pfeffer würzen. Jede Wirsingrolle halbieren und auf den Walnuss-Zimt-Spätzle anrichten. Mit der Sauce beträufeln.

Zanderfilet auf Rote-Bete-Spätzle

Für 4 Portionen: 2 Schalotten | 1 Knoblauchzehe
3 EL Olivenöl | 200 ml Fischfond (Glas) | 200 ml Sahne
2 Zanderfilets (mit Haut, ohne Gräten, à 200 g) | Salz
Pfeffer aus der Mühle | Saft von ½ Zitrone | 50 g kalte Butter
50 g frisch geriebener Meerrettich | 2 EL Schnittlauchröllchen | 1 Rezept Rote-Bete-Spätzle (siehe Seite 391)

1 Für den Meerrettichschaum Schalotten und Knoblauch schälen und klein würfeln. 1 EL Olivenöl in einem kleinen Topf erhitzen, Schalotten und Knoblauch darin andünsten, mit Fischfond und Sahne ablöschen und auf die Hälfte einkochen lassen.
2 Die Zanderfilets waschen, trocken tupfen und in Portionsstücke schneiden. Mit Salz, Pfeffer und etwas Zitronensaft würzen und in 2 EL Olivenöl auf der Hautseite etwa 4 Minuten anbraten. Dann wenden und 1 weitere Minute braten.
3 Die Sauce mit Salz und Pfeffer würzen und die kalte Butter mit einem Pürierstab untermixen. Meerrettich und Schnittlauch unterrühren. Zanderfilet mit den Spätzle und dem Meerrettichschaum servieren.

Lammkoteletts auf Kräuterspätzle

Für 4 Portionen: 8 Lammstielkoteletts (à ca. 80 g)
2 EL Butterschmalz | 2 Zweige Thymian | 2 Zweige Rosmarin | 2 Knoblauchzehen | Salz | Pfeffer aus der Mühle
200 ml Lammfond (Glas) | 100 ml Sahne | 50 getrocknete Tomaten (ohne Öl) | 50 g schwarze Oliven (ohne Stein)
2 EL Olivenöl | 2 Zweige Salbei | 10 g Butter | 1 Rezept Kräuterspätzle (s. S. 391)

1 Den Backofen auf 100° vorheizen (Umluft 80°). Die Lammkoteletts in einer Pfanne im heißen Butterschmalz von beiden Seiten 2 Minuten anbraten, Kräuter und Knoblauch dazugeben. Mit Salz und Pfeffer würzen und mit den Aromaten auf ein mit Alufolie ausgelegtes Backblech geben. Im vorgeheizten Backofen auf der mittleren Schiene 5–8 Minuten garen. Bratensatz in der Pfanne mit Lammfond und Sahne ablöschen, sämig einkochen lassen und mit Salz und Pfeffer würzen.
2 Tomaten in Streifen schneiden, Oliven vierteln. Olivenöl in einer Pfanne erhitzen, Tomaten und Oliven darin andünsten. Salbeiblätter abzupfen und in der Butter 3–5 Minuten knusprig braten. Spätzle zu den Tomaten und Oliven geben, mit Salz und Pfeffer würzen und alles gut mischen. Koteletts auf den Spätzle anrichten und mit der Sauce beträufeln. Mit den Salbeiblättern garnieren.

Gebratener Tofu auf Curryspätzle

Für 4 Portionen: 4 Frühlingszwiebeln | 50 g Mini-Maiskolben
50 g Thai-Spargel | 50 g Zuckerschoten | 1 gelbe Paprikaschote | 1 rote Paprikaschote | 20 g frischer Ingwer
1 Knoblauchzehe | 250 g Tofu zum Braten | 2 EL Sesamöl
1 Rezept Curryspätzle (siehe Seite 391, aber nicht in der Butter geschwenkt) | Salz | Pfeffer und Chili aus der Mühle
2 EL Oystersauce | 4 Stängel Koriandergrün

1 Das Gemüse putzen, waschen und je nach Größe halbieren oder in Streifen schneiden.
Ingwer schälen und fein reiben. Knoblauch schälen und klein würfeln. Tofu in Würfel schneiden und im heißen Sesamöl im Wok knusprig braten und herausnehmen.
2 Die vorbereiteten Gemüse, Knoblauch und Ingwer in den Wok geben. Unter Wenden 2–3 Minuten anbraten, die Spätzle dazugeben und weitere 2 Minuten braten. Mit Salz, Pfeffer und Chili würzen, mit Oystersauce ablöschen und den Tofu dazugeben und wieder erwärmen. Mit Korianderblättchen garnieren.

Gebratener Tofu auf Curryspätzle

Steak

Wieso denkt man eigentlich immer an Holzfäller,
wenn von Steaks die Rede ist?
»Vielleicht, weil die sich wie die Axt im Wald aufführen,
wenn sie kein gescheites kriegen«, vermutet Johann Lafer.
Eines wie die Kerle selbst: außen kross und kräftig und innen butterweich.
Bei Lafers Steak dürfen Holzfäller ihre Axt vergessen.
Weil sie sich danach fühlen, als könnten sie Bäume ausreißen.

Rumpsteaks

Für 4 Portionen: 1 TL schwarze Pfeffermischung | 3 Knoblauchzehen
4 Rumpsteaks (à 220 g) | 2 Zweige Thymian | 2 Zweige Rosmarin
30 ml Olivenöl | 40 g Butter | Fleur de sel
Außerdem: 1 großer Gefrierbeutel

1 Die Pfeffermischung in einem Mörser grob zerstoßen. Die Knoblauchzehen mit einer schweren Messerklinge flach drücken.

TIPP Besonders aromatisch ist eine Mischung aus langem Pfeffer, Malabar-Pfeffer, Kubebenpfeffer und Paradieskörnern. Diese besonderen Pfeffersorten bekommen sie in Gewürzläden oder in Online-Shops.

2 Die Rumpsteaks auf beiden Seiten in den Pfeffer drücken und mit den Kräuterzweigen, Knoblauchzehen und Olivenöl in einen Gefrierbeutel geben.

3 Die Aromaten leicht in das Fleisch einmassieren. Den Beutel verschließen und die Rumpsteaks im Kühlschrank mindestens 2 Stunden marinieren.

TIPP Beutel mit einem Zip-Verschluss sind dafür praktisch. Sie lassen sich leicht verschließen und es läuft garantiert nichts aus.

4 Das Fleisch aus dem Gefrierbeutel nehmen, Kräuterzweige und Knoblauchzehen entfernen und beiseitelegen. Rumpsteaks 30 Minuten bei Zimmertemperatur liegen lassen.

5 Den Backofen auf 120° vorheizen (Umluft 100°). Eine große Pfanne (28 cm Durchmesser) erhitzen, das Fleisch in die heiße Pfanne legen.

6 Kräuter und Knoblauch wieder dazugeben. Die Steaks 2–3 Minuten auf der ersten Seite anbraten.

7 Das Fleisch wenden und auf der zweiten Seite ebenfalls 2–3 Minuten braten.

TIPP Wenn Sie Ihr Steak blau/fast roh, rare oder bleu mögen: jetzt aus der Pfanne nehmen, mit Salz und Pfeffer würzen und sofort servieren.

8 Butter dazugeben und das Fleisch damit beträufeln. Die Pfanne vom Herd nehmen.

9 Das Fleisch mit Kräutern, Knoblauch und Butter auf ein mit Backpapier oder Alufolie ausgelegtes Backblech geben. Im vorgeheizten Backofen auf der mittleren Schiene 10–15 Minuten medium garen. Die Rumpsteaks 2 Minuten ruhen lassen und vor dem Servieren mit Salz würzen.

»Die ideale Methode, um ein Steak auf den Punkt hinzukriegen, ist die Kombination von Pfanne und Ofen. Im Ofen entspannt sich das Fleisch nach dem scharfen Anbraten bei niedrigerer Temperatur. Es wird dadurch gleichmäßig rosa gegart!«

Steak-Baguette

**Für 4 Portionen: 1 großes Baguette | 150 g Romana- oder Kopfsalat | 1 Grundrezept Mayonnaise (siehe Seite 220/221)
200 g Maiskörner (Dose) | 1 kleine rote Chilischote
2 EL flüssiger Honig | Salz | Pfeffer aus der Mühle
2 Strauchtomaten | 1 reife Avocado | Saft von ½ Zitrone
2 medium gebratene Rumpsteaks (siehe Seite 398/399)
4 Stängel Koriandergrün**

1 Das Baguette in vier gleich große Stücke schneiden und längs halbieren. Die Schnittflächen in einer heißen Pfanne 2–3 Minuten anrösten. Den Salat putzen, waschen und trocken schleudern.
2 Die Mayonnaise zubereiten. Mais abtropfen lassen. Die Chilischote waschen, putzen und fein würfeln. Beides mit dem Honig und der Mayonnaise verrühren. Mit Salz und Pfeffer würzen.
3 Tomaten waschen, halbieren und den Stielansatz entfernen. Die Tomatenhälften in Scheiben schneiden. Avocado halbieren und den Kern entfernen. Avocado schälen und in Spalten schneiden. Sofort mit dem Zitronensaft beträufeln.
4 Die unteren Baguettehälften mit den Salatblättern belegen, die Mais-Mayonnaise großzügig darauf verteilen. Mit Tomatenscheiben und Avocadospalten belegen, salzen und pfeffern. Die gebratenen Steaks in Scheiben schneiden, darauflegen und mit Salz und Pfeffer würzen. Abgezupfte Korianderblätter daraufstreuen, die oberen Baguettehälften darauflegen.

Strudel

Schade, dass Adam und Eva das Rezept nicht kannten.
Sonst wären wir heute noch im Paradies,
weil Gott die beiden dann vermutlich nicht verjagt,
sondern mitgegessen hätte.
Am Sündenfall lässt sich nichts mehr ändern.
Aber ein Stück Paradies können Sie sich zurückerobern:
mit einem Stück von Johann Lafers paradiesischem Apfelstrudel.

Apfelstrudel

Für 4–6 Portionen: 200 g Mehl und Mehl zum Ausziehen des Teiges | 2 EL Pflanzenöl und 1 TL Öl zum Bestreichen | Salz
Füllung: 1 kg säuerliche Äpfel (z. B. Boskop) | 1 Zitrone | 50 g Butter | 60 g Semmelbrösel
60 g Mandelstifte | 80 g Zucker | 1 TL Zimtpulver | 50 g Rosinen | 3 cl Apfelbrand
Außerdem: 80 g flüssige Butter zum Bestreichen | Puderzucker zum Bestäuben

1 Alle Zutaten abmessen und bereitstellen. Mehl, Öl, 1 Prise Salz und 120 ml lauwarmes Wasser in die Knetschüssel der Küchenmaschine geben und zu einem glatten Teig verkneten. 10 Minuten lang kräftig durchkneten lassen.

2 Den Teig zu einer Kugel formen, mit dem Öl bestreichen, mit Frischhaltefolie abdecken und 2 Stunden im Kühlschrank ruhen lassen.

3 Für die Füllung die Äpfel waschen und schälen. Das Kerngehäuse ausstechen, Fruchtfleisch in dünne Scheiben oder Stifte schneiden. Zitrone halbieren, den Saft auspressen und die Äpfel damit marinieren.

TIPP Das Fruchtfleisch von Äpfeln (und Birnen) wird nicht braun, wenn man es mit Zitronensaft beträufelt.

4 Die Butter in einer Pfanne schmelzen. Semmelbrösel und Mandelstifte darin goldbraun anrösten, Zucker darüberstreuen und leicht karamellisieren lassen. Zimt zufügen und abkühlen lassen. Rosinen im Apfelbrand einweichen.

TIPPS Wer keine Rosinen mag, kann stattdessen getrocknete Cranberrys nehmen. Wenn Kinder mitessen, ersetzen Sie den Apfelbrand durch Apfelsaft!

5 Den Teig aus der Folie wickeln, auf einer leicht bemehlten Arbeitsfläche dünn ausrollen.

6 Den Teig mit dem Handrücken von der Mitte aus dünn über einem sauberen Küchentuch ausziehen.

TIPP Der Teig sollte so dünn ausgezogen sein, dass man das Muster des Küchentuchs durch den Teig hindurch erkennen kann.

7 Den Strudelteig dünn mit der flüssigen Butter bestreichen. Backofen auf 200° vorheizen (Umluft 180°).

8 Den Teig längs bis zur Hälfte mit der Semmelbrösel-Mischung bestreuen. Äpfel und eingeweichte Rosinen gleichmäßig darauf verteilen. Seitenränder 4 cm einschlagen.

TIPP Die Seitenränder großzügig einschlagen, damit die Füllung nicht auslaufen kann.

9 Das Tuch am Rand leicht anheben und den Strudel vorsichtig aufrollen.

TIPP Das Tuch immer wieder nachfassen, damit der Strudel schön kompakt wird.

10 Dann auf ein mit Backpapier ausgelegtes Blech legen, mit der flüssigen Butter bestreichen und auf der mittleren Schiene im vorgeheizten Backofen 20–25 Minuten backen. Den Strudel noch warm in Stücke schneiden, mit Puderzucker bestäuben und servieren.

»Entscheidend fürs perfekte Gelingen sind die richtigen Äpfel und der hauchdünn ausgezogene Teig. Möglichst die im Rezept angegebene Apfelsorte nehmen.«

Trauben-Walnuss-Strudel

Für 4–6 Portionen: 1 Rezept Strudelteig (siehe Seite 404/405 oder 1 Packung Strudelteig aus dem Kühlregal)
Für die Füllung: 500 g kernlose grüne und blaue Weintrauben | 2 Eier (Größe M) | Salz | 50 g Zucker | 1 EL Mehl 3 EL gehackte Walnusskerne | 80 g flüssige Butter zum Bestreichen | Puderzucker zum Bestäuben

1 Die Trauben waschen, gut abtropfen lassen und halbieren. Die Eier trennen. Die Eiweiße mit 1 Prise Salz steif schlagen, Zucker nach und nach einrieseln lassen. Dann die verquirlten Eigelbe, Mehl und Walnüsse unter den Eischnee heben. Den Backofen auf 200° vorheizen (Umluft 180°).
2 Den ausgezogenen Strudelteig dünn mit der flüssigen Butter bestreichen. Den Teig längs bis zur Hälfte mit der Ei-Mischung bestreichen. Die Trauben gleichmäßig darauf verteilen. Seitenränder 4 cm einschlagen, damit die Füllung nicht auslaufen kann. Das Tuch am Rand leicht anheben und den Strudel langsam aufrollen. Das Tuch immer wieder nachfassen, damit der Strudel schön kompakt wird.
3 Dann vorsichtig auf ein mit Backpapier ausgelegtes Blech legen, mit der restlichen flüssigen Butter bestreichen und auf der mittleren Schiene im vorgeheizten Backofen 20–25 Minuten backen. Den Strudel noch warm in Stücke schneiden und mit Puderzucker bestäuben.

Pfirsich-Mandel-Strudel

Für 4–6 Portionen: 1 Rezept Strudelteig (siehe Seite 404/405 oder 1 Packung Strudelteig aus dem Kühlregal)
Für die Füllung: 6 reife Pfirsiche | 2 Eier (Größe M) | Salz 50 g Zucker | 1 EL Mehl | 3 EL gehackte Mandeln 80 g flüssige Butter zum Bestreichen | Puderzucker zum Bestäuben

1 Die Pfirsiche waschen, halbieren, entsteinen und in Stücke schneiden. Die Eier trennen. Die Eiweiße mit 1 Prise Salz steif schlagen, Zucker nach und nach einrieseln lassen. Dann die verquirlten Eigelbe, Mehl und gehackte Mandeln unter den Eischnee heben. Den Backofen auf 200° vorheizen (Umluft 180°).
2 Den ausgezogenen Strudelteig dünn mit der flüssigen Butter bestreichen. Den Teig längs bis zur Hälfte mit der Ei-Mischung bestreichen. Die Pfirsiche gleichmäßig darauf verteilen. Seitenränder 4 cm einschlagen, damit die Füllung nicht auslaufen kann. Das Tuch am Rand leicht anheben und den Strudel langsam aufrollen. Das Tuch immer wieder nachfassen, damit der Strudel schön kompakt wird.
3 Dann vorsichtig auf ein mit Backpapier ausgelegtes Blech legen, mit der restlichen flüssigen Butter bestreichen und auf der mittleren Schiene im vorgeheizten Backofen 20–25 Minuten backen. Den Strudel noch warm in Stücke schneiden und mit Puderzucker bestäuben.

Forellenstrudel mit Spinat

Für 4–6 Portionen: 1 Rezept Strudelteig (siehe Seite 404/405 oder 1 Packung Strudelteig aus dem Kühlregal) Für die Füllung: 300 g frischer Spinat | 2 Schalotten 1 Knoblauchzehe | 110 g Butter | Salz | Pfeffer aus der Mühle | Muskatnuss | 4 frische Forellenfilets (ohne Haut und Gräten) | 50 g gehackte Kürbiskerne

1 Den Spinat putzen, waschen, trocken schleudern und grob hacken. Schalotten und Knoblauch schälen und klein hacken. 30 g Butter in einem großen Topf erhitzen, Schalotten, Knoblauch und Spinat dazugeben und unter Rühren zusammenfallen lassen. Mit Salz, Pfeffer und frisch geriebener Muskatnuss würzen. Abkühlen lassen. Die Forellenfilets würfeln und mit dem Spinat mischen. Den Backofen auf 200° vorheizen (Umluft 180°).
2 80 g Butter schmelzen. Den ausgezogenen Strudelteig dünn mit flüssiger Butter bestreichen. Spinatmischung darauf verteilen. Mit den Kürbiskernen bestreuen. Seitenränder 4 cm einschlagen, damit die Füllung nicht auslaufen kann. Das Tuch am Rand leicht anheben und den Strudel langsam aufrollen. Das Tuch immer wieder nachfassen, damit der Strudel schön kompakt wird.
3 Dann vorsichtig auf ein mit Backpapier ausgelegtes Blech legen, mit der restlichen flüssigen Butter bestreichen und auf der mittleren Schiene im vorgeheizten Backofen 20–25 Minuten backen.

Hähnchenstrudel mit Mango und Kokos

Für 4-6 Portionen: 1 Rezept Strudelteig (siehe Seite 404/405 oder 1 Packung Strudelteig aus dem Kühlregal) Für die Füllung: 500 g Hähnchenbrustfilet | 2 reife Thai-Mangos | 1 kleine rote Chilischote | 20 g frischer Ingwer 4 Zweige Koriandergrün | 2 EL Sesamöl | 3–4 EL geröstete Kokosraspel | Salz | Pfeffer aus der Mühle | 80 g flüssige Butter zum Bestreichen

1 Die Hähnchenbrust würfeln und in eine Schüssel geben. Mangos schälen, Fruchtfleisch vom Stein schneiden und ebenfalls würfeln. Chilischote halbieren, entkernen und klein würfeln. Den Ingwer schälen und fein reiben. Koriander abbrausen, trocken schütteln und die Blätter fein hacken. Alles mit Sesamöl und Kokosraspeln in einer Schüssel mischen und mit Salz und Pfeffer würzen. Den Backofen auf 200° vorheizen (Umluft 180°).
2 Den ausgezogenen Strudelteig dünn mit flüssiger Butter bestreichen. Die Mangomischung darauf verteilen. Seitenränder 4 cm einschlagen, damit die Füllung nicht auslaufen kann. Das Tuch am Rand leicht anheben und den Strudel langsam aufrollen. Das Tuch immer wieder nachfassen, damit der Strudel schön kompakt wird.
3 Dann vorsichtig auf ein mit Backpapier ausgelegtes Blech legen, mit der restlichen flüssigen Butter bestreichen und auf der mittleren Schiene im vorgeheizten Backofen 20–25 Minuten backen.

Sülze

Bei Sülzen kann man keinem was vormachen,
da blickt jeder sofort durch.
Sie sind wie kleine Schaufenster,
vor denen man entweder stehen bleibt
oder achtlos vorbeigeht.
Je nach Geschmack.
Wir laden zu einem Schaufensterbummel ein,
bei dem alle große Augen kriegen.
Auch Vegetarier.

Gemüsesülze

Für 6–8 Portionen: 1 rote Paprikaschote | 1 gelbe Paprikaschote | 3–4 Bundmöhren 2 Stangen Staudensellerie | 3 Stangen weißer Spargel | 200 g grüne Bohnen | 2 Lorbeerblätter | ½ Bund glatte Petersilie | ½ Bund Liebstöckel | ½ TL schwarze Pfefferkörner (zerstoßen) | 3 TL grobes Meersalz | 2–3 EL Sojasauce | 10 Blatt weiße Gelatine
Außerdem: Eiswürfel | 1 Terrinenform (1 l Inhalt) | 1 TL Öl für die Form | Frischhaltefolie

1 Paprika, Möhren, Sellerie, Spargel und Bohnen schälen bzw. putzen und waschen. Die Gemüse je nach Größe längs halbieren oder in Streifen schneiden.

2 700 ml Wasser in einem großen Topf zum Kochen bringen. Lorbeer, Kräuter und Pfeffer dazugeben, mit dem Salz würzen und 3 Minuten köcheln lassen.

3 Die Gemüse portionsweise nach und nach darin blanchieren.

TIPP Damit die Gemüse knackig bleiben, blanchieren Sie Paprika 2–3 Minuten, Sellerie 4–6 Minuten, Spargel, Möhren und Bohnen 5–8 Minuten.

4 Das Gemüse herausheben und in Eiswasser abschrecken.

5 Den Blanchiersud durch ein feines Sieb gießen, mit der Sojasauce würzen und 500 ml abmessen.

»Früher gab es Sülze oft in der Familie. Doch irgendwann kam sie total aus der Mode, weil ihr das Image von Gummi anhing. Ein Vorurteil, wie ich finde. Hier feiern wir das Sülze-Revival.«

6 Die Gelatine 10 Minuten in kaltem Wasser einweichen. Den Sud erhitzen.

7 Die Gelatine gut ausdrücken und im heißen Sud auflösen. Auf Zimmertemperatur abkühlen lassen.

8 Eine Terrinenform dünn mit Öl auspinseln und mit Frischhaltefolie auslegen. Die Terrinenform in eine passende, mit Eiswasser gefüllte Form stellen. Auf den Boden etwa 1–2 cm hoch Fond gießen und fest werden lassen. Die verschiedenen Gemüse nach und nach einschichten. Jede Schicht immer mit Fond bedecken und fest werden lassen.

9 Dann die Form bis kurz unter den Rand mit Fond auffüllen und die Sülze über Nacht in den Kühlschrank stellen. Zum Stürzen die Form kurz in heißes Wasser tauchen und die Sülze mit der Folie stürzen. Folie abziehen und die Sülze am besten mit einem feinen Doppelwellenschliff-Messer, das vorher in heißes Wasser getaucht wird, oder einem elektrischen Sägemesser in 2 cm dicke Scheiben schneiden.

Fischsülze im Zucchinimantel

Entensülze mit Trüffelvinaigrette

Früchtesülze

**Für 4–6 Portionen: 2 Orangen | 2 Pflaumen
ca. 250 g gemischte Beeren (Erdbeeren, Himbeeren, Heidelbeeren und Johannisbeeren) | 50 ml Orangensaft
Mark von 1 Vanilleschote de Tahiti | Zimtpulver
75 g Zucker | 4 EL brauner Rum | 3 Blatt weiße Gelatine**

1 Die Orangen so schälen, dass die gesamte weiße Haut entfernt wird. Orangen filetieren. Pflaumen halbieren, entsteinen und in dünne Spalten schneiden. Beeren verlesen bzw. putzen. Alle Früchte locker miteinander mischen und bis zum Rand in kleine Portionsförmchen füllen.
2 100 ml Wasser mit Orangensaft, Vanillemark, 1 Prise Zimt und Zucker aufkochen. Topf vom Herd nehmen, Rum unterrühren. Gelatine 5 Minuten in kaltem Wasser einweichen, gut ausdrücken und im heißen Rum-Sud auflösen. Über die Früchte in den Förmchen gießen und 3–4 Stunden in den Kühlschrank stellen. Früchte-Sülze bis zum Rand kurz in heißes Wasser tauchen, stürzen und mit Vanille- oder Schokoladeneis servieren.

Fischsülze im Zucchinimantel

**Für 6–8 Portionen: je 1 großer grüner und gelber Zucchino
Salz | 400 ml Fischfond (Glas) | 1 Knoblauchzehe (halbiert)
2 Zweige Thymian | 0,5 g Safranfäden | Pfeffer aus der Mühle | ca. 2 EL Anisschnaps | 800 g Seeteufelfilet (ohne Haut und Gräten) | 8 Blatt weiße Gelatine
Außerdem: 1 halbrunde Terrinenform (ca. 1 l Inhalt) | Eiswürfel, Frischhaltefolie**

1 Die Zucchini putzen, waschen und mit einem Gemüsehobel der Länge nach in ca. 2 mm dünne Scheiben schneiden. Etwa 30 Sekunden in kochendem Salzwasser blanchieren, dann in Eiswasser abschrecken. Die Terrinenform mit Folie auskleiden und in eine Form mit zerstoßenem Eis stellen. Grüne und gelbe Zucchinischeiben abwechselnd quer in die Terrinenform legen, sodass sie an den Seiten überhängen.
2 Den Fischfond mit Knoblauch, Thymian und Safran erhitzen und mit Salz, Pfeffer und Anisschnaps abschmecken. Seeteufel in den siedenden (nicht kochenden) Fond geben und zugedeckt 10–14 Minuten garen. Herausheben und abkühlen lassen. Fond durch ein feines Sieb gießen. Gelatine 10 Minuten in kaltem Wasser einweichen, gut ausdrücken und im heißen Fond auflösen.
3 Den Fisch grob würfeln, in die Terrinenform legen. Mit Safran-Sud bis zum Rand der Form auffüllen und 1 Stunde kalt stellen. Überhängende Zucchinischeiben über das Gelee klappen und die Sülze weitere 5 Stunden kalt stellen. Sülze aus der Form heben und stürzen. Folie abziehen und die Sülze mit einem Elektromesser in ca. 2 cm dicke Scheiben schneiden.

Entensülze mit Trüffel-Vinaigrette

**Für 6–8 Portionen: 400 g geräucherte Entenbrust
500 g Entenstopfleber | 400 ml kräftiger Geflügelfond (Glas)
Salz | Pfeffer aus der Mühle | ca. 2 EL trockener Sherry
10 Blatt weiße Gelatine | 2 Schalotten | ca. 50 g eingelegter schwarzer Trüffel (mit Fond) | 2 EL Haselnussöl
50 ml Madeira | 50 ml roter Portwein | 150 ml Geflügelfond (Glas) | 3 EL Trüffelöl | 1–2 EL alter Aceto balsamico
100 g zarte Salatblätter (z. B. Feldsalat oder Spinat)
Außerdem: 1 Terrinenform (ca. 1 l Inhalt) | Eiswürfel | Frischhaltefolie**

1 Von der Entenbrust die Fettschicht entfernen. Entenbrust der Länge nach mit einer Aufschnittmaschine in etwa 2–3 mm dünne Scheiben schneiden. Entenstopfleber mit einem in heißes Wasser getauchten Messer in ca. 3 mm dünne Scheiben schneiden. Auf eine mit Frischhaltefolie ausgelegte Platte legen und sofort wieder kühl stellen. Eine Terrinenform (ca. 1 l Inhalt) mit Frischhaltefolie auslegen und in eine mit zerstoßenem Eis gefüllte Form stellen.
2 Geflügelfond erhitzen und mit Salz, Pfeffer und Sherry abschmecken. Gelatine 10 Minuten in kaltem Wasser einweichen, dann im heißen Geflügelfond auflösen. Den Fond auf Zimmertemperatur abkühlen lassen. Entenbrust- und Entenleberscheiben abwechselnd in die Terrinenform schichten. Auf jede Schicht etwas Geflügelfond gießen und fest werden lassen. Sülze mindestens 8 Stunden, besser über Nacht, in den Kühlschrank stellen.
3 Die Schalotten schälen, fein würfeln. Trüffel fein hacken (Fond aufbewahren) und mit den Schalottenwürfeln im Nussöl andünsten. Mit Madeira und Portwein ablöschen, Geflügelfond dazugießen. Alles auf die Hälfte einkochen lassen, dann ca. 50 ml Trüffelfond, Trüffelöl und Aceto balsamico unterrühren. Mit Salz und Pfeffer abschmecken. Sülze aus der Form heben und stürzen. Folie abziehen und die Sülze mit einem Elektromesser in ca. 2 cm breite Scheiben schneiden. Mit Salat und der Trüffel-Vinaigrette anrichten.

Früchtesülze

柳刃
YANAGIBA

Sushi

Gewusst wie – und man wird sich wundern,
dass Sie kein Japanisch sprechen.
Für noch größere Verwunderung dürfte sorgen,
wie schnell den Dreh heraushat,
wer bei Lafer in die Sushi-Schule ging.

Sushi-Reis

Für 12–16 Sushi: 250 g Sushi-Reis | 2 EL Reisessig
2 EL Zucker | 1 TL Salz

1 Reis in eine Schüssel geben, mit Wasser bedecken und 2 Minuten unter leichtem Rühren waschen.

TIPP Für die Zubereitung von Sushi-Reis keine Metallschüssel und keinen Löffel aus Metall verwenden. Sie können den Geschmack beeinflussen.

2 Das Wasser abgießen. Den Reis erneut mit Wasser bedecken, waschen und das Wasser abgießen. Diesen Vorgang so lange wiederholen, bis das Wasser ganz klar ist.

3 Reis mit 400 ml Wasser in einen Topf geben, 10 Minuten stehen lassen und anschließend aufkochen.

4 Reis bei geschlossenem Deckel auf kleinstmöglicher Stufe 10–12 Minuten quellen lassen.

5 Wenn der Reis gar ist, den Topf vom Herd nehmen und ein sauberes Tuch zwischen Topf und Deckel legen. 10 Minuten abkühlen lassen.

»Was dem Amerikaner sein Hamburger, das ist dem Japaner sein Sushi. Ich hoffe, meine sind jetzt Ihre Sushi.«

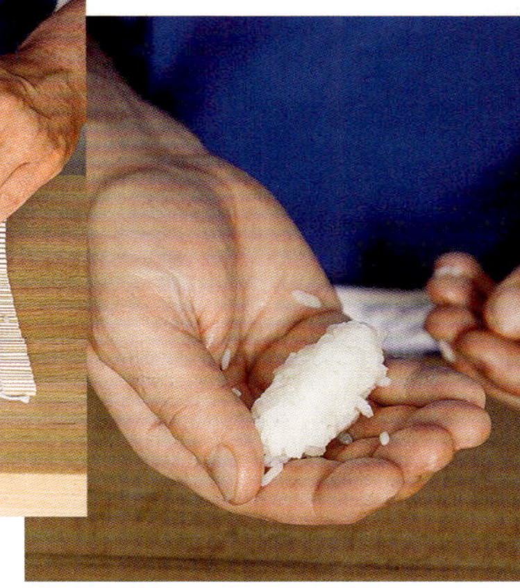

6 Reisessig, Zucker und Salz aufkochen und wieder abkühlen lassen.

7 Den Reis in eine Schüssel geben und mit einem Spatel oder Löffel auflockern. Den gewürzten Reisessig über den Reis gießen. Mit dem Spatel oder Löffel in den Reis einarbeiten – dabei den Reis nur wenden, nicht rühren.

TIPP Die Mischung aus Reisessig, Zucker und Salz nennt man »Sushi Zu«. Sie gibt dem Sushi-Reis den typischen Geschmack.

8 Den Reis zum Abkühlen mit einem feuchten Tuch bedecken, damit er nicht austrocknet. Zum Verarbeiten soll der Reis lauwarm sein.

9 Für Rollen-Sushi (Maki): Ein Noriblatt auf die Sushimatte legen. Mit einer 1 cm dicken Schicht Sushi-Reis bedecken. In Streifen geschnittenen sehr frischen Fisch (z. B. Lachs, Thunfisch in Sushi-Qualität) und Gemüse (Gurke, Avocado, Möhren, Kürbis, Sojasprossen) darauf verteilen und das Noriblatt mit Hilfe der Sushimatte aufrollen. Leicht andrücken und in vier gleich große Stücke schneiden.

10 Für Ballen-Sushi (Nigiri): Sehr frisches Fischfilet in dünne Scheiben schneiden (2 × 5 cm). Die Hände etwas anfeuchten und den Fisch in die hohle Hand legen. 1 EL Sushi-Reis hineingeben. Zeige- und Mittelfinger auf den Reis legen und mit der Hand umschließen. Den Reis fest andrücken, damit die typische ovale Form entsteht.

TIPP Klassische Beilagen zu Sushi sind eingelegter Ingwer, Wasabipaste und Sojasauce. Auch Pflaumensauce und süße Chilisauce passen gut dazu.

Garnelen-Nigiri

Für 16 Stück: **16 gekochte, geschälte Garnelen** von unten einschneiden (nicht durchschneiden) und aufklappen. Pro Sushi 1 Garnele mit dem Rücken nach unten in die angefeuchtete hohle Hand legen und dünn mit **1 Msp. Wasabipaste** bestreichen. **1 EL Sushi-Reis** darauflegen und fest andrücken (wie in Step 10 auf Seite 421 zu sehen). Mit einer Mischung aus **weißer und schwarzer Sesamsaat** (insgesamt **1 TL**) bestreuen.

Räucherlachs-Maki

Für 12 Stück: **2 geröstete Noriblätter** halbieren. 3 Hälften auf die Arbeitsfläche legen. **250 g Räucherlachs** in Scheiben auf die Noriblätter verteilen, dünn mit Wasabipaste bestreichen und jeweils mit einer ½ cm dicken Schicht **Sushi-Reis** bedecken. Die belegten Noriblätter aufeinanderlegen und mit dem vierten Noriblatt bedecken. Mit einem sehr scharfen, angefeuchteten Messer einmal längs halbieren und die beiden Streifen jeweils in 6 Stücke schneiden. Mit **eingelegtem Ingwer** und insgesamt **2 EL Wasabi-Fliegenfisch-Kaviar** garnieren.

Gunkan mit Lachskaviar

Für 16 Stück: **2 Noriblätter** in jeweils 8 Streifen schneiden. Jeden Streifen zu einem Ring formen und die Enden mit etwas **Wasabipaste** fixieren. Jeden Ring 1 cm hoch mit **Sushi-Reis** füllen. Jeweils **1 TL Lachskaviar** (insgesamt **70 g**) daraufgeben.
Tipp: Gunkan bedeutet Schlachtschiff.

Thunfisch-Maki

Für 16 Stück: **2 Noriblätter** halbieren. Eine Hälfte auf die Sushimatte legen. Mit einer 1 cm dicken Schicht **Sushi-Reis** bedecken. Am unteren Rand eine kleine Furche eindrücken. **250 g Thunfischfilet** (Sushi-Qualität) in acht gleich große, etwa 2 cm dicke Streifen schneiden. Zwei Streifen in die Furche legen. Den Thunfisch dünn mit **Wasabipaste** bestreichen. Das Noriblatt mit Hilfe der Sushimatte aufrollen und leicht andrücken. Auf diese Weise drei weitere Rollen herstellen. Jede Rolle in vier Stücke schneiden.

Temaki mit Surimi und Avocado

Für 12 Stück: **½ reife Avocado** schälen, in 6 Spalten schneiden und diese nochmals halbieren. **150 g Surimi** in 1 × 4 cm dicke Streifen schneiden. **4 Noriblätter** jeweils in 3 Streifen schneiden. Jeweils 1 EL **Sushi-Reis** mittig daraufgeben und flach drücken. Avocado und Surimi daraufgeben und jeden Streifen zu einer Tüte aufrollen.

Gurken-Sushi

Für 16 Stück: **1 Salatgurke** schälen, halbieren und die Kerne mit einem Löffel herauskratzen. Die beiden Hälften in jeweils 8 schräge Stücke schneiden, 30 Sekunden in kochendes Wasser geben und in Eiswasser abschrecken. Auf Küchenpapier gut abtropfen lassen. Auf jedes Gurkenstück 1 EL **Sushi-Reis** legen und mit insgesamt **50 g Lachskaviar** und **1 Beet Gartenkresse** garnieren.

Lachs-Nigiri

Für 16 Stück: **250 g sehr frisches Lachsfilet** (ohne Haut und Gräten) quer zur Faser in 16 dünne Scheiben schneiden. Die Hände leicht anfeuchten, jeweils 1 Scheibe Lachs in die hohle Hand legen und dünn mit **Wasabipaste** bestreichen. Jeweils 1 EL **Sushi-Reis** auf den Lachs legen und fest andrücken (wie in Step 10 auf Seite 421 zu sehen). **½ Noriblatt** in 16 schmale Streifen schneiden und um die Sushi legen.

Sushi mit Roter Bete und Wasabi-Kaviar

Für 16 Stück: **2 Rote Bete (vorgegart)** in 2 mm dünne Scheiben schneiden und zu Kreisen von 4 cm Durchmesser ausstechen. In einen Metallring (4 cm Durchmesser) 1 Scheibe Rote Bete legen, 1 TL **Sushi-Reis** daraufgeben und festdrücken. 1 Scheibe Rote Bete und 1 TL Sushi-Reis daraufgeben und festdrücken. Mit 1 Scheibe Rote Bete abschließen. Mit insgesamt **30 g Wasabi-Fliegenfisch-Kaviar** garnieren. Auf diese Weise weitere 15 Sushi herstellen.

Spargel-Maki inside out

Für 12 Stück: Je **6 Stangen weißen und grünen Spargel** schälen, Enden 2 cm kürzen, 3 Minuten in Salzwasser garen, kalt abschrecken und abtropfen lassen. **3 Noriblätter** dünn mit je 1/3 der **Sushi-Reis**-Menge (Grundrezept) belegen. Mit Frischhaltefolie abdecken und umdrehen, sodass die Frischhaltefolie und der Reis auf der Arbeitsfläche liegen. **Wasabipaste** dünn auf das Noriblatt streichen, je 2 weiße und grüne Spargelstangen darauflegen und mit Hilfe der Frischhaltefolie fest zusammenrollen. Sushimatte darüberlegen und damit gut andrücken. Die Rollen in **30 g Fliegenfisch-Kaviar** wenden und jede Rolle in vier Stücke schneiden.

Tafelspitz

Simmern ist ein kleiner Ort im Hunsrück,
Stromberg mit Lafers »Stromburg« auch.
Weltberühmt dagegen ist, was Lafer in Stromberg für Sie
simmern lässt: Tafelspitz, des Meisters persönliche Leibspeise.
Ein paar Stunden muss er simmern –
dann sind auch Ihre Gäste spitz darauf.

Tafelspitz

Für 4–6 Portionen: 1 kg Markknochen | 1½ kg Tafelspitz | 1 Gemüsezwiebel
3 Stängel Liebstöckel | 2 Lorbeerblätter | 2–3 TL zerstoßene schwarze Pfefferkörner | 5 angedrückte Wacholderbeeren | 3 Nelken | 1 EL grobes Salz
½ Knollensellerie | 1 Stange Lauch | 3 Möhren

1 Die Markknochen 3 Minuten in kochendem Wasser blanchieren, herausnehmen und in Eiswasser abschrecken.

2 Den Tafelspitz ebenfalls 2–3 Minuten in kochendem Wasser blanchieren und abschrecken.

3 Die Zwiebel mit Schale halbieren und die Schnittflächen in einer Pfanne ohne Fett bei mittlerer Hitze anrösten.

4 Den Tafelspitz in einen großen Topf geben und mit 3 l kaltem Wasser bedecken.

5 Die blanchierten Markknochen dazugeben.

TIPP Die Markknochen geben der Brühe, die man zum Tafelspitz servieren kann, einen kräftigen Geschmack.

6 Den Liebstöckel zufügen und alles einmal aufkochen lassen.

7 Lorbeer, angeröstete Zwiebel, Pfeffer, Wacholder, Nelken und Salz dazugeben. Sobald das Wasser wieder kocht, die Hitze reduzieren und das Fleisch 2½–3 Stunden garen.

8 In der Zwischenzeit das Gemüse putzen, waschen und in walnussgroße Stücke schneiden.

9 Das Gemüse dazugeben und alles 1 weitere Stunde köcheln lassen. Den Topf vom Herd nehmen und den Tafelspitz in der Brühe 10 Minuten ruhen lassen. Herausheben, quer zur Faser in Scheiben schneiden und mit der Brühe servieren.

TIPPS Für die Rezept-Varianten auf den folgenden Seiten den Tafelspitz am besten über Nacht abkühlen lassen, dann lässt er sich schön dünn aufschneiden.

»Meine Heimat Österreich hat an Kultur viel zu bieten. Und wenn ich ans Kulinarische denke, dann gehört zur Spitze österreichischer Tafelkultur der Tafelspitz.«

Gebackener Tafelspitz mit Spitzkohl-Kürbis-Gemüse

Tafelspitz-Apfel-Röllchen auf Meerrettich-Lauch-Sauce

Gebackener Tafelspitz mit Spitzkohl-Kürbis-Gemüse

Für 4 Portionen: 1 kleiner Spitzkohl | 250 g Hokkaido-Kürbis | 30 ml Sonnenblumenöl | 2–3 EL Weißweinessig | Salz | Pfeffer aus der Mühle | 2 EL flüssiger Honig | 800 g gekochter abgekühlter Tafelspitz (siehe Seite 426/427) | 2 EL mittelscharfer Senf | 150 g Semmelbrösel | 100 g Butterschmalz | 1 Bio-Zitrone

1 Den Spitzkohl halbieren, die äußeren Blätter und den Strunk entfernen. Kürbis waschen und entkernen. Beides in feine Streifen hobeln. Sonnenblumenöl in einer Pfanne erhitzen, das Gemüse darin andünsten. Mit Weißweinessig ablöschen, mit Salz und Pfeffer würzen und zuletzt den Honig dazugeben. Das Gemüse gut durchschwenken.
2 Den Tafelspitz in 8 Scheiben schneiden und mit dem Senf bestreichen. Die Scheiben in den Semmelbröseln wenden, andrücken und im heißen Butterschmalz schwimmend goldgelb und knusprig ausbacken. Auf Küchenpapier abtropfen lassen und mit Salz und Pfeffer würzen. Mit dem Gemüse anrichten und mit Zitronenspalten garnieren.

Tafelspitz-Apfel-Röllchen auf Meerrettich-Lauch-Sauce

Für 4 Portionen: 2 große süßsäuerliche Äpfel | Saft von ½ Zitrone | 300 g gekochter, abgekühlter Tafelspitz (siehe Seite 426/427) | 2–3 EL Rapsöl | Salz | Pfeffer aus der Mühle | 50 g Butter | 1 TL Mehl | 150 ml kräftige Fleischbrühe (oder Brühe vom Tafelspitz) | 200 ml Sahne | ca. 80 g frischer Meerrettich | 2 mittelgroße Stangen Lauch

1 Die Äpfel waschen, Kerngehäuse ausstechen. Äpfel mit Schale in feine Streifen schneiden und sofort mit Zitronensaft beträufeln. Tafelspitz in etwa 2 mm dünne Scheiben schneiden. Jeweils 1 kleines Bündel Apfelstreifen auf jede Fleischscheibe legen und darin einrollen. Röllchen mit Öl beträufeln und mit Salz und Pfeffer würzen.
2 Die Butter in einem Topf aufschäumen lassen, Mehl unterrühren, dann mit Brühe und Sahne auffüllen und etwa 10 Minuten bei mittlerer Hitze köcheln lassen. Meerrettich schälen, drei Viertel davon fein reiben und unter die Sauce rühren. Lauch putzen, waschen und in Scheiben schneiden. In die Meerrettichsauce geben und weitere 5 Minuten köcheln lassen. Mit Salz und Pfeffer abschmecken und etwas ziehen lassen. Tafelspitz-Apfel-Röllchen mit der Meerrettich-Lauch-Sauce servieren. Restlichen Meerrettich über die Röllchen raspeln. Dazu passen Salzkartoffeln.

Tafelspitz-Spargel-Salat mit Schnittlauch-Radieschen-Vinaigrette

Für 4 Portionen: 10 Stangen weißer Spargel | 10 Stangen grüner Spargel | Salz | Zucker | 1 Bund Schnittlauch | 12 Radieschen | 4 EL Weißweinessig | 2 EL Ahornsirup | 1 TL Meerrettich (Glas) | Pfeffer aus der Mühle | 4 EL Rapsöl | 2 EL Walnussöl | 400 g gekochter, abgekühlter Tafelspitz (siehe Seite 426/427)

1 Den weißen Spargel ganz, den grünen Spargel im unteren Drittel schälen, die Enden 2 cm abschneiden. Spargel in kochendem Salzwasser mit 1 Prise Zucker 8–10 Minuten kochen, dann herausnehmen und abkühlen lassen.
2 In der Zwischenzeit Schnittlauch und Radieschen waschen und trocken schütteln. Schnittlauch in Röllchen, Radieschen in dünne Scheiben schneiden. Weißweinessig mit Ahornsirup, Meerrettich, Salz und Pfeffer verrühren. Beide Ölsorten kräftig unterrühren, Schnittlauch und Radieschenscheiben untermischen.
3 Den Tafelspitz auf einer Aufschnittmaschine in dünne Scheiben schneiden. Spargelstangen halbieren und mit den Tafelspitzscheiben in eine flache Schüssel geben. Schnittlauch-Radieschen-Vinaigrette darübergießen. Salat vor dem Servieren 30 Minuten durchziehen lassen.

Tafelspitz-Spargel-Salat mit Schnittlauch-Radieschen-Vinaigrette

Tatar

Wenn zutrifft, was überliefert ist, muss Rind früher immer
auch ein bisschen nach Pferd geschmeckt haben.
Der Name Tatar spielt nämlich auf Dschingis Khans Tataren an,
denen nachgesagt wird, sie hätten rohes Fleisch unter ihren Sätteln
mürbe geritten und dann verzehrt.
Die Lafersche Methode ist zum Glück moderner.
Damit dürfen Sie sich in der Sterneküche sattelfest fühlen.

Rindertatar

Für 4 Portionen: 700 g Rinderfilet, ohne Sehnen | 1 TL Zucker | Salz
½ TL edelsüßes Paprikapulver | 4 Sardellenfilets | 2 EL kleine Kapern
(Nonpareilles) | 8 Cornichons | ½ Bund glatte Petersilie | 3 Schalotten
1 EL Dijon-Senf | 6 sehr frische Bio-Eier | weißer Pfeffer aus der Mühle

1 Rinderfilet mit einem großen scharfen Messer in kleine Würfel schneiden.

2 Das Fleisch in eine gekühlte Schüssel geben, mit Zucker, ½ TL Salz und Paprikapulver würzen.

3 Mit einem Kochlöffel oder mit den Händen alles gut vermischen.

4 Das Fleisch mit Frischhaltefolie abdecken, im Kühlschrank 30 Minuten durchziehen lassen.

5 Sardellenfilets, Kapern und Cornichons fein hacken. Petersilie abbrausen, trocken schütteln, Blätter fein hacken.

TIPP Für dieses edle Gericht nehmen Sie Kapern Nonpareilles, das ist die kleinste und feinste Kapernsorte.

»Wenn man überlegt, was die Tataren im Mittelalter mit dem Fleisch gemacht haben, bin ich froh, dass es heute so gute Messer gibt.«

6 Das Rinderfilet mit einem großen, scharfen Küchenmesser fein hacken.

TIPP Rohes Fleisch ist empfindlich, deshalb müssen Hände, Arbeitsbrett und Messer ganz sauber sein.

7 Schalotten schälen, fein würfeln, einige Sekunden in kochendem Wasser blanchieren, durch ein Sieb gießen und abkühlen lassen.

8 Das fein gehackte Fleisch in die Schüssel zurückgeben, mit Senf, 2 Eigelben, Schalotten, Kapern, Sardellen, Cornichons und Petersilie mischen. Nochmals mit Salz und Pfeffer abschmecken.

TIPP Das Tatar können Sie auch noch mit Tabasco, Worcestersauce oder Cognac würzen.

9 Einen Metallring mit einem Durchmesser von etwa 10 cm innen leicht einölen, je ein Viertel des Tatars hineingeben, glatt streichen und den Ring abziehen. So fortfahren, bis vier gleich große Tatarküchlein entstanden sind. In die Oberfläche des Tatars eine kleine Vertiefung hineindrücken. 4 Eier trennen und je 1 Eigelb in jede Vertiefung geben.

Thunfisch-Tatar

Lachs-Tatar mit Limettencreme

Lamm-Tatar mit karamellisierten Kirschtomaten

Thunfisch-Tatar

Für 4 Portionen: 700 g Thunfischfilet (Sushi Qualität) | 3 Schalotten | 2 Knoblauchzehen | 1 Bio-Limette | ½ rote Chilischote | 50 ml helle Sojasauce | 50 ml Olivenöl | Salz | weißer Pfeffer aus der Mühle | ½ Bund Koriandergrün | 2 EL Crème fraîche | 1 EL Wasabipaste (Tube)
Außerdem: 1 Metallring (6–8 cm Durchmesser) | Öl für den Ring

1 Den Thunfisch 30 Minuten in das Gefrierfach legen. Inzwischen Schalotten und Knoblauch schälen und fein würfeln. In kochendem Wasser einige Sekunden blanchieren, dann in einem Sieb gut abtropfen lassen. Limette heiß abspülen und abtrocknen. Die Schale fein abreiben, den Saft auspressen. Chilischote halbieren, entkernen, waschen und fein hacken. Thunfischfilet in sehr feine Würfel schneiden und in eine gekühlte Schüssel geben.
2 Bis auf Crème fraîche, Wasabi und Koriandergrün alle Zutaten mit dem Thunfisch mischen, kräftig mit Salz und Pfeffer abschmecken. Einige Korianderblätter zur Seite legen, die übrigen abbrausen, trocken schütteln, fein hacken und unter das Tatar mischen.
3 Einen Metallring von 6–8 cm Durchmesser innen mit Öl einstreichen. Ein Viertel des Tatars hineingeben, glatt streichen, den Ring abziehen und drei weitere Tatarküchlein herstellen. Crème fraîche mit Wasabi mischen, mit Salz und Pfeffer abschmecken. Die Creme mit Korianderblättchen auf dem Tatar anrichten.

Lamm-Tatar mit karamellisierten Kirschtomaten

Für 4 Portionen: 700 g Lammlachs (ohne Sehnen) | 1 TL Zucker | ½ TL Salz | ½ TL Paprikapulver | 3 Schalotten | 1 Knoblauchzehe | 2 Zweige Thymian | 1 Zweig Rosmarin | 50 g schwarze Oliven (entsteint) | 1 EL Dijon-Senf | 2 sehr frische Eigelbe (Größe M) | Salz | weißer Pfeffer aus der Mühle | 8 Kirschtomaten | 1 TL Puderzucker | 50 g zarte Rucolablätter
Außerdem: 1 Metallring (6–8 cm Durchmesser) | Öl für den Ring

1 Das Lammfleisch in kleine Würfel schneiden, in eine gekühlte Schüssel geben, mit Zucker, Salz und Paprikapulver gut vermischen. Mit Frischhaltefolie abdecken, im Kühlschrank 10 Minuten durchziehen lassen. Schalotten und Knoblauch schälen, fein würfeln, einige Sekunden in kochendem Wasser blanchieren, durch ein Sieb gießen und abkühlen lassen. Thymian und Rosmarin abbrausen, trocken schütteln und fein hacken. Oliven fein hacken.
2 Das Fleisch fein hacken, mit Senf, Eigelben, Schalotten, Knoblauch, Oliven und Kräutern mischen. Mit Salz und Pfeffer abschmecken. Einen Metallring mit einem Durchmesser von 6–8 cm Durchmesser innen leicht einölen. Ein Viertel des Tatars hineingeben, glatt streichen und den Ring abziehen und drei weitere Tatarküchlein herstellen. Kirschtomaten in eine heiße Pfanne geben und unter Schwenken aufplatzen lassen. Den Puderzucker darüberstreuen und 2 Minuten leicht karamellisieren lassen. Tatar mit Kirschtomaten und Rucola garnieren.

Lachs-Tatar mit Limettencreme

Für 4 Portionen: 300 g frisches Lachsfilet (ohne Haut und Gräten) | 300 g Räucherlachs | 3 Frühlingszwiebeln | 1 Knoblauchzehe | 1 Bio-Limette | 1 TL Honig | 2 EL Olivenöl | Salz | Pfeffer aus der Mühle | 150 g Crème fraîche | 4 TL Lachskaviar | 1 Beet Gartenkresse
Außerdem: 1 Metallring (6–8 cm Durchmesser) | Öl für den Ring

1 Die beiden Lachssorten fein würfeln und in einer Schüssel kühl stellen. Frühlingszwiebeln putzen, waschen und in feine Ringe schneiden. Knoblauch schälen und fein würfeln. Limette heiß abspülen und trocken reiben. Schale fein abreiben und den Saft auspressen.
2 Die Lachswürfel mit Honig, der Hälfte des Limettensafts, Limettenschale, Olivenöl, Frühlingszwiebeln und Knoblauch mischen, mit Salz und Pfeffer würzen. Crème fraîche mit dem restlichen Limettensaft verrühren, mit Salz und Pfeffer würzen.
3 Einen Metallring mit einem Durchmesser von 6–8 cm Durchmesser innen leicht einölen. Ein Viertel des Tatars hineingeben, glatt streichen, mit einem Teil der Limettencreme bedecken, glatt streichen und den Ring abziehen und drei weitere Tatarküchlein herstellen. Zuletzt mit je 1 Teelöffel Lachskaviar und den Kresseblättern belegen.

Kalbs-Tatar mit Kapernäpfeln

Für 4 Portionen: 700 g Kalbsfilet (ohne Sehnen) | 1 TL Zucker | ½ TL Salz | ½ TL Paprikapulver | 3 Schalotten | 3 Zweige Basilikum | 12 Kapernäpfel | 1 Bio-Zitrone | 1 EL Dijon Senf | 2 sehr frische Eigelbe (Größe M) | Salz | weißer Pfeffer aus der Mühle
Außerdem: 1 Metallring (6–8 cm Durchmesser) | Öl für den Ring

1 Das Kalbsfilet in kleine Würfel schneiden. In einer gekühlten Schüssel mit Zucker, Salz und Paprikapulver gut vermischen. Mit Frischhaltefolie abdecken, im Kühlschrank 10 Minuten durchziehen lassen. Schalotten schälen, fein würfeln, einige Sekunden in kochendem Wasser blanchieren, durch ein Sieb gießen und abkühlen lassen. 4 Basilikumblätter beiseitelegen. Übrigen Basilikum abbrausen, trocken schütteln und die Blätter fein hacken. 4 Kapernäpfel fein hacken. Die Zitrone heiß abspülen und trocken reiben. Schale mit dem Sparschäler dünn abschälen und in feine Streifen schneiden.
2 Das Fleisch fein hacken und mit Senf, Eigelben, Schalotten, gehackten Kapernäpfeln und Basilikum mischen. Mit Salz und Pfeffer abschmecken.
3 Einen Metallring mit einem Durchmesser von 6–8 cm Durchmesser innen leicht einölen. Ein Viertel des Tatars hineingeben, glatt streichen und den Ring abziehen und drei weitere Tatarküchlein herstellen. Das Tatar mit den restlichen Kapernäpfeln, Zitronenschale und Basilikumblättern garnieren.

Kalbs-Tatar mit Kapernäpfeln

Tempura

Damit Genießer was zu knabbern haben,
muss junges Gemüse hier ein heißes Kleid aus Teig anziehen.
Recht dünn sollte es sein und an ein paar Stellen ruhig
auch ein bisschen durchsichtig.
Dann greifen nicht nur Japaner gerne zu.

Gemüse-Tempura

Für 4 Portionen: 50 g Weizenmehl | 50 g Weizenstärke (oder 100 g Reismehl) Salz | 1 Eiweiß (Größe M) | 150 ml eiskaltes Wasser | 600 g buntes Gemüse (z. B. junge Möhren, Brokkoliröschen, Lauchzwiebeln, Shiitake-Pilze, Blumenkohlröschen, Auberginen, Zucchini, grüner und weißer Spargel) | 100 g Mehl zum Wenden | 1 l neutrales Pflanzenöl zum Ausbacken

1 Alle Zutaten abmessen und bereitstellen.

2 Mehl, Stärke und 1 kräftige Prise Salz in eine Schüssel sieben.

TIPP Sie können auch noch 1 TL Kurkuma dazugeben, dieses Gewürz färbt den Teig schön gelb.

3 Das Eiweiß etwas verquirlen und mit dem Schneebesen unterrühren.

4 Das Eiswasser dazugießen und alles zu einem glatten Teig verrühren.

TIPPS Je kälter der Teig ist, umso knuspriger wird er nach dem Ausbacken. Die Hälfte des Wassers kann auch durch Eiswürfel ersetzt werden, die dann nach und nach im Teig schmelzen und ihn kontinuierlich auf Temperatur halten.
Im Asialaden gibt es fertiges Tempuramehl zu kaufen, das nur noch nach Packungsanweisung angerührt werden muss.

5 Gemüse schälen bzw. putzen, waschen und in mundgerechte Stücke schneiden. Portionsweise in kochendem Salzwasser bissfest blanchieren, in Eiswasser abschrecken und auf Küchenpapier abtropfen lassen. Die Gemüsestücke im Mehl wenden, das überschüssige Mehl abklopfen.

6 Die Gemüse mit Hilfe einer Gabel durch den Tempurateig ziehen, überschüssigen Teig abtropfen lassen.

7 Das Öl auf 165–170° erhitzen. Das Gemüse darin portionsweise goldgelb ausbacken. Das Fett darf sich während des Frittierens nicht zu sehr abkühlen. Denn dann saugt sich der Teig mit Fett voll und wird nicht knusprig.

TIPP Ein neutrales Pflanzenfett (z. B. Sonnenblumen- oder Maiskeimöl) eignet sich dafür am besten. Es hat keinen Eigengeschmack und lässt sich hoch erhitzen.

8 Das Gemüse mit einer Schaumkelle herausheben und gut abtropfen lassen.

9 Auf Küchenpapier legen und mit etwas Salz würzen.

TIPP Folgende Gemüse eignen sich ebenfalls: Chinakohl, Pak Choi, Lauch, Austernpilze, Staudensellerie, Mini-Maiskolben.

»Das Kalte geschockt vom heißen Fett, lautet das Geheimnis bei Tempura. Durch den Schock entsteht eine wunderbar zarte Hülle, die sich knusprig um Gemüse & Co. legt.«

Garnelen-Tempura

Lachs-Tempura mit Wasabi

Garnelen-Tempura

Für 4 Portionen: 1 Rezept Tempurateig (siehe Seite 442/443) | 1 EL Currypulver | 16 Riesengarnelen (küchenfertig, mit Schale) | 100 g Mehl zum Wenden | 1 l neutrales Pflanzenöl zum Ausbacken | Salz | 50 g Sweet-Chili-Sauce

1 Den Tempurateig anrühren und mit dem Currypulver verfeinern. Die Garnelen bis auf das letzte Schwanzteil aus der Schale lösen. Am Rücken mit einem scharfen Messer einschneiden und den Darm entfernen.
2 Garnelen im Mehl wenden, durch den Curryteig ziehen und portionsweise im heißen Öl goldgelb ausbacken. Auf Küchenpapier abtropfen lassen, mit 1 Prise Salz würzen und mit der Sweet-Chili-Sauce servieren.

Lachs-Tempura mit Wasabi

Für 4 Portionen: 1 Rezept Tempurateig (siehe Seite 442/443) | 1 EL Wasabipaste (Tube) | 400 g Lachsfilet (ohne Haut und Gräten) | 100 g Mehl zum Wenden | 1 l neutrales Pflanzenöl zum Ausbacken | Salz | 50 ml Sojasauce

1 Den Tempurateig anrühren und mit dem Wasabi verfeinern. Lachsfilet in mundgerechte Würfel schneiden.
2 Lachswürfel im Mehl wenden, durch den Wasabiteig ziehen und portionsweise im heißen Öl goldgelb ausbacken. Auf Küchenpapier abtropfen lassen, mit 1 Prise Salz würzen und mit der Sojasauce servieren.

Kakao-Tempura

Für 4 Portionen:
1 Rezept Tempurateig (siehe Seite 442/43, jedoch 2 EL Mehl durch 2 EL Kakaopulver ersetzen)
2 Thai-Mangos | 2 Bananen | 100 g Mehl zum Wenden
1 l neutrales Pflanzenöl zum Ausbacken | Puderzucker zum Bestäuben

1 Den Tempurateig anrühren. Mangos und Bananen schälen. Mangofruchtfleisch erst vom Stein, dann in Spalten schneiden. Bananen in Scheiben schneiden.
2 Das Obst im Mehl wenden, durch den Kakaoteig ziehen und im heißen Öl goldgelb ausbacken. Auf Küchenpapier abtropfen lassen, mit Puderzucker bestäuben und mit Vanillesauce servieren.

Tipp: Vanillesauce ganz einfach selbst gemacht: Bereiten Sie die Eiscreme zu wie im Grundrezept auf 96/97 beschrieben. Dann aber nicht in die Eismaschine geben, sondern nur abkühlen lassen. Als Sauce zu den süßen Tempura ist ein halbes Grundrezept ausreichend.

Zimt-Tempura

Für 4 Portionen: 1 Rezept Tempurateig (siehe Seite 442/443) | 1 TL Zimtpulver | 2 rote Äpfel | 2 feste Birnen 100 g Mehl zum Wenden | 1 l neutrales Pflanzenöl zum Ausbacken | Puderzucker zum Bestäuben | 100 g Preiselbeeren (Glas)

1 Den Tempurateig anrühren und mit Zimt verfeinern. Äpfel und Birnen schälen, vierteln, entkernen und in Spalten schneiden.
2 Das Obst im Mehl wenden, durch den Zimtteig ziehen und im heißen Öl goldgelb ausbacken. Auf Küchenpapier abtropfen lassen, mit Puderzucker bestäuben und mit den Preiselbeeren servieren.

Kakao-Tempura

Zimt-Tempura

Tiramisu

Bevor es was auf die Löffel gibt, gibt es was auf die Löffelbiskuits. Feinste Creme, wie jeder weiß. Doch was, wenn vorher schon Beeren und Orangen auf den Biskuit fielen? Dann fällt die Creme auf fruchtbaren Boden und wird zur Crème de la Crème.

Tiramisu

Für 4 Portionen: 3 sehr frische Eier (Größe M) | 1 Vanilleschote de Tahiti
100 g Zucker | 500 g Mascarpone | Salz | 150 ml Espresso | 3 cl Amaretto
16–20 Löffelbiskuits | Kakaopulver zum Bestreuen

1 Die Eier trennen. Eigelbe in eine große Schlagschüssel geben. Eiweiße bis zur Verwendung kalt stellen. Vanilleschote längs halbieren und das Mark mit dem Messerrücken herauskratzen.

2 Die Eigelbe mit dem Vanillemark und 50 g Zucker in der Schüssel verrühren.

TIPP Die Eigelbe immer schnell mit dem Zucker verrühren, sonst bilden sich Klümpchen, die man nur schwer wieder auflösen kann.

3 Die Schüssel auf ein heißes Wasserbad stellen und die Masse dickschaumig aufschlagen.

TIPP Der Schüsselboden darf nicht mit dem heißen Wasser in Berührung kommen, sonst gerinnt die Masse.

4 Die Schüssel vom Wasserbad nehmen und den Mascarpone unter den warmen Eierschaum heben.

TIPP Mascarpone ist ein milder cremiger Frischkäse aus Italien und unverzichtbarer Bestandteil von Tiramisu.

5 Die Eiweiße und 1 Prise Salz mit den Quirlen des Handmixers schaumig schlagen, dabei 50 g Zucker nach und nach einrieseln lassen.

6 Den Eischnee vorsichtig unter die Mascarponemasse heben.

7 Espresso und Amaretto in einer Schüssel mischen.

TIPP Amaretto ist ein italienischer Mandellikör. Wenn Kinder mitessen, ersetzen Sie den Amaretto durch Mandelsirup.

8 Den Boden einer Auflaufform (etwa 15 × 25 cm) mit einer Schicht Löffelbiskuits auslegen. Die Löffelbiskuits dünn und gleichmäßig mit der Kaffeemischung beträufeln.

TIPP Nicht zu viel Flüssigkeit auf die Biskuits geben, damit sie sie vollständig aufnehmen können.

9 Die Hälfte der Mascarponecreme darauf verteilen. Wieder eine Schicht Löffelbiskuits darauf verteilen und mit der Kaffeemischung beträufeln. Die restliche Creme darauf verteilen und glatt streichen. Das Tiramisu 2 Stunden kalt stellen.

10 Das Tiramisu kurz vor dem Servieren mit Kakaopulver bestreuen.

TIPP Achten Sie auf die hohe Qualität des Kakaopulvers.

»Wir Österreicher gelten ja als Weltmeister in Sachen Süßspeisen, aber mit Tiramisu sind uns die Italiener dicht auf den Fersen.«

Orangen-Tiramisu

Himbeer-Tiramisu

Orangen-Tiramisu

Für 4 Portionen: 4 Orangen (davon 1 Bio-Orange) | 3 Eier (Größe M) | 1 Vanilleschote | 100 g Zucker | 500 g Mascarpone | Salz | 150 ml Orangensaft | 3 cl Orangenlikör (nach Belieben) | 16–20 Löffelbiskuits | Kakaopulver zum Bestäuben

1 Die Bio-Orange heiß abspülen, trocken reiben. Schale fein abreiben, den Saft auspressen. Die 3 Orangen so schälen, dass die gesamte weiße Haut mit abgeschält wird. Filets zwischen den Häuten heraustrennen, den Saft dabei auffangen. Eier trennen. Eiweiße kalt stellen. Eigelbe in eine große Schlagschüssel geben. Vanilleschote längs halbieren, das Mark mit dem Messerrücken herauskratzen, mit den Eigelben und 50 g Zucker verrühren. Auf einem heißen Wasserbad dickschaumig aufschlagen.
2 Vom Wasserbad nehmen und Mascarpone unter den warmen Eierschaum heben. Die Eiweiße mit 1 Prise Salz steif schlagen, dabei 50 g Zucker einrieseln lassen. Den Eischnee vorsichtig unter die Mascarponecreme heben.
3 Orangensaft, Orangenlikör und Orangenschale mischen. Den Boden einer Auflaufform (etwa 15 × 25 cm) mit einer Schicht Löffelbiskuits auslegen, mit Orangensaft beträufeln, mit der Hälfte der Orangenfilets belegen. Die Hälfte der Mascarponecreme darauf verteilen. Die restlichen Zutaten ebenso einschichten, die Creme glatt streichen. 2 Stunden kalt stellen. Vor dem Servieren mit Kakaopulver bestreuen.

Schokoladen-Tiramisu

Für 4 Portionen: 100 g Zartbitterschokolade | 3 Eier (Größe M) 100 g Zucker | 500 g Mascarpone | 1 TL Zimtpulver | Salz 150 ml Milch | 2 EL Kakaopulver und Kakaopulver zum Bestreuen | 3 cl Kakaolikör | 16–20 Löffelbiskuits

1 Die Schokolade hacken und in einer Schüssel über einem heißen Wasserbad schmelzen. Die Eier trennen. Eiweiße kalt stellen. Eigelbe in einer großen Schlagschüssel mit 50 g Zucker verrühren, auf ein heißes Wasserbad stellen und die Masse dickschaumig aufschlagen. Die Schokolade einrühren.
2 Schüssel vom Wasserbad nehmen, Mascarpone und Zimt unter den warmen Eierschaum heben. Eiweiße mit 1 Prise Salz schaumig schlagen, dabei 50 g Zucker einrieseln lassen. Eischnee vorsichtig unter die Mascarponecreme heben. Milch erwärmen, Kakaopulver und Kakaolikör einrühren.
3 Den Boden einer Auflaufform (etwa 15 × 25 cm) mit einer Schicht Löffelbiskuits auslegen, mit Kakao gleichmäßig beträufeln. Die Hälfte der Mascarponecreme darauf verteilen. Erneut eine Schicht Löffelbiskuits darauf verteilen, mit dem Kakao beträufeln. Die restliche Creme darauf verteilen und glatt streichen. Das Tiramisu 2 Stunden kalt stellen. Kurz vor dem Servieren mit Kakaopulver bestreuen.

Himbeer-Tiramisu

Für 4 Portionen: 3 Blatt weiße Gelatine | 3 Eier (Größe M) 1 Vanilleschote | 100 g Zucker | 400 g Magermilchjoghurt 100 g griechischer Joghurt | Salz | 400 g Himbeeren 50 g Puderzucker | Saft von1 Limette | 150 ml Espresso 3 cl Himbeergeist | 16–20 Löffelbiskuits | 100 g Mandelblättchen (geröstet) | Minze zum Garnieren

1 Gelatine in kaltem Wasser einweichen. Eier trennen. Eiweiße kalt stellen. Eigelbe in eine große Schlagschüssel geben. Vanilleschote längs halbieren, das Mark mit dem Messerrücken herauskratzen, mit den Eigelben und 50 g Zucker verrühren. Auf einem heißen Wasserbad dickschaumig aufschlagen. Die gut ausgedrückte Gelatine darin auflösen.
2 Vom Wasserbad nehmen, beide Joghurtsorten unterheben. Eiweiße mit 1 Prise Salz schaumig schlagen, dabei 50 g Zucker einrieseln lassen. Den Eischnee vorsichtig unter die Joghurtcreme heben. Die Himbeeren mit Puderzucker und Limettensaft mischen. Espresso mit Himbeergeist mischen.
3 Den Boden einer Auflaufform (etwa 15 × 25 cm) mit einer Schicht Löffelbiskuits auslegen, mit Espresso beträufeln, mit der Hälfte der Himbeeren belegen. Die Hälfte der Joghurtcreme darauf verteilen. Die restlichen Zutaten ebenso in die Form schichten, die Creme glatt streichen. Das Tiramisu 2 Stunden kalt stellen. Vor dem Servieren mit Mandelblättchen und Minzeblättchen bestreuen.

Kokos-Passionsfrucht-Tiramisu

Für 4 Portionen: 150 ml Kokosmark | 1 Vanillestange | 3 Eier (Größe M) | 100 g Zucker | 350 g Mascarpone | Salz 4 Passionsfrüchte | 3 cl Kokoslikör | 16–20 Löffelbiskuits 100 g Kokosraspeln (geröstet)

1 Das Kokosmark in einem Topf leicht erwärmen, bis es geschmeidig wird. Vanilleschote längs halbieren, Mark herauskratzen. Eier trennen. Eiweiße kalt stellen. Eigelbe in einer großen Schlagschüssel mit Vanillemark und 50 g Zucker verrühren. Über einem heißen Wasserbad dickschaumig aufschlagen.
2 Die Schüssel vom Wasserbad nehmen, Mascarpone und Kokosmark unter den warmen Eierschaum heben. Eiweiße mit 1 Prise Salz schaumig schlagen, dabei 50 g Zucker einrieseln lassen. Eischnee vorsichtig unter die Mascarponecreme heben. Die Passionsfrüchte halbieren, Mark herauskratzen und mit dem Kokoslikör mischen.
3 Den Boden einer Auflaufform (etwa 15 × 25 cm) mit einer Schicht Löffelbiskuits auslegen. Die Löffelbiskuits mit Kokos-Passionsfrucht-Mischung beträufeln. Die Hälfte der Mascarponecreme darauf verteilen. Die restlichen Zutaten ebenso einschichten, die Creme glatt streichen. Das Tiramisu 2 Stunden kalt stellen. Vor dem Servieren mit Kokosraspeln bestreuen.

Schokoladen-Tiramisu

Kokos-Passionsfrucht-Tiramisu

Vinaigrette

»Bist du eigentlich noch sauer auf mich?«,
fragte das Öl den Essig, und die Antwort war
Balsamico für seine Seele:
»Nein, ich bin reifer geworden,
habe viele Jahre im Holzfass meditiert
und hoffe, dass ich dir
mit Sanftmut im Salat begegnen kann ...«

Vinaigrette

Für 150 ml: 1–2 Schalotten | 2 EL Weißweinessig | 75 ml kräftige Brühe
1 TL mittelscharfer Senf | Salz | weißer Pfeffer aus der Mühle | 1 Prise Zucker
4 EL Pflanzenöl (z. B. Sonnenblumen- oder Maiskeimöl)

1 Alle Zutaten abmessen und auf der Arbeitsplatte bereitstellen.

2 Die Schalotten schälen und mit einem scharfen Messer fein würfeln.

3 Schalotten in eine Schüssel geben und mit Weißweinessig verrühren.

4 Die Brühe zufügen.

TIPP Eine Fleischbrühe bringt herzhaften Geschmack, Vegetarier nehmen Gemüsebrühe.

5 Den Senf zufügen und unterrühren.

TIPP Bei mittelscharfem Senf liegen Sie immer richtig. Dijonsenf oder Kräutersenf gibt der Vinaigrette eine pikante Note.

6 Mit Salz, Pfeffer und Zucker würzen.

TIPP Je mehr Zucker Sie dazugeben, desto milder wird die Sauce.

7 Alles gut mit einem Schneebesen verquirlen.

8 Das Öl nach und nach unterrühren, bis eine leicht sämige Salatsauce entsteht. Diese Vinaigrette dient als Basis für weitere Salatsaucen.

9 Viel schneller geht die Zubereitung, wenn Sie alle Zutaten in einen Dressing-Shaker geben und kräftig schütteln.

»Ich bin ein Fan von frischen Zutaten. Doch wenn Alter dem Geschmack dient, mache ich gerne Ausnahmen. Bei Käse zum Beispiel, bei Wein zum Essen oder, wie hier, bei Essig.«

Balsamico-Honig-Vinaigrette

Für 150 ml: **1 rote Zwiebel** schälen, fein würfeln. **½ TL schwarze Pfefferkörner** zerstoßen oder zerdrücken. Beides in einer Schüssel mit **2 EL Aceto balsamico** verrühren. **75 ml kräftige Brühe** und **1 EL flüssigen Honig** zufügen. **Salzen, pfeffern** und mit dem Schneebesen gut verquirlen. **4 EL mildes Olivenöl** nach und nach unterrühren, bis eine leicht sämige Salatsauce entsteht
Passt zu Blattsalaten, Ziegenfrischkäse, Tomaten, Mozzarella, gegrillten Zucchini, Artischocken.

Vanille-Orangen-Vinaigrette

Für 150 ml: **1 Bio-Orange** und **½ Bio-Limette** heiß abspülen, trocken reiben, die Schale fein abreiben und den Saft auspressen. Schale und Saft mit dem Mark von **½ Vanilleschote, 1 TL mildem Senf, 1 EL flüssigem Honig, Salz** und **Pfeffer** mit einem Schneebesen gut verquirlen. **4 EL mildes Olivenöl** nach und nach unterrühren, bis eine leicht sämige Salatsauce entsteht.
Passt zu gemischten Blattsalaten, bitteren Salaten wie Chicoree, Frisee, Radicchio, Fenchel mit Orangen und weißem Spargel.

Erdnuss-Wasabi-Vinaigrette

Für 150 ml: **1 EL ungesalzene Erdnüsse** in einer Pfanne ohne Fett rösten, abkühlen lassen und grob hacken. Die Schale von **½ Bio-Limette** fein abreiben, Saft auspressen. Limettensaft und -schale und **75 ml kräftige Brühe** verrühren. Mit **1 TL Wasabipaste** (Tube), **Salz, Pfeffer** aus der Mühle und **1 Prise Zucker** würzen. Alles gut mit einem Schneebesen verquirlen. **4 EL ungeröstetes Erdnussöl** nach und nach unterrühren, bis eine leicht sämige Salatsauce entsteht. Zuletzt die Erdnüsse unterrühren.
Schmeckt gut mit Chinakohl, Staudensellerie, Weißkohl, Möhren, gekochten roten Beten, Hähnchen, Garnelen und rohem Thunfisch.

Kräuter-Vinaigrette

Für 150 ml: **2 Schalotten** schälen und fein würfeln. **2 EL Kräuter** (z. B. Thymian, Rosmarin, Schnittlauch, glatte Petersilie) abbrausen, von den Stielen zupfen und fein hacken. Schalotten mit **2 EL Weißweinessig** und **75 ml Brühe** verrühren, mit **Salz, Pfeffer** und **1 Prise Zucker** würzen. Alles gut mit einem Schneebesen verquirlen. **4 EL Olivenöl** nach und nach unterrühren, bis eine leicht sämige Salatsauce entsteht. Zuletzt die Kräuter untermischen.
Passt gut zu gemischten Salaten mit mediterranen Zutaten, zu Schafskäse, Artischocken, weißen und grünen Bohnen.

Rote-Bete-Himbeer-Vinaigrette

Für 150 ml: **2 EL Himbeeressig, 75 ml Rote-Bete-Saft, 1 TL flüssigen Honig** und **1 TL geriebenen Meerrettich** (Glas) verrühren. Mit Salz und Pfeffer würzen. Alles gut mit einem Schneebesen verquirlen. **4 EL Rapsöl** nach und nach unterrühren, bis eine leicht sämige Salatsauce entsteht. Zuletzt **2 EL Schnittlauchröllchen** untermischen.
Sehr gut zu gekochten roten Beten, Rotkohl, Linsen und Feldsalat.

Sauerrahm-Dressing

Für 150 ml: Die Schale von ½ **Bio-Zitrone** fein abreiben und den Saft auspressen. Beides mit **100 ml Sauerrahm, Salz, Pfeffer, Chili** aus der Mühle und **1 Prise Zucker** verrühren. **2 EL Olivenöl** unterrühren. **1 EL fein gehackte Kräuter** (z. B. glatte Petersilie und Schnittlauch) unterheben.
Passt gut zu Blattsalaten, Tomaten, Gurken, Möhrenrohkost, gekochten Roten Beten und zu Kartoffeln.

Walnuss-Vinaigrette

Für 150 ml: **30 g Walnusskerne** in einer Pfanne ohne Fett rösten, abkühlen lassen und grob hacken. **2–3 EL Weißweinessig** und **75 ml Brühe** in eine Schüssel geben. Mit **Salz, Pfeffer** und **1 Prise Zucker** verrühren, dann **2 EL Olivenöl** und **2 EL Walnussöl** mit einem Schneebesen unterrühren. Zuletzt die Walnusskerne dazugeben.
Passt gut zu zarten Blattsalaten, zu bitteren Salaten wie Chicoree, Frisee, Radicchio, zu Löwenzahn, Knollen. und Staudensellerie, Apfel, Kartoffeln, Avocado und Käse, z.B. Roquefort und Ziegenkäse.

Sesam-Vinaigrette

Für 150 ml: **2 EL weiße Sesamsaat** in einer Pfanne ohne Fett goldgelb rösten und abkühlen lassen. **2–3 EL Weißweinessig** mit **75 ml Brühe** verrühren. Mit Salz, Pfeffer und 1 Prise Zucker würzen. **2 EL Sesamöl** und **2 EL Sonnenblumenöl** mit einem Schneebesen unterrühren. Zuletzt den Sesam dazugeben.
Passt zu asiatischen Nudelsalaten, Hähnchen, Garnelen, Linsen, rohem Thunfisch, Möhren

Kürbiskern-Vinaigrette

Für 150 ml: **30 g Kürbiskerne** in einer Pfanne ohne Fett rösten, abkühlen lassen und klein hacken. **2–3 EL Weißweinessig** mit **75 ml Brühe** verrühren. Mit **Salz, Pfeffer** und **1 Prise Zucker** würzen. **2 EL Sonnenblumenöl** und **2 EL Kürbiskernöl** mit einem Schneebesen unterrühren. Zuletzt die Kürbiskerne dazugeben.
Passt zu gekochtem Rindfleisch, Kartoffeln, Feldsalat, Zucchini, Broccoli

Zabaione

»Prinzessin unter den Desserts«
nennt man sie auch.
Immer ein bisschen beschwipst,
umgibt sie sich gern mit Schaumschlägern,
die sie mit Wein gefügig für Genießer machen.
Johann Lafer, einen von ihnen,
will sie dafür zum Ritter schlagen.

Zabaione

Für 4 Portionen: 4 sehr frische Eigelbe (Größe M) | 60 g Zucker
8 cl Marsala (italienischer Dessertwein)

1 Alle Zutaten abmessen und bereitstellen.

2 Eigelbe und Zucker in eine große Schlagschüssel geben.

3 Den Marsala zugeben und alles gut verrühren.

4 In einem flachen Topf zwei Fingerbreit Wasser füllen und zum Kochen bringen.

5 Die Schlagschüssel auf das leicht siedende Wasser stellen.

TIPP Die Schüssel muss dabei mit dem Topfrand abschließen, damit kein heißer Dampf entweichen kann. Der Schüsselboden darf das Wasser nicht berühren, sonst gerinnt die Masse.

6 Die Eigelbmischung über dem heißen Wasserbad dick-schaumig aufschlagen.

7 Sie muss dabei eine Temperatur von 70–75° erreichen und weiß und dick-schaumig werden. Das dauert etwa 10 Minuten.

TIPP Zum Aufschlagen einer Zabaione oder einer anderen luftigen Masse eignet sich ein Schneebesen mit langen, dünnen Drähten besonders gut.

8 Dann die Schüssel vom Wasserbad nehmen und noch 2 Minuten weiterschlagen, damit die Zabaione nicht stockt. Sofort servieren.

TIPP Die Zabaione können Sie pur servieren, mit frischen Früchten, Eis oder Schokoladenkuchen.

»Als Kinder bekamen wir sonntags vorm Schneeschaufeln Zabaione aus Milch und Eigelb. »Das macht euch groß und stark«, hieß es da immer. Heute weiß ich: Ein guter Wein gehört hinein, Milch ist Schnee von gestern.«

Minze-Zabaione

Rotwein-Zabaione

Mandel-Zabaione

Minze-Zabaione

Für 4 Portionen: 10 Minzeblättchen | 80 ml Milch 250 g frische Heidelbeeren | 50 g Puderzucker | Saft von ½ Limette | 4 sehr frische Eigelbe (Größe M) | 80 g Zucker 2 cl Minzlikör

1 Die Minze fein hacken und mit der Milch aufkochen. Heidelbeeren abbrausen, gut abtropfen lassen, mit Puderzucker und Limettensaft mischen. 10 Minuten ziehen lassen.
2 Die Eigelbe, den Zucker und die warme Minzemilch in einer großen Schlagschüssel verrühren. Die Schüssel auf das leicht siedende Wasserbad stellen und die Eigelbmischung dick-schaumig aufschlagen.
3 Schüssel vom Wasserbad nehmen. Den Minzlikör unterrühren. Die Masse noch 2 Minuten weiterschlagen, damit die Creme nicht stockt. Heidelbeeren mit Sud in Dessertgläser verteilen und mit der Zabaione aufgießen.

Mandel-Zabaione

Für 4 Portionen: 100 g Mandelblättchen | 80 ml Milch 2 reife Pfirsiche | 2 Passionsfrüchte | 110 g Zucker 1 TL Speisestärke | 4 sehr frische Eigelbe (Größe M) 3 cl Amaretto (italienischer Mandellikör)

1 Die Mandelblättchen in einer Pfanne ohne Fett hellbraun rösten. 80 g gebräunte Mandelblättchen mit der Milch einmal aufkochen. 30 Minuten ziehen lassen.
2 Die Pfirsiche waschen, halbieren, entsteinen und in Stücke schneiden. Passionsfrüchte halbieren, das Mark herauskratzen. 30 g Zucker, Passionsfruchtmark und Pfirsiche in einem Topf aufkochen, 3 Minuten bei milder Hitze köcheln lassen. Die Speisestärke mit 2 EL kaltem Wasser anrühren und den Sud damit binden. Das Kompott abkühlen lassen.
3 Die Eigelbe und 80 g Zucker in eine große Schlagschüssel geben. Die warme Mandelmilch durch ein Sieb dazugießen und verrühren. Die Schüssel auf das leicht siedende Wasserbad stellen und die Eigelbmischung dick-schaumig aufschlagen. Die Schüssel vom Wasserbad nehmen. Den Amaretto unterrühren. Die Masse noch 2 Minuten weiterschlagen, damit die Creme nicht stockt. Pfirsiche mit dem Sud in Dessertgläser verteilen und mit der Zabaione aufgießen. 20 g Mandelblättchen darüberstreuen.

Rotwein-Zabaione

Für 4 Portionen: 2 reife Birnen | 130 g Zucker | Saft von ½ Zitrone | 1 TL Speisestärke | 4 sehr frische Eigelbe (Größe M) | 100 ml süßer Rotwein | 2 EL Cassis (Schwarzer Johannisbeerlikör)

1 Die Birnen waschen, schälen, vierteln und das Kerngehäuse entfernen. Birnen in Spalten schneiden und mit 50 g Zucker und Zitronensaft in einen Topf geben. Einmal aufkochen, bei milder Hitze 3-5 Minuten weich garen. Speisestärke mit 2 EL kaltem Wasser anrühren und den Birnensud damit binden.
2 Die Eigelbe, 80 g Zucker und Rotwein in einer großen Schlagschüssel verrühren. Die Schüssel auf das leicht siedende Wasserbad stellen und die Eigelbmischung dick-schaumig aufschlagen.
3 Die Schüssel vom Wasserbad nehmen. Den Cassis unterrühren. Die Masse noch 2 Minuten weiterschlagen, damit die Creme nicht stockt. Birnen mit Sud in Dessertgläser verteilen und mit der Zabaione aufgießen.

Vanille-Zabaione

Für 4 Portionen: 1 Vanilleschote | 100 ml Milch | 300 g frische Erdbeeren | 30 g Puderzucker | Saft von ½ Zitrone | 4 Basilikumblätter | 4 sehr frische Eigelbe (Größe M) | 80 g Zucker

1 Die Vanilleschote aufschlitzen, das Mark mit einem Messerrücken herauskratzen. Vanillemark und ausgekratzte Schote in der Milch aufkochen und 30 Minuten ziehen lassen.
2 Die Erdbeeren abbrausen, gut abtropfen lassen, putzen und vierteln. Mit Puderzucker, Zitronensaft und gehacktem Basilikum mischen und 10 Minuten ziehen lassen. Eigelbe und Zucker in eine große Schlagschüssel geben. Die warme Vanillemilch durch ein Sieb dazugeben und verrühren. Die Schüssel auf das leicht siedende Wasserbad stellen und die Eigelbmischung dick-schaumig aufschlagen.
3 Die Schüssel vom Wasserbad nehmen. Die Masse noch 2 Minuten weiterschlagen, damit die Creme nicht stockt. Erdbeeren mit dem Sud in Dessertgläser verteilen und mit der Zabaione aufgießen.

Vanille-Zabaione

Johann Lafers Profi-Tipps

Es gibt Küchenfragen, die mir immer wieder gestellt werden. Oft geht es um die Zubereitung von Fleisch, Fisch und Geflügel – aber auch Saucen und besondere Küchentechniken sind immer wieder Thema. Hier meine Tipps für gutes Gelingen:

So werden Aufläufe noch besser

Mehr Biss bekommen sie, wenn Sie gehackte Nüsse unter den Käse mischen – ob Erdnüsse, Kürbiskerne oder Sonnenblumenkerne. Richtig schön knackig.

Aufläufe werden aromatischer, wenn Sie das Gemüse vorher kurz in einer kräftigen Brühe blanchieren, so erhält es Geschmack und braucht später nicht mehr lange backen. Würzen Sie die Sauce für den Auflauf immer etwas kräftiger, da das Gemüse viel davon aufnimmt.

Für den Knusper-Effekt einfach Semmelbrösel und einige Butterflöckchen auf dem Auflauf verteilen und kurz vor Ende der Garzeit unter dem Backofengrill gratinieren.
Das Geheimnis eines guten Kartoffelgratins ist die sorgfältige Vorbereitung. Dazu gehört die Verwendung einer möglichst großen Gratinform und das flache Einschichten der Kartoffeln, die in ganz dünne Scheiben geschnitten sein müssen. Nur so kommen alle Zutaten mit der Sahne-Milch-Mischung in Berührung und können schön gleichmäßig garen.

Meine Fisch-Tipps

Beim **Einkaufen** von Fisch sollten Sie Folgendes beachten:

- Frischer Fisch darf nie nach Fisch riechen.
- Die Augen des Fisches müssen hell glänzen.
- Die Kiemen müssen dunkelrot sein, sie dürfen auf keinen Fall grau sein.
- Die Bauchlappen müssen fest sein.
- Der Fisch sollte keine extremen Druckstellen aufweisen.

Achten Sie bei jedem Fisch auf eine gleichmäßige Kühlkette, da Fischeiweiß sehr schnell verdirbt. Übrigens: Je schwerer sich die Gräten ziehen lassen, desto frischer ist der Fisch.

Fisch aufbewahren: Sollten Sie zu viel Fisch gekauft haben, so können Sie ihn in einem Beutel eingepackt sehr gut auf zerstoßenem Eis im Kühlschrank noch etwa zwei Tage aufbewahren.

Schonend garen in der Hülle: Fisch gart man besonders sanft und gesund in Alufolie, Salzmantel, Pergamentpapier oder im Bananenblatt (Forelle, Heilbutt, Kabeljau, Loup de mer etc). Wegen seines hohen Eiweißgehaltes verträgt Fisch nur wenig Hitze. Er bleibt durch das Garen im »Kleid« schön saftig, intensiv im Geschmack, und es kann kein Aroma entweichen.

Beim **Pochieren** von Fisch ist es ganz wichtig, dass die Flüssigkeit nur ganz, ganz leise köchelt (ca. 80°), nicht kocht. Sonst fällt Ihnen der Fisch auseinander und wird außerdem durch die zu hohe Temperatur trocken und zäh.

Beim **Braten von Fisch** ist es wichtig, dass man ihn nie zu heiß anbrät! Ich bevorzuge zum Braten beschichtete Pfannen und ein Gemisch aus Olivenöl und Butter oder Butterschmalz. Das Olivenöl verhindert, dass die Butter zu schnell verbrennt und Butterschmalz ist hoch erhitzbar. **Ganze Fische** dürfen nur bei milder Hitze gebraten werden. Sonst sind sie außen schon braun, innen aber noch nicht gar. Ich rate Ihnen **große Fischstücke** nach dem Anbraten bei geringer Temperatur im Ofen fertig zu garen.

Prüfen Sie die **Kerntemperatur** des Fischs mit Hilfe eines Thermometers. Falls Sie keines zur Hand haben, können Sie sich mit einer Stricknadel behelfen. Diese an der dicksten Stelle hineinstechen, nach 1–2 Minuten herausziehen und damit über die Oberlippe fahren. Ist die Nadel gleichmäßig warm, so ist der Fisch gar.

Noch eine Garprobe für Fisch: Stechen Sie mit einem Messer in das Filet und öffnen Sie die Schnittstelle etwas, sodass Sie ins Innere sehen können. Ist der Fisch innen nur noch ganz leicht glasig, ist er gar.

Meine Tipps für perfektes Geflügel

Frisches Geflügel gehört nach dem **Einkauf** gleich in die kälteste Zone des Kühlschranks und sollte möglichst rasch zubereitet werden.

Gekochtes Geflügel eignet sich hervorragend für Ragouts, aber auch als Salatzutat und als Suppeneinlage. Das Geflügelfleisch laugt beim Garen nicht so stark aus, wenn Sie das Huhn zunächst kurz in kochendem Wasser blanchieren, bevor es dann mit Gemüse und Gewürzen gegart wird. **Garprobe:** Tritt klarer Fleischsaft aus, wenn Sie mit einer Gabel in den Unterschenkel des Huhns stechen, ist es gar.

Auch beim Garen von Geflügel spielt **die richtige Temperatur** die entscheidende Rolle. Hähnchenbrust brate ich z. B. immer erst kurz in der Pfanne an und gare sie anschließend im Ofen fertig. So bleibt das Fleisch schön saftig.

Die Haut des Hähnchens wird **schön knusprig,** wenn Sie sie während des Bratens mit einer Marinade aus Sojasauce, Honig und flüssiger Butter einstreichen.

Fleisch perfekt zubereiten – meine Tipps

Fleisch würzen: Große Fleischstücke kann man prinzipiell vor dem Braten mit Salz und Gewürzen einreiben. Kleine Fleischstücke zum Beispiel Geschnetzeltes und Schnitzel sollte man erst nach dem Braten würzen, denn Salz entzieht dem Fleisch die Flüssigkeit und trocknet es aus. Pfeffern kann man das Fleisch generell vor dem Garen. Grüne Gartenkräuter immer erst vor dem Ende des Bratens beigeben.

Lammfleisch

Lamm einkaufen: Immer mehr regionale Anbieter bieten exzellentes Lammfleisch an. Man sollte beim Einkauf darauf achten, dass es junge Tiere sind und dass das Fleisch sehr gut abgehangen ist, denn dadurch wird es mürbe und zart.

Lammfleisch lässt sich sehr gut marinieren. Dazu nehme ich gehackten Rosmarin, Thymian, Knoblauch und Olivenöl. Kräuter und Knoblauch am besten grob hacken und mit dem Olivenöl mischen. Zusammen mit dem Fleisch in einen Gefrierbeutel geben, diesen verschließen und das Fleisch über Nacht marinieren.

Kurz gebratenes Lammfleisch sollte rosa gebraten werden. Wichtig ist beim Braten von Fleisch generell, es nicht sofort nach dem Braten anzuschneiden, sondern das Fleisch einige Minuten ruhen zu lassen. Sonst läuft der Saft aus und es wird trocken.

Besonders zart wird es **bei niedriger Temperatur.** Im Backofen reichen etwa 80° aus, um das Lammfleisch schonend rosa und zart zu bekommen.

Feine Lammsauce: Lammfond mit Rotwein, Thymian und Rosmarin einkochen lassen, etwas Pommery-Senf dazugeben und mit Kräuterbutter verfeinern. Mit Salz und Pfeffer aus der Mühle abschmecken.

Rindfleisch

Rinderfilet sollte gleichmäßig von Fett durchzogen sein. So wird es später schön saftig. Bei einer Kerntemperatur von 52–54° ist es medium gebraten. Auch hier sollte die Backofentemperatur nicht über 120° liegen, um ein schonendes Garen zu garantieren.

Rumpsteaks brate ich immer erst kurz in der Pfanne in heißem Butterschmalz mit Thymian, Rosmarin und halbierten Schalotten an. Dann gare ich sie im Backofen bei ca. 120° fertig. Die Ofenwärme umschmeichelt so das Fleisch und es wird dadurch supersaftig. Erst nach dem Garen würzen.

Schweinefilet

Es sollte beim **Einkauf** hellrosa und glänzend sein. Entfernen Sie die Silberhaut, da sich das Fleisch sonst beim Braten zusammenziehen kann.

Filetspitzen und -kopf eignen sich sehr gut für Geschnetzeltes.

Medaillons am besten aus dem Mittelstück schneiden, so sind sie gleich groß und garen gleichmäßig.

Schweinefilet garen: Es wird nicht so rosa verzehrt, wie z. B. Rinderfilet. Saftig und zart, mit einem leichten rosa Kern, ist das Fleisch bei einer Kerntemperatur von 56–60°.

Innereien

Innereien sind beim Braten besonders empfindlich. Gerade Leber muss man vorsichtig garen, denn gart sie zu lang oder bei zu starker Hitze, wird sie zäh und fest. Übrigens: Ich habe festgestellt, dass Leber noch zarter wird, wenn man sie unmittelbar nach dem Braten salzt und sie ein paar Minuten in der Pfanne ruhen lässt.

Cremiges Risotto

Damit der Risotto eine schöne, cremige Konsistenz bekommt, die einzelnen Reiskörner aber innen noch Biss haben, darf der Reis nur ganz langsam quellen. Deswegen immer nur wenig Flüssigkeit nach und nach hinzugeben! Die Brühe muss auf jeden Fall heiß sein.

Saucen – Tipps und Pannenhilfe von JL

Meine ganz einfache Kalbfleischsauce: Kalbsfond mit einem kräftigen Schluck Madeira und rotem Portwein gut einkochen lassen. Die Sauce mit Meersalz und Pfeffer würzen und mit kalten Butterwürfeln oder etwas roher, fein geriebener Kartoffel binden. Perfekt für alle, die bei kurz gebratenem Kalbfleisch die Sauce vermissen.

Bei **warmer grüner Sauce** (z. B. Spinat-, Basilikum- oder Kräutersoße) erst kurz vor dem Servieren die Kräuter in die Sauce geben und untermixen. Die Sauce ist so aromatischer und hat eine schöne grüne Farbe. Steht die Kräutersauce zu lange auf dem Herd, so wird sie grau, und das frische Aroma geht verloren

Bei **Klümpchen** ist es am besten, wenn man mit einem Pürierstab die Sauce durchmixt und sie anschließend durch ein feines Sieb gießt.

Ist eine **Sauce zu dünn** geraten, so lässt man sie zuerst etwas einkochen und rührt dann zum Schluss 1–2 EL kalte Butter unter. Andere Möglichkeiten, eine zu dünne Sauce zu binden, sind etwas in kaltem Wasser angerührte Speisestärke oder eine kleine, fein geriebene rohe Kartoffel. Beides wird ebenfalls zum Schluss mit einem Schneebesen unter die leicht köchelnde Sauce gerührt und einige Minuten mitgekocht. Die Sauce dann durch ein feines Sieb gießen.

Sollte Ihre **Mayonnaise** bei der Zubereitung gerinnen, so nehmen Sie einen Esslöffel davon und schlagen sie mit etwas lauwarmem Wasser (1–2 EL) glatt und cremig. Dann Löffel für Löffel die restliche geronnene Mayonnaise unterrühren

Für die Zubereitung einer **Vinaigrette** empfiehlt sich die Verwendung eines Dressing-Shakers. Die Vinaigrette-Zutaten in den Shaker geben, diesen gut verschließen und 5–6-mal kräftig schütteln. So verbinden sich die Zutaten zu einer optimalen Salatsauce. Sollte etwas Vinaigrette übrig sein, so kann man sie außerdem im Shaker kühl aufbewahren.

Tipp von JL für beste Suppen

Bei der Zubereitung von Suppen ist es wichtig **einige Grundregeln** zu beachten: Brühen müssen immer mit kaltem Wasser aufgesetzt werden, dann laugen Fleisch und Gemüse sehr gut aus und geben ihr Aroma an die Suppe ab. Kochen Sie Suppen immer offen.

Rezeptregister

Damit Sie die Rezepte mit bestimmten Zutaten schneller finden, sind diese **hervorgehoben.** Darunter stehen alphabetisch geordnet die dazugehörigen Rezepte.

H/J

K

L

M

T

U/V

W

Z

Register nach Menüfolge

Vorspeisen, Snacks & Fingerfood

Salate

Suppen

Nudel- und Reisgerichte

Kartoffelgerichte

Gemüsegerichte

Vegetarisch

Hauptgerichte mit Fisch

Hauptgerichte mit Fleisch & Geflügel

Aus dem Backofen

Beilagen

Dips, Saucen & Co.

Desserts

Liebe Leserinnen und Leser,

vielen Dank, dass Sie sich für dieses Buch entschieden haben. Ihre Meinung ist uns wichtig – bitte senden Sie uns Ihre Fragen, Anregungen, Kritik oder Lob. Wir freuen uns auf Ihre Nachricht!

GRÄFE UND UNZER VERLAG
Leserservice
Postfach 86 03 13
81630 München
Wir sind für Sie da:
Montag–Donnerstag: 8.00–18.00 Uhr
Freitag: 8.00–16.00 Uhr
Tel.: 08 00/7 23 73 33
Fax: 08 00/5 01 20 54
(kostenlose Servicenummern)
E-Mail: leserservice@graefe-und-unzer.de

Impressum

Konzeption: Johann Lafer, Michael Wissing, Andreas Neubauer
Konzeption Design/Grafik: Michael Wissing, Joss Andres
Umschlaggestaltung: Sabine Krohberger
Titelfoto: Johann Lafer privat/Guido Karp
Fotografie/Styling: Michael Wissing
Fotoassistenten: Joss Andres, Benjamin Wissing
Post Produktion: Joss Andres
Koch im Studio/Foodstyling: Andreas Neubauer
Begleitende Texte/Editorial: Helmut Klein
Redaktion/Rezepte: Susann Eichler, Andreas Neubauer
Projektleitung Gräfe und Unzer und Schlussredaktion: Birgit Rademacker
Korrektorat: Mischa Gallé
Herstellung: Susanne Mühldorfer
Satz: Liebl Satz+Grafik, Emmering
Reproduktion: Longo AG, Bozen
Druck und Bindung: Firmengruppe APPL, aprinta druck, Wemding
Papier: Gedruckt auf Condat matt Périgord 135 g/qm mit 1,1-fachem Volumen. Condat matt Périgord gibt es bei der Papier Union

ISBN 978-3-8338-2033-5
7. Auflage 2013

Johann Lafer finden Sie unter
Johann Lafers Stromburg, 55442 Stromberg
Telefon +49-6724-93100
E-Mail stromburghotel@johannlafer.de
www.johannlafer.de

Alles für die gute Küche finden Sie unter
www.johannlaferonlineshop.de

Danke …

… möchte ich an dieser Stelle allen sagen, die an diesem Buch mitgearbeitet haben. Ohne ihre Ideen, ihr Know-how, ihre Kreativität und ihr Engagement wäre es nicht möglich gewesen.

Michael Wissing danke ich für seine geniale Fotografie, die jedes Kochbuch auch zum Kunstwerk macht. Seit vielen Jahren arbeiten wir zusammen und haben zahlreiche Preise für die besten Kochbücher gewonnen. Mit diesem Buch durften wir eine gemeinsame Vision verwirklichen: ein allumfassendes Kochkunstwerk, das Auge und Gaumen gleichermaßen schmeichelt. Vielen Dank, Michael … wie wär's endlich mal mit dem »du« …?

Andreas Neubauer Andreas, alter Freund, was hätte ich all die Jahre, die wir uns kennen, ohne dich gemacht!? Zwei Jahre hast du als begnadeter Koch fest für mich auf meiner Stromburg gearbeitet und bist mir danach als freier Mitarbeiter bis heute treu geblieben. Durch deine frischen Ideen und immer neuen Einfälle als Food-Creator könnte ich mir keinen Besseren vorstellen, der meine Philosophie der einfachen, modernen Küche in die Praxis umsetzt. Vielen Dank, dass ich mich auch bei diesem Buch wieder auf dich verlassen konnte.

Susann Eichler Als langjährige Mitarbeiterin in meiner Kochschule Table d'Or, dem Forum für Kochkultur und Lebensart in Guldental, und wertvolle Assistentin bei vielen meiner Fernsehsendungen ist es ihr als Rezeptredakteurin und »letzte Instanz« immer gelungen, die Perfektion meiner Rezepte zu gewährleisten. Liebe Susann, dir und deinem besonderen Gespür für wichtige Details verdanke ich es auch, dass die Rezepte in diesem Buch unseren Leserinnen und Lesern perfekt gelingen werden. Schön, dass du dabei sein konntest.

Helmut Klein Ihn kannte ich als Food-Autor nur vom Hörensagen. Im Nachhinein vielen Dank an die, die mir von ihm erzählten und uns miteinander bekannt machten. Lieber Helmut Klein, wie Sie durch Ihre originellen Texte jedes Kapitel moderieren, hat mir nicht nur viel Spaß bereitet – es zeugt auf launige Weise auch von Sachverstand. Danke, dass Sie mich so oft zum Lachen brachten. Manchmal auch über mich selbst.

Gute Küche basiert neben guten Lebensmitteln und Menschen, die mit Freude und Talent kochen, auch auf bestem Handwerkszeug. Deshalb danke ich den Firmen WMF, Krups, Gaggenau und Villeroy + Boch, dass wir unter wunderbaren Voraussetzungen ausprobieren konnten, was Leserinnen und Leser dieses Buches jetzt zu Hause ohne Stress nachkochen können.

Johann Lafer

GRÄFE UND UNZER
Ein Unternehmen der
GANSKE VERLAGSGRUPPE